国家社会科学基金项目

汉语相似词语认知与习得研究

HANYU XIANGSI CIYU RENZHI YU XIDE YANJIU

方绪军 著

北京语言大学出版社
BEIJING LANGUAGE AND CULTURE UNIVERSITY PRESS

本书为国家社会科学基金项目（编号：07BYY034）的结项成果

前言

语言单位之间、结构之间广泛存在的相似性对学习和使用语言会产生重要影响。汉语学习者在理解和使用汉语时，经常会因为词语之间具有某方面的相似性而发生误解或误用。这些现象一直受到汉语教学界的高度重视。

词语具有发音、书写形式、词义和词性等多方面属性，词语之间存在的相似性有单方面的，也有多方面的。本书以 3000 多个常用词语为范围，根据词语之间相似性的表现，经人工系联组对得到发音相似的、书写形式相似的、词义相似的等 13 类相似词语，共 4000 余对。本书对这些不同类别的相似词语作了定量分析。了解汉语常用词语之间存在的种种相似性的性质和规模，是考察和分析学习者在理解和表达中受到词语相似性影响的基础。

要了解词语的相似性对学习者学习和使用汉语词语的影响，就要分别考察学习者在听说读写等活动中理解和使用词语的情况，尤其是词语使用的偏误情况，分析偏误词语和目标词语的相似性。本书基于“HSK 动态作文语料库”考察学习者在书面表达中使用常用词语的偏误情况，逐一检索 3000 多个常用词语在该语料库中的偏误用例，具体分析了这些偏误词语与相应的目标词语构成的 7000 多个词语对中词语的相似性，并将之归为不同的类别。

将人工系联得到的相似词语对与从中介语中分析所得的相似的偏误词语和目标词语进行对比，可以发现系联所得的相似词语对中有哪些在中介语中以相似的偏误词语和目标词语出现以及出现的规模，也可以发现哪些词语在中介语中只出现了甲词语误用为乙词语的情况，哪些出现了甲词语误用为乙词语和乙词语误用为甲词语两种情况。本书将人工系联组对得到的 4000 多个相似词语对与从作文语料中分析所得的 7000 多个由偏误词语和目标词语构成的词语对进行了对比，考察分析了人工系联的相似词语对在学习者书面表达中以偏误词语和目标词语形式出现的情况，根据相似的偏误词语和目标词语在语料库中的出现情况，对一般学习者在书面表达中发生相似词语误用的可能性作了推断。

辨别相似词语的异同是汉语教学活动和测试中的一项重要内容。在教和学的过程中，人们遇到的相似词语数量众多，其中有些是学习者普遍需要进行辨别的，但也有很多时候学习者需要辨别的词语有一定的偶然性，不同学习者需要对一些词语进行辨别的方面也不尽相同。在这种情况下，教学人员就有必要遵循一定的辨异模式应对教学中遇到的各种相似词语。本书在具体分析大量相似词语的基础上，提出了针对各种相似词语进行辨异分析的步骤和模式，并对一些具体的相似词语辨异作了个案分析。

本书考察的相似词语以及中介语中相似的偏误词语和目标词语限于一定数量的常用词语和一定规模的语料范围内。要全面、准确了解相似词语在学习者理解和使用汉语词语时产生的影响，还须要在更大的词语范围内从不同的角度作更深入的定量与实证研究。

方绪军

2013 年 10 月

目 录

本书图表

第一章　词语的相似性

第1节　语言的相似性与语言学习

世界上事物和事物之间广泛存在着各种相似性。正如张光鉴（1986：376）所言："在我们周围的植物中，高至顶天的松柏，小至原始的藻类，都存在着相似的叶绿素。在动物中，从精明强干的人类直到低等的软体动物，大都存在着赖以生存的血红素。而叶绿素和血红素都是和空气中的二氧化碳与氧起作用，都是由此成为植物动物的能源供应者。……现代化学还进一步说明，叶绿素和血红素的化学结构也是相似的，都是卟啉络合物。"事物之间广泛存在的相似性是人们认识事物、形成概念、进行分类并形成范畴的基础。张光鉴（1986：386–394）指出："一事物都是由相似的单元、层次排列组合而来的"，"相似的基因、相似的条件和环境产生相似的结果"，"事物包含的相似的功能越多，其作用就越大"，"人们对客观事物之所以能进行分类的基础是他们头脑中先已贮存的经验即'相似块'。人们依据这些'相似块'去对照、分析、比较、鉴别那些纷繁的客观事物的属性，再把反映到大脑里来的信息进行过滤，用联想、想象、类比的形象思维方法和归纳、演绎的逻辑思维方法来进行分类，或进行最初的分析。但不管用哪种分析方法，都离不开相似原理。"认知语言学也认为，相似性是范畴化的重要依据（史厚敏 2006，吴为善 2011）。比如，通常所说的"汽车"这个概念，它可以用来指各种各样的车，但不管是豪华车还是普通车，也不管是货车还是客车，大车还是小车，等等，它们在作为交通工具、带有发动机、在马路或公路上行驶等方面都具有相似性，人们根据这种相似性来判断某种事物是不是"汽车"。人们对一类人或事物相似性的认识还跟人们对这类人或事物认识的深度有关，对某一类人或事物了解得太少，往往看到更多的是这类人或事物的相似性，难以对这类人或事物加以区别。比如，接触东方人不多的欧美人、非洲人就很难区分中国人、日本人、韩国人的外貌有什么不同，反之亦然，在一些很少接触外国人的中国人眼里，欧美人长得都差不多，非洲人也都差不多一样，很难区别谁是谁。不会日语和汉语的欧美人往往以为日本人学汉语或中国人学日语会比较容易，因为这两种语言在书面形式上有很多地方是相似的（实际上，日本人学汉语或中国人学日语未必比学英语容易）。但如果人们对某一类人或事物了解得比较多、比较深入，就往往能较容易发现同一类人或事物之间的差异。比如，接触和了解中国人、日本人、韩国人比较多的人，就能比较容易在人群中看出哪些是中国人，哪些是日本人或韩国人。爱斯基摩人能区分很多种“雪”，古人以“马”为主要交通工具，能区分很多种不同的“马”，也是这个道理。

考察和分析事物之间的相似性并对种种相似性进行数量表达的研究已成为一种专门的研究领域（周美立 1994）。一种事物往往可以分析为许多要素或特征，一种事物就是由这些要素和特征构成的一个系统。相应地，事物之间的相似性也可以分为要素或特征相似和系统相似。不同类的或同类的事物之间可能存在着相似的要素或特征，但具有相似的要素或特征的事物不一定是系统相似，反过来，系统相似的事物之间却一定有着相似的要素或特征。比如，就能够在天空中飞翔这个特征而言，飞机和鸟具有相似性，这是特征相似，但二者之间有着本质的区别，一种是人造的机器，一种是自然生长的动物，二者之间的相似性不属于系统相似。系统和特征都具有层级性，系统所包括的要素体现系统的特征，这些要素本身又是一个相对的系统，又包含着更低一层次的要素或特征。

依相似系统论的观点看，各种事物可以看作各种系统，各种系统之间的相似性是可以用数量加以描述的。周美立（1994：21）对描述系统间相似性的数学模型进行了说明：

> 设 A 系统由 k 个要素组成，B 系统由 l 个要素组成，相似要素有 n 个，反映每一相似要素的相似程度用相似元值 $q(u_i)$ 大小表示，系统相似度为 Q，则可得相似系统数学模型（图 1–1）。
>
> 从上述数学模型可知，系统相似度是多元函数，可进一步表示为：
>
> $Q = f(k, l, n, q(u_i)) \qquad i = 1, 2, 3, \cdots, n$
>
> 其中 $1 \leqslant n \leqslant \min(k, l), (k, l, n) \in (1, 2, \cdots, N)$。
>
> 在上式中，任意要素都给系统相似度以影响，任一要素特性发生变异会影响相似元数值 $q(u_i)$ 项值，都会导致相似度 Q 变化。

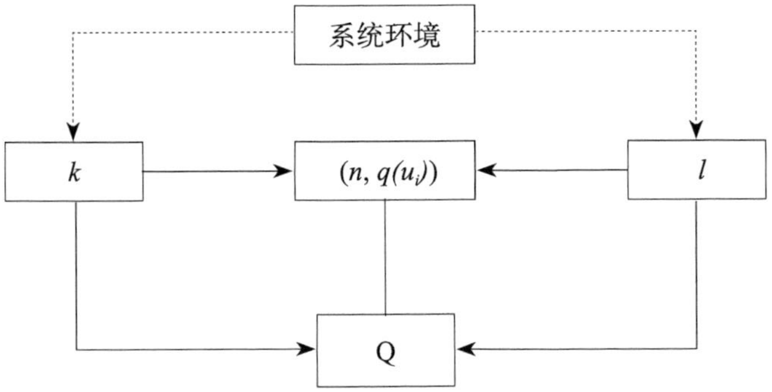

图 1–1　相似系统数学模型（周美立 1994）

就语言而言，不同的语言之间都或多或少存在着种种相似性，这是进行比较语言学、对比语言学或语言类型学研究的基础。如，许多语言的语音里都有音素 / ɑ /、/o/、/i/、/m/、/n/、/t/ 等，许多语言里都有名词、代词、动词、形容词、数词、副词、连词等。汉语、英语、日语、印尼语、班图语等，都有类似的这些语音要素和语法现象，这些类似的现象就是这些语言之间的相似要素或相似特征。从语言之间在语音、词汇、书写形式和语法等方面要素或特征上存在的相似性程度的高低，往往可以看出一些语言在语言家族谱系中的亲疏程度。比如，英语、法语、德语在语音、词汇和语法甚至在书写形式上都存在许多相似性，汉语和藏语的相似性程度也很高，所以，在对语言进行谱系分类时，英语、法语、德语等属于印欧语系，而汉语、藏语则属于汉藏语系，同一语系中的语言之间的相似性属于系统相似。而汉语和日语之间虽然有些词的发音和词义很相似甚至相同，一些词的书写形式也很接近甚至完全相同，但这两种语言在语音系统、词汇系统、语法系统等方面存在着更多的差异，所以这两种语言之间在词汇、书写形式等方面的相似性还只是某些元素相似或特征相似，而不是系统相似，汉语和日语不属于同一语系。汉语中的不同方言（如吴方言、粤方言、赣方言等），相互之间语音差别很大，使用不同方言的人之间难以用各自的方言进行口头交流，但这些方言在语音结构（如音节的声韵调）、词汇、语法等方面的相似性程度很高，它们之间的相似属于系统相似，因此它们属于同一种语言（汉语），是同一种语言的地域变体。

语言之间存在的元素或特征的相似性或者系统的相似性，为语言之间的相互翻译或外语学习提供了一定的便利条件。不同的语言之间总存在着一定的对应关系，一种语言中的许多词语或结构在其他不同的语言里往往存在着相应的形式。比如，汉语里有“学校”“学习”“安静”“从”“但是”等词语，世界上许多语言里也都有跟这些词语对应的词语。翻译实践中的所谓直译在很大程度上就利用了语言单位和结构之间的这种对应关系。Meara（1980）在讨论使用双语的人们的心理词库时就认为，不同语言词语之间的相似特征很可能相互影响，这种相似特征可能导致使用双语的人们心理词库中有一部分是具有相似特征的两种语言的词汇交织在一起的。从人们学习外语的实践中也不难看到，人们总是自觉或不自觉地拿外语中的某个音、某个词或语法现象跟母语或自己熟悉的某种语言里的某个元素或特征去比照。这种情况也是促使语言教学研究人员注重将目的语与学习者母语进行对比并进而形成对比语言学的重要原因。随着中介语理论的提出与发展，人们更多地关注中介语里不同于目的语又不同于母语的语言现象，相同母语背景的学习者产出的中介语所体现的规则（包括发音、词语使用、语法规则、篇章组织等）有很大程度的一致性，人们把产生这种现象的原因部分地解释为语际迁移的结果。外语教学经验告诉我们，那些在外语里与母语中相似性程度高的甚至相同的元素或特征，学起来就会感觉比较容易；那些差异比较大的，特别是外语里有而母语里没有的元素或特征，学起来就会比较困难。比如，对汉语初学者而言，有汉字文化背景的日本、韩国学生学习汉字要比没有汉字文化背景的欧美学生、非洲学生容易得多。尽管汉语和日语、韩语不属于同一语系，但日语、韩语中的一些汉字词与汉语中的一些词的特征相似，还是让日本、韩国汉语学习者感觉学习那些与他们母语中词语比较接近的汉语词语要容易一些。比如，日语里有“政治”“文化”“哲学”“列车”“出国”“差别”“出生”“放心”“得意”等词语（姚莉萍 2003），韩语里有“电话”“交通”“技术”“旅行”“银行”“伟大”“亲切”“研究”“发展”“大约”等词语（徐建宏 1999），这些词语的书写形式与汉语词语相同，发音与汉语词语相近，词义与汉语里的对应词完全相同或部分相同，因此以日语或韩语为母语的汉语学习者在学习汉语里的这些对应词时自然会感到容易些。同样的，对于英语学习者而言，由于德语、法语等与英语之间在语音、词汇、语法等方面存在着系统相似，这使得以德语、法语等为母语的英语学习者觉得英语学习要比汉语学习容易得多，而以汉语为母语的英语学习者因为母语与英语之间缺乏系统的相似性，因此就觉得英语学习比较难。

但语言之间相似的元素或特征毕竟只是相似，并不是完全等同，因此它们对学习来说并不总是起着积极的帮助作用，有时反而会产生阻碍作用或给学习增加困难。比如，日语中有不少词语在发音、词义等方面与对应的汉语词有一定的相似性，但也有不少相似的汉语词和日语词之间存在着或多或少的差异。以日语为母语的学习者如果不了解这种差异或者不能区别这种差异，在理解和使用中拿母语中的词来代替汉语词，就会造成误解或误用，这样，这些词语具有的与其母语中的词语相似的特征，就很容易对学习产生副作用。比如，日语中有“时间”“情报”“爱人”“汽车”“勉强”“处决”等词，看上去与汉语词语的形式相同，但它们的词义和用法与汉语中的同字词并不相同：日语的“时间”可以表示汉语的“小时”，日语的“情报”可以表示汉语的“情况”，“爱人”“汽车”“勉强”“处决”在日语里分别是“情妇、情人”“火车”“学习”“处理、处置、下决心”的意思。有日本学生误以为日语里的“时间”“情报”等同于汉语中的“时间”“情报”，所以就产生了像“* 每天上午我学习三时间汉语[①]”（应为“每天上午我学习三小时汉语”）、“* 我很熟悉中国的情报”（应为“我很熟悉中国的情况”）这样的语句。而没有汉字文化背景的欧美学生及非洲学生却很少会发生这样的问题。

一种语言内部的单位之间、结构之间同样存在多方面、多层次的相似性。小到音位、音节，大到句子、篇章，都有相似的现象。比如，汉语拼音的声母 d 与 t，g 与 k，n 与 l，zh 与 ch，zh 与 z，ch 与 c，韵母 in 与 ing，en 与 eng，eng 与 ong 等，两两在发音方法或发音部位方面都有很明显的相似性，在有些方言里，这些成对的声母或韵母中有些干脆就不加区分。词语的相似性就更加复杂，它们的相似性可能表现在发音、意义、词性、书写形式等方面。在发音方面相似的词语包括发音相同或相近的词语，如“启事”和“启示”，“形势”和“形式”，“寓言”和“预言”，“期间”和“其间”。在意义方面相似的词语最典型的是同义词或近义词，如“清洁”和“卫生”，“旅游”和“游览”，“参加”和“参与”，“领导”和“干部”，“仍旧”和“依旧”。词性相似就是词的语法属性相似，这种现象就更为普遍，每一种词类（如名词、动词、形容词、副词）里包含的词，相互之间词性都是相似的，这是由同一词类里的词具有词类范畴家族相似性的基本性质决定的（袁毓林 1995）。书写形式方面相似的词语，比较典型的是字形相近或相同的词，如，“拆”和“折”，“已”和“己”，“部”和“陪”，“分辨”和“分辩”等是字形相近的词，“东西”（分不清东西南北）和“东西”（买东西），

① 本书在错误用例前加“*”号。

"得"（得了一等奖）和"得"（你得来），"干"（衣服干了）和"干"（干工作），"分别"（分别了很多年）和"分别"（分别处理），都是字形相同的词。短语、句子结构或句式层面上也存在着相似性。就句子结构和句式而言，下边每组句子都有一定的相似性：

十个人吃一锅饭。—— 一锅饭吃十个人。

台上坐着主席团。—— 主席团坐在台上。

他很快就把那笔钱输光了。—— 那笔钱很快就被他输光了。

这本书我看完了。—— 我把这本书看完了。

在编辑部昨天我交给他一篇文章。—— 我在编辑部昨天交给他一篇文章。

也只有他这样怕老婆。—— 这样怕老婆也只有他。

上边每组句子虽然句子结构和语用条件不同，但它们的基本意义（各成分之间的语义关系）是相同的，相互之间存在着相似性。赵金铭（1993）称类似上述句子为"同义句式"。他也指出，这些句子在具体语义和语用上存在着一定的区别，所以"严格讲来，所有这些同义句式都是不同义的"。

在段落和语篇的层面上也有相似性的现象。比如，一些语篇在内容、语体风格、语言风格或表现手法等方面存在相似性，基于这些相似性，可以对一些段落和篇章进行分类，如记叙文、说明文、议论文之类。说某位作家的作品像鲁迅的风格，说某位诗人的诗作像杜甫的风格，这也是基于作品风格的相似性而作出的判断。

针对汉语中不同层次上的单位或结构之间广泛存在的相似性，丁喜霞（2010）提出了"汉语相似语言学"的概念，对汉字、词汇、语法等层面上许多语言单位和结构的形式和意义的相似性作了具体分析。

一种语言内部的单位和结构之间的相似性与语际之间存在的相似性一样，对于语言学习和使用有积极的作用。比如，不同的汉字数量成千上万，但这些汉字都是由有限的相似的笔画、偏旁、部件构成的，无汉字文化背景的学习者学习和掌握这些有限的相似的构件，对他们认识和学习汉字无疑是有益的，而且这也是他们有效认读和使用汉字的必由之路。如，注意到"明""昨""时""间""早""旧"等汉字具有的相同部件"日"，对初学汉字的学生来说是有益的，这有助于他们形成对汉字的部件意识。就词语的词性相似性而言，同一类词的基本语法功能是相同的，这就使学习语法规则成为了可能。如“学习”“研究”“讨论”“参观”“游览”“欣赏”等是动词，它们前边可以带状语，后边可以带宾语，后边可以加“了”或“过”，后边可以带时量补语，可以重叠为 ABAB，等等。这些句法功能是这些动词在词的语法属性方面具有的相似性，这种相似性在同类的动词之间具有普遍的适用性，学习和使用同类的新的词语就可以利用已知的规则进行类推，不必每学一个新的词语就要学习一套新的规则。词语之间词义的相似性则为用某（些）词语解释另一（些）词语提供了条件。比如，《现代汉语词典》有如下条目：

【沸热】火热。

【费劲】费力。

【分辨】辨别。

【包孕】包含。

这些被解释的词条与作为解释语的用词在词义和用法上具有相似性，这使得在语言教学和学习过程中有可能拿学生已经学过的词语去解释那些需要学习的新的词语，学生也能够在已经学过的词语的基础上不断积累新的词语，丰富自己的词汇知识。

与语际之间的相似性对外语学习或语际之间的翻译可能产生负面影响一样，一种语言内部的语言单位之间和结构之间的相似性也经常对语言学习和使用产生消极作用。比如，就汉语发音来说，由于声母 n 与 l，zh 与 z，ch 与 c，韵母 in 与 ing，en 与 eng，两两之间在发音部位和发音方法上存在相似性，而且它们在一些方言区里不加区别，这些方言区的人们在学习汉语普通话时要准确区别这些音就很困难。词语语法属性的相似性对于学习和使用产生的最大的负作用就是规则使用泛化造成类推失误。比如，“见”和“见面”，“帮助”和“帮忙”，都是动词，而且两两词义近似，但“见”“帮助”可以带宾语，而“见面”“帮忙”不能带宾语。学习者没掌握这种差异就可能在使用中产生“* 见面朋友”“* 帮忙我一下”之类的错误。用来记写词语的汉字与其他汉字在发音或字形方面的相似性也会导致词语书写错误。邢红兵（2003：68）指出，“偏误词中，有一部分是由于汉字的原因造成的，包括：（1）字形相似造成的偏误，例如‘东北’写成了‘乐北’，‘小鸟’写成了‘小乌’，‘比赛’写成了‘此赛’，‘期末’写成了‘期未’等；

（2）字音相同或相近造成的偏误，例如，‘意义’写成了‘议义’，‘凑合’写成了‘凑和’，‘绳索’写成了‘绳素’，‘首先’写成了‘收先’等；（3）字音字形造成的偏误，例如，‘纪念品’写成了‘记念品’，是由于“记”和“纪”不仅音同，而且形似。”江新（2008）的多项研究表明，字词的发音和书写形式相似对学习者认读和书写汉语词语都有一定的影响，而且这种影响与学习者有无汉字背景有一定关系。

在教学活动（包括教材、教师讲解、工具书等）中，对于一个陌生的甲词语，往往用词义相近的乙词语来解释，但甲、乙两个词语在词义和用法上往往并不等同，如果用乙词语的用法去套用甲词语，就很容易造成偏误。比如，“游览”和“旅游”，“问候”和“问好”，“同意”和“愿意”，“相信”和“信任”，两两词性相似，都是动词，词义也相近，但实际上它们在词义和用法上都有一定的区别，如果在使用中不加以区分，就会产生下边这类语句（程美珍 1997，方绪军 2003）：

*去年暑假我们旅游了西藏。

*请代我问好你的父母。

*我不愿意他的意见。

*我信任他会来的。

在语言教学和研究实践中，如果能够明确语际之间或一种语言内部的单位（包括词语）和结构上的相似性，有哪些对语言学习和使用会产生积极作用，哪些相似性会对语言学习和使用产生消极影响，这对改进语言教学方法、提高语言教学效率无疑是很有意义的。

本书立足对外汉语教学实践和汉语作为外语的学习活动，着重考察汉语相似词语的相似性、汉语学习者使用汉语时出现的偏误词语与相应的目标词语的相似性，研究词语的相似性与汉语学习者词语使用偏误的关系，讨论面向汉语教学的相似词语的辨异方法，并以若干常见的相似词语为例进行具体的辨异分析。

第2节　相似词语的认知与习得研究

语言学习（包括词汇学习）是一种认知活动，也是认知科学（包括认知心理学、神经语言学）的一个重要的研究领域。Skehan（1998）强调语言教学和语言习得研究应该高度重视语言学习的认知过程。学习者在学习这些在发音、书写形式、词义或词性方面有着一定相似性的词语时，其感知、识别或提取、产出过程是怎样的，词语的相似性在语言学习和使用的认知活动中会产生怎样的影响，对这类问题，人们已经从多方面进行了有益的探讨。

认知心理学关于模式识别的理论和认识对于研究相似词语的辨别和理解很有借鉴意义。如果把一个个词语看成是由语音、书写形式、词义和语法属性等构成的一个个模式，学习者理解词语就是识别模式。认知研究表明，事物的相似性对人们识别事物、模式具有重要的影响，这种影响有积极的一面，也有消极的一面。认知心理学中有一种学说认为（戴汝为 1986，王甦、汪安圣 1992），模式是由若干元素或成分按一定关系构成的，这些元素、成分或关系可称为特征，人们在进行模式识别时，很大程度上就是进行特征识别。研究表明：模式特征差异小的事物就容易混淆。根据这种理论，词语之间在语音、书写形式、词义和语法属性等方面相似的特征越多，区别相似词语的困难就越大。心理语言学和神经语言学对词语的认知研究结果都表明，词语在语音、词义、语法性质等方面的相似性对词语的理解和产生有一定的影响。

Aitchison（1987）指出在大脑词库中，越是发音、词义或用法等方面相近的词，相互之间的联系越为密切，而由于联系密切，所以也特别容易混淆，从而在理解和表达时发生错误。

心理语言学关于大脑词库的扩展激活模型（Spreading Activation Model）和原型理论（Prototype Theory）等都涉及词语特征的相似性（杨亦鸣等 2001，杨亦鸣 2003）。扩展激活模型认为，在大脑词库里词汇以网络关系的形式表征，以语义联系或语义相似性将概念组织起来，概念之间的连线表示它们的联系，连线的长短表示联系的紧密程度，连线越短，表明两个概念联系越紧密，或两个概念有越多的共同特征，相似程度高。比如，对失语症患者出示实物或词语进行测试：

钥匙（命名）—— 患者回答：“锁……钥匙。”

绿（阅读）—— 患者朗读：“[lu1]……[ly4]。”

砂（阅读）—— 患者朗读：“吵，应该是砂。”

睛（朗读）—— 患者朗读：“青，不对，是睛。”

实验结果表明，患者在进行词汇检索时有一群词同时被激活。向患者出示实物“钥匙”，患者联想到与“钥匙”有着密切联系的“锁”，最后才正确识别，这表明实物“钥匙”激活了语义密切相关的词。向患者出示汉字“绿”“砂”和“睛”，患者先是误读成与其在字形上相近的字的音，这表明人们在识别字词时，字形相近的字词也被激活。神经语言学对失语症病人的观察发现，一些患者在听词辨认时“容易受近似音的影响，有时因为近似音的混淆在理解上发生错误”（杨亦鸣 2003：30）。一些患者在复述词语时也容易受到词语相似性的影响，“对无法或较难复述的词语，包括单个语素组成的单纯词和有两个以上的语素组成的合成词，患者会复述出与被复述词读音或语义相近或相似的词”（杨亦鸣 2003：32）。这类现象说明，词语之间音、形、义相似程度较高的词语间联系比较紧密，在大脑词库中贮存得较近，在进行词汇检索或识别时，一群语义、语音或书写形式相似程度较高的词语被激活，而不相关的则受到抑制。根据这种观点，词语之间词义、语音、书写形式方面的相似性，对学习者识别和使用词语会产生重要影响。在使用时需要提取某个词语，一些词义、书写形式相似程度高的词语就容易被激活，由于这些词语之间联系密切，因而提取辨别时也特别容易混淆，容易发生误用。选择性口误（比如一个错误的词语从大脑词库中被选择出来）也是词语的相似性对词语使用产生影响的重要证据。这种选择性错误“包括意思相近的、声音相近的或声音和意义都相近的选择性错误”（杨亦鸣等 2001：105）。在原型理论看来，词是以原型的方式存储于人脑之中，表示同类概念的词语，典型性最强的为原型，其他个体或成员按其与原型的相似程度处于从典型到最不典型的某个位置上。

认知心理学研究表明，词汇识别中形、音、义的加工过程是交互作用的，词形通达词义，在一定条件下，词义帮助语音的提取（即语义信息能与语音信息交互作用共同完成语音的提取），存在词汇交互作用模型（陈宝国、彭聃龄 1998）。

在语言习得研究领域，人们对相似词语习得问题的关注和研究更多。

Laufer（1988，1991，1997，2005）长期关注和研究英语学习者习得英语“形似词语（synforms）”或称“相似词语形式（similar lexical forms）”的现象，她认为这些形似词语对英语学习者学习英语词语影响很大。这些形似词语，像 comprehensive 和 comprehensible，cancel 和 conceal，historic 和 historical，economic 和 economical，industrial 和 industrious，excerpt 和 expert，它们在形式上有细微区别：或者某个词缀（前缀或后缀）不同，或者某个元音不同，或者某个辅音不同，学习者对词语之间形式上的细微区别稍不注意就容易产生误解或误用。这些词语有些在词义上有一定关联，有些则完全无关。Laufer 提出的“形似词语”关注的主要是词语在形式上的相似性。她认为这种形似词语在词语学习活动中必须高度重视，她把“让学习者重视形似词语”列为词语学习最重要的十条建议之一（Laufer 2005：4）。

词语的相似性对语言习得的影响最直观的表现就是，学习者在该用甲词语的时候而实际使用了与甲词语存在某种相似性的乙词语，从而造成了词语使用偏误。如（下列句中括号“【 】”里的是偏误词语）：

*这不只超越了时代，还跨越了国家的【境界】。（应为“界限”）

*在日本不愿上学的小学、初中学生人数竟【到达】了 13 万。（应为“达到”）

*我希望各个国家、机构不要【容易】决定这件事。（应为“轻易”）

*他总是很开朗，性情很【暖和】。（应为“温和”）

*祝您【常常】健康！（应为“永远”）

*可是，这种方法【为】解决噪声的问题最合适吗？（应为“对”）

*所有的地方都很壮观【并】美丽，真是名副其实。（应为“而且”）

考察中介语语料不难发现，无论是名词、动词、形容词，还是副词、介词、连词等，都有大量的类似上列语句中的词语误用现象。在这些语句中，偏误词语与目标词语都存在着一定的形式或意义上的相似性，追究这些偏误现象产生的原因，偏误词语和目标词语之间存在的这种相似性就成了一种合理的解释。

其实，词语的相似性不仅对人们在表达时选用词语有影响，对人们在听、读时识别词语同样有影响。这不仅表现在汉语学习者听、读汉语活动中，就是母语是汉语的人也经常会误听、误读。如，2013 年 7 月 4 日凤凰卫视《锵锵三人行》节目主持人窦文涛与作家王蒙等谈论郭敬明的电影《小时代》时有这么一段对话：

王　蒙：……后来我看那个王朔那个《阳光灿烂的日子》，再就是《动物凶猛》，这我就一愣，哟，敢情北京当红卫兵，什么复课闹革命也玩得这么热闹啊！

窦文涛：什么？妇科？

王　蒙：不是，复课！又要上课又要闹革命……

主持人把“复课”听成了“妇科”显然是受了这两个词发音相似的影响。汉语学习者在听、读汉语时由词语之间在发音或字形上的相似性导致误听或误读的情况就更多。比如，有汉语学习者将“统一”（如“课本由学校统一买”）听成了“同意”，在阅读文本时将“日前”认作“目前”（张博等 2008）。2013 年 5 月博茨瓦纳大学中文系一年级期末考试，其中有道题要求学生给一些汉语短语加拼音并用英语释义，有学生给“送苹果”“看点儿书”的注音和释义分别是：

送苹果	zhè píng guǒ	this apple
看点儿书	yǒu diǎnr shū	have some books

很显然，学生是把“送”看成了“这”，把“看”看成了“有”。虽然“送”和“这”，“看”和“有”两两字形差别很大，但对没有多少汉字学习经验的非洲学生来说，要把它们区别开来却不大容易。上海师范大学有一次在外国学生中选拔迎新年晚会主持人，要求几位选手念一段主持词，有一位法国学生在念“欢迎各位来到上海师范大学‘相约龙年’2012 中外学生新年晚会节目现场”时，就把其中的“节目”念成了“节日”；一位美国学生在念“在这诗与画流动的夜晚，就让我们一起感受亚洲的宁静悠远，非洲的热情浪漫，欧洲的瑰奇梦幻，美洲的活力动感”时，甚至把“瑰奇”念成了“玫瑰”。

对上述误听、误读之类的现象，汉语教学领域已经有过不少专题研究。陈绂（1996）考察分析了留学生朗读中文报刊时发生的误读现象，指出汉字和词语的书写形式相近、词义相近是造成误读的主要原因。张金桥、吴晓明（2005）进行了一项涉及相似词语理解和使用的实验，实验要求学习者完成词汇阅读选择题：题干是一些完整的语句，每句中有个画线词语，每个题干下边有 6 个选项，这些选项分别是形似义同词、形似义似词、形似义异词、形异义同词、形异义似词、形异义异词。如：

人要生存，必须吃饭，这是最基本的。

（A）关键　（B）基础　（C）根本　（D）特殊　（E）基层　（F）起码

研究结果表明，作为选项的6个词语与题干画线词语之间在词形和词义方面的相似性对学习者做出适当的判断起着重要的作用。江新（2004）在实验中要求12名日本学生和12名韩国学生判断一些汉语句子是否正确，句中包含形似别字（如“她很喜欢听音东”）、同音别字（如“她很喜欢听音月”）或形异音异别字（如“她很喜欢听音山”）。结果显示，学生判断包含形似别字的句子的反应时和错误率都高于包含同音别字的句子，这表明学生在阅读书面材料时觉察与辨别形似别字要比觉察与辨别同音别字更加困难，即在书面阅读活动中，词语的书写形式相似对学习者的影响较大。

从对语言的认知研究和习得研究领域看，词语的相似性对词语的认知和习得会产生复杂的影响，或者说词语的相似性与词语认知的关系十分复杂。词语之间的相似性可能存在于发音、书写形式、词义、语法属性等某个单一的方面，但在更多的情况下，词语的相似性是存在于某两个或多个方面。要具体了解词语的相似性与词语认知和习得的关系，或者了解词语的相似性对词语认知和习得的影响，就必须对汉语词语的相似性进行具体分析，并联系汉语学习和使用者对相似词语的认知和习得（包括听、说、读、写）实际，比如基于中介语语料，分析偏误词语与相应的目标词语的相似性，将汉语词语之间的相似性情况与中介语中偏误词语和目标词语之间的相似性情况进行对照，以发现二者之间的关系，从而考察词语的相似性对词语学习和使用的影响。

第3节　与词语的相似性有关的概念

无论是语言的本体研究（包括语音学、文字学、词汇学、语法学、修辞学或语用学等），还是对语言教学实践的研究，人们对词语相似性的关注都由来已久，已经积累了丰富的认识。一些与词语的相似性有关的认识已经成为语言学和语言教学研究领域十分常见的概念，如同（近）音词、同字词、形近词、同（近）义词、异体词、逆序词、类义词、易混淆词语、相似词语等。这些概念所概括的词语之间的关系对研究和考察词语的相似性都具有重要的借鉴意义。

一、同（近）音词

汉语的音节通常由声母、韵母和声调这几个要素构成。而汉语的声、韵、调以及由它们结合构成的汉语音节数目是相对有限的，有些声、韵、调搭配构成的单位还不是汉语的音节。比如，t 或 d 与 en，j 或 q 与 a 或 o，zh 或 ch 与 ü，等等，用它们拼出的 ten、den、ja、jo、qa、qo、zhü、chü，这些都不是普通话的音节。这样，要用相对有限的音节来表示数目极大的词语，出现大量的同音或近音词语就在所难免。

同音词中有些是单音节的。如：

是　事　式　试　室　市　世　势　视　拭　释　誓

支　枝　只　织　知　汁　之　执

的　地　得

练　炼　恋

同音词中也有些是双音节的。如：

著名—注明　　占有—战友　　形式—形势　　生气—声气

反映—反应　　变换—变幻　　权力—权利　　化妆—化装

检查—检察　　查看—察看　　界限—界线

有很多词发音相近（不完全相同）。发音相近的单音节词，比较典型的是声母、韵母相同，声调不同。如：

天　甜　舔　忝

先　闲　显　现

诗　时　始　适

也有些双音节词的发音相近，比较典型的是其中一个语素相同，另一个语素的声调不同或韵母稍有区别。如：

一齐——一起　　声明—申明　　注目—瞩目　　实行—施行

消失—消逝　　一身——一生　　终身—终生　　出身—出生

同（近）音词中，大多数除了发音之外，两两并没有其他方面的相似性。

比如，“是—誓”“支—汁”“练—恋”“著名—注明”“占有—战友”，它们两两之间在词义、用法方面都没有明显的相似性，汉语学习者在使用这些词语时特别是在读、写时发生混用的情况也很少见。但也有些同（近）音词除了发音相同（近）以外，词义和用法上也有一定的相似之处，这种词语就会给辨别和使用造成一定的困难，如“支—枝”“练—炼”“的—地—得”“反映—反应”“变换—变幻”“不止—不只”“年轻—年青”“启示—启事”“爆发—暴发”“融化—熔化—溶化”“熟悉—熟习”“需要—须要”“以至—以致”等，即使是母语为汉语的人在使用这些词语时有时也会为到底选择哪个而犯踌躇，以汉语为外语或第二语言的学习者在理解和使用这些词语时要加以辨别并准确使用就更加困难。

二、同字词、形近词

用相同的汉字来记写不同的词语，就产生了同字词。

同字词中有些是同音词。如：

会（“开会”“大会”）— 会（“会汉语”“会开车”）—会（“今天不会下雨”）

树（“种树”“大树”）— 树（“树起来”）

仪表（“仪表堂堂”）— 仪表（“机械仪表”）

文体（“文体活动”）— 文体（“记叙文和议论文是两种不同的文体”）

吃水（“干旱地区吃水困难”）— 吃水（“万吨巨轮吃水很深”）

这些词的发音和书写形式完全相同，但词义和用法不同，汉语学习者在听、读理解时遇到这些词语有时会感到困难。这些词在汉语词汇学和汉语教学实践中通常被处理为不同的词，但对于汉语学习者来说，要判断它们是一词多义还是不同的词却并不容易。

还有些同字词的发音基本相同，但某个语素的发音稍有不同（是否轻声、儿化）。如：

花（huār，名）— 花（huā，动、形）

数（shù，名）— 数（shǔ，动）

告诉（gàosù，受害人向法院告发）— 告诉（gàosu，对别人说，使别人知道）

大意（dàyì，主要的意思）— 大意（dàyi，疏忽，不注意）

有些单音节同字词发音不同。如：

好（hǎo，“很好”“好得很”）— 好（hào，“喜好”“好吃懒做”）
发（fā，“发财”“发材料”）— 发（fà，“短发”“发梢”）
得（de，“听得懂”）— 得（dé，“得了一等奖”）— 得（děi，“你得去”）

有些双音节同字词中有一个语素发音不同。如：

当年（dāngnián，过去某一年或某一时间）— 当年（dàngnián，就在本年，同一年）

有些双音节同字词的两个语素发音都不同。如：

便宜（biànyí，方便合适，便利）— 便宜（piányi，价钱低）

记写这些词语的汉字完全相同，学习者在进行书面表达时，即使他们不能准确把握这些词语的发音，也很难看出他们是不是误用了这些词语。但由于这些词的发音略有不同，学习者不仅在听、读理解时会有困难，在口语表达中使用这些词语时也会在辨别发音方面感到一定的困难。

上列这些同字词之间有些存在着一定的意义联系（如，“很好”的“好”与“喜好”的“好”），有些同字词之间没有明显的意义联系或很难发现它们之间的意义联系（如，“开会”的“会”，“会汉语”的“会”与“今天不会下雨”中的“会”）。至于哪些同字词意义之间是有联系的，哪些同字词之间是没有联系的，学习者往往也很难分辨。

逆序词（多是双音节）是一种特殊的同字词，它们是用相同的汉字按照不同的次序来记写不同的词语。如：

达到—到达　　欢喜—喜欢　　开展—展开　　实现—现实
来到—到来　　来往—往来　　担负—负担　　回收—收回
提前—前提　　不得了—了不得　　冰冰凉—凉冰冰

这种同字词中有些是没有词义联系的，如“语法—法语”“生人—人生”。但常见的逆序词语中大多数两两之间有着某种意义或用法上的联系，比如“达到—到达”“欢喜—喜欢”“恋爱—爱恋”“来往—往来”等。在使用这种词语时，学习者在选择 AB 式还是 BA 式方面会感到有困难：或者是在学习了一对逆序词之后分不清 AB 式和 BA 式的区别，或者是在该用 AB 式的时候错用成了 BA 式（学习者在该用 AB 式的时候错用成了 BA 式，可能只是在使用中颠倒了 AB 式词语的语素位置，他未必已经学过 BA 式词语，甚至 BA 式不是汉语里的词语）。

汉字中有不少字形很相近，如“未—末”“干—千”“代—伐”“辩—辨”“荼—茶”“戊—戍—成”“晴—睛”“鸟—乌”“目—日—曰”“话—语”“间—问”“若—苦”“准—淮”“冷—泠”等，它们是形近字。以上每组形近字总体上看，轮廓很相像，每组字之间往往只是在某个笔画的长短、有无、笔形上有一定的区别，这给认读和书写造成了一定的困难。以汉语为母语者容易写错的字，有不少也跟形近字之间字形相近有关。如（括号里是写错的字）：

胜券在握（卷）　草菅人命（管）　素昧平生（味）　一笔勾销（消）
矫揉造作（娇）　贪赃枉法（脏）　竣工（峻）　拔草（拨）

这些字形相近的汉字如果用来记写词，就成了形近词。如：

折—拆—析　爱—受　练—炼　己—已　便—使
以致—以至　即便—即使　分辨—分辩　清冷—清泠

汉语学习者在理解和使用这些形近字、形近词时往往会因为难以辨别而造成误解或误用（如有学生将“恋恋不舍”写成“* 变变不舍”）。

三、异体（形）词

汉语中有些词的发音、词义和用法相同，但书写形式不同（通常是记写双音节词的两个汉字中有一个写法不同），这种词语叫异体词或异形词。如：

盈余—赢余　装潢—装璜　宏图—弘图—鸿图　斑白—班白—颁白
本分—本份　身份—身分　笔画—笔划　标志—标识
参与—参预　成分—成份　分量—份量　订婚—定婚
就座—就坐　刻画—刻划　唯一—惟一

这些发音、词义和用法相同但书写形式不同的词语，以汉语为母语的人们，有人习惯用前边的一个，有人习惯用后边的一个，但从大规模语料库所收集的语料上看，这些词语的使用频率还是有一定的区别的。比如，“身份”比“身分”

出现的次数多，“分量”比“份量”的次数多。一组异体词中使用次数多的那个形式一般为语言政策部门向汉语使用者推荐的形式。但作为一般的汉语使用者（包括以汉语为母语者和以汉语为外语或第二语言者），有时并不知道哪些词是异体词，即使知道一些词是异体词，但对哪个形式是推荐形式也并不很清楚，所以在使用这些词语时还是会为选用哪一个而犯难。

有一些成对的词语在成为异体词之前有一个发展变化的过程，它们之前可能是近义词，词义和用法上有一定的区别，在一定的使用场合只能使用这种成对词语中的某一个。但在长期的使用过程中，人们渐渐忽略了它们之间原有的区别，或者接受了之前的错误写法，最终就形成了异体词。

异体词现象在语言中是长期存在的，有些词语是不是异体词或者会不会变成异体词，还有待考察，如“功夫”和“工夫”，“制定”和“制订”等。

四、同义词、近义词

词的理性意义或概念义相同的词可以叫同义词。如：

工资—薪水　　西红柿—番茄　　洋灰—水泥
代替—替代　　假钞—假币　　念—读

同义词中，词义完全相同的也叫等义词。如“西红柿—番茄”“马铃薯—土豆”“泳装—泳衣”“标准间—标间”。

词的理性意义相近但不完全相同的词可以叫近义词。如：

成绩—成就　　书本—书籍
阻挡—阻拦　　看—望—瞧—盯—瞅
优良—优秀—优异

如果把词的情感意义、语法意义、语域（包括语体和地域）意义也算作词的意义，那么那些同义词、等义词的词义也就不完全相同了，因为同义词、等义词之间往往在情感意义、语域意义等方面存在一定的差异。因此，可以把理性意义相同或相近的词合称为近义词。从汉语教学（包括对外汉语教学）的实用的角度看，近义词的概念所能容纳的汉语教学和学习活动中涉及的需要加以辨别的词语范围更广，因此，面向对外汉语教学的工具书或参考书有很多就采用“近义词”这个概念，如刘淑娥等（1983）《近义词辨析》、邓守信（1994）《汉英汉语近义词用法词典》、马燕华和庄莹（2002）《汉语近义词词典》、刘乃叔和敖桂华（2003）《近义词使用区别》、方绪军和张新明（2003）《HSK 近义词区别与练习》、王还 (2005)《汉语近义词典》、赵新和李英（2009）《学汉语近义词词典》等。

多数近义词的词性相同，但也有些近义词的词性是不同的。如：

忽然$_{\text{副}}$[①] — 突然$_{\text{形}}$　　刚才$_{\text{名}}$ — 刚刚$_{\text{副}}$

适合$_{\text{动}}$ — 合适$_{\text{形}}$　　都$_{\text{副}}$ — 全$_{\text{副、形}}$

经常$_{\text{形}}$ — 常常$_{\text{副}}$　　按时$_{\text{副}}$ — 准时$_{\text{形}}$

一个多义词可能在不同的义项上有不同的近义词。如，“结实”有两个义项：①坚固耐用；②健壮。在前一个义项上，“结实”的近义词是“坚固”；在后一个义项上，“结实”的近义词是“健壮”。但与多义词在不同义项上词义相近的词之间不一定是近义词（如，“坚固”和“健壮”就不是近义词）。

近义词的词义只是相近，其意义和用法都或多或少地存在着差异。在理解和使用时如何辨别它们的异同，显得十分重要，因为这关系到词的理解与使用是否准确、得体。因此，在语言教学和学习活动中，辨别近义词的词义和用法成了一项重要的内容，这方面的工具书、教学资料也比较丰富。

五、类义词

着眼于词所表示的事物、行为、现象、情状、关系、性质或特征所属的类别，可以把那些表示相同类别意义的词聚集到一起，就形成了类义词。比如，着眼于类义“学生”，下面这些词就会聚集到一起：

小学生　中学生　初中生　高中生　大学生　文科生　理科生　进修生　研究生　硕士生　博士生　留学生　插班生　旁听生　男生　女生　男同学　女同学　走读生　住校生　留级生　优等生　……

一群类义词的内部是有层次的，一个较大的类义词词群里往往包含一些较小的类义词词群。比如，同样是亲属类的词语，就可以分出如下一些次级的词群：

爷爷　奶奶　祖父　祖母　外公　外婆　姥爷　姥姥

爸爸　父亲　爹　妈妈　母亲　娘　岳父　岳母　伯伯　伯父　伯母　大

① 以下词后边下标的“副”“形”等代表词性。

叔　大伯　叔叔　表叔　婶母　姑姑　姑母　姑父　舅舅　舅母

兄弟　弟兄　兄妹　姐弟　姐妹　哥哥　姐姐　弟弟　妹妹　堂哥　堂弟　表哥　表姐　表弟　表妹

儿子　女儿　闺女　侄子　侄女　外甥　外甥女

孙子　孙女　外孙　外孙女　……

类义词中词语之间的层次性还体现在有些词语在词的概念义方面具有种属的关系。比如，“学校”“小学”“中学”“中专”“学院”“大学”作为一个类义词群，在词义上“学校”包含“小学”“中学”“大学”等词，有这种上下位关系的词通常叫上下位词，上位词表示类义，下位词都具有上位词所表示的某种类义。

就上下位词所表示的概念义而言，上位词的外延比下位词广，下位词的内涵比上位词具体、深化。比如，“学校”的外延包括各级各类专门进行教育的机构，“小学”“中学”“大学”等除了具有“学校”所具有的所有内涵特征以外，还都具有各自独特的特征。

上下位词之间的层级有时是相对的。一个词对它的上位词来说，它是下位词，但对它的下位词来说，它又成了上位词。比如，“中学”对“学校”而言，是下位词，但对于“初中”“高中”而言，它又成了上位词。位于同一层级上的词都具有上位词的内涵特征，但各自又具有区别于同层级上的其他词的内涵特征。比如，“小学”以其“对儿童、少年实施初等教育”的特征区别于“中学”的“对青少年实施中等教育”的特征。

六、词类

语言中的大量词语在语法上通常可以分为不同的词类，具体的一个个词语也可以归入一定的词类，如名词、动词、形容词、副词、连词之类。词类的形成是基于词语的语法分布情况，即词语与词语组合能力的表现。一个词能与哪些词语或语法单位组合，这种结合能力就是这个词的词性。一个词类里包括的所有的个体在词性方面都具有一定的相似性，这是词类范畴的家族相似性，这种相似性就是同一词类里包括的词所具有的共同的语法特征和属性（袁毓林 1995）。比如，名词可以作主语、宾语，可以带定语；形容词都可以作定语；副词都可以用在动词或形容词前作状语；量词前边都可以用数词；关联词语都可以用来连接分句，等等。词在语法属性（词性）方面存在相似性，即词和词之间的词性相似性，是词类划分的基本前提和根本依据。

同一词类里的词，它们的词性只是相似，并不一定完全相同。比如，许多名词前边都可以用数量词语，如“一所学校”“一座城市”“一家公司”“一位经理”“一本书”，但也有些名词，如“上边/下边/前边/后边/里边/外边”“期间”“大众”“对方”“边防”“城乡”“农村”“乡下”等名词前边一般却不用数量词；动词中有些可带宾语，有些不能带宾语；形容词中有些可以受表示程度的词语修饰，有些不能受表程度的词语修饰；副词作状语，有些可以用于句首，也可以用于动词或形容词性词语前；有些却只能位于动词或形容词性词语前，不能位于句首。属于同一词类里的词在语法属性方面存在一定的差异，这是对同一词类里的词进行次类划分的基本条件。比如，根据量词所构成的数量词语与名词和动词的组合差异，量词可以分为名量词和动量词；根据动词能否带表示人或事物的名词作宾语，动词可以分为及物动词和不及物动词。

词类以及一个词类下边分出的次类，都是对它们所包括的许多具体词的语法属性的高度概括。实际上，属于同一词类的词语，即使它们词义相关，其组合功能也可能有较大区别。如，名量词“盘”和“副”构成的数量词语都可以和名词“棋”配合使用：

你那副棋是在哪儿买的？

他们一共下了三盘棋。

但这两句子中的“盘”与“副”却不能换用。“城市”和“农村”都是名词，经常一起使用，但它们的组合功能却不完全相同：

一座城市	很多城市	大中城市	小城市	？广大城市
*一个农村	*很多农村	*大中农村	*小农村	广大农村

“帮助”和“帮忙”是近义动词，但与其他词语的结合能力却很不相同：

帮助他人	帮助帮助	帮助很大	有帮助	很大帮助
*帮忙他人	帮帮忙	帮了大忙	*有帮忙	*很大帮忙

词类不同的词，词的语法属性也未必都不相干。有些词属于不同的词类，其语法属性却也可能有相同的方面。比如，“按时”与“准时”，前者是副词，后者是形容词，但二者都能作状语：

按时完成　　按时起床　　按时到校

准时开始　　准时发车　　准时赶到

只是“按时”通常只作状语，而“准时”还可以像其他形容词一样受副词的修饰（如“很准时”“特别准时”“一向准时”）。

七、易混淆词语

人们（包括母语使用者和外语或第二语言学习者）在理解和使用词语时有时会发生混淆，在听、读理解时，把甲词语理解成乙词语，在说、写表达时，该用甲词语的地方用了乙词语，而且这种混淆不是偶然的，具有一定的普遍性，这种在理解和使用时容易发生混淆的词语就叫做易混淆词语。

语言教学领域（包括母语教学和外语教学）对易混淆词语的关注较多。如，孙湘生和龚艳霞(1991)的《英语易混词汇大全》、孙湘生和龚艳霞(2010)的《英语易混淆词汇辨析》、Carpenter（2000）的《易混淆词》等。

近年来，在对外汉语教学领域，人们对汉语学习者中介语中词语混淆使用的情况作了不少具体深入的研究，如张妍（2006）、张博（2007，2008，2013）、张博等（2008）、萧频（2008）、蔡北国（2010）、刘晓颖和郭伏良（2010）等。

张博（2007，2008，2013）和张博等（2008）提出了面向对外汉语教学的易混淆词语的研究纲领，以汉语中介语里的词语混淆使用情况为考察对象，对中介语中的易混淆词语作了理论分析和实际考察，强调面向对外汉语教学的易混淆词语辨析应具有针对性。张博等（2008：6）主张易混淆词“是站在中介语的立场、着眼于目的语理解和使用中的词语混淆现象并根据混淆的普遍程度归纳出来的词语类聚”。

张博（2007：102-103）将易混淆词语分为以下七种类型：

（一）理性意义基本相同的词，也就是狭义的近义词。如“解释—说明”“粗心—马虎”“诞辰—生日”等。

（二）有相同语素的词。如“通信—寄信”“一会儿——一下(儿)”“有点儿——一点(儿)”等。

（三）语音相同或相近的词。如“第—弟”“有—又”“主意—注意”“厉害—利害”“权利—权力”等。

（四）字形相近的词。如“提示—揭示”“大—太”等。

（五）母语一词多义对应的汉语词。如，英语的live是一个多义词，有两个常用义：1)（在某处）住，居住；2)（以某种方式）生活，过日子。当学生学过“住”后，可能会误将汉语“住”与英语的live等同起来，在“生活”的意义上也常常使用“住”。

（六）母语汉字词与对应的汉语词。日语、韩语等语言中，都有大量汉字词，其中有些汉字词与汉语的某个词同形，可意义和用法并不相同，而是对应另外一个汉语词。日、韩学生对母语与汉语同形的词往往不够敏感，在表达中直接使用母语词，造成母语汉字词与对应的汉语词混淆。如，日语“经验”一词在意义和用法上大致对应于汉语“经验”和“经历”两个词，因此，日本学生常将“经验”用如“经历”。

（七）方言词与对应的普通话词。东南亚国家的学生中有不少是华裔，受父辈汉语方言的影响，经常使用某些方言词，造成方言词与普通话词语的混淆。如，有客家方言背景的印尼学生在当用“吃”“穿”“找”时，会误用为“食”“着”“寻”。

张博（2007：103）还指出：“有些词语混淆的影响因素可能不止一个，如‘练’与‘炼’混淆，可能因其音同且形近；‘统率’和‘统帅’混淆，可能受到意义相关、有相同语素且读音相同等多种因素的干扰。从总体上看，（一）至（四）类易混淆词产生的原因主要在于目的语词的形音义关系，而（五）至（七）类易混淆词的产生来自母语的影响。根据我们对汉语中介语的初步考察，第（一）（二）（五）类词语混淆的现象最普遍，遍及不同母语背景、不同水平等级的学习群体，数量也最多。”

萧频（2008）、张妍（2006）、蔡北国（2010）、刘晓颖和郭伏良（2010）则分别从汉语学习者不同国别的角度、从易混淆词语的具体类别（如易混淆的心理动词、动作动词）的角度，具体考察汉语学习者在使用汉语词语时发生混淆的情况，并提出了较为具体的教学对策。

八、相似词语

着眼于词语在发音、书写形式、词义、词性等方面的相似性，词语和词语之间的关系可分为有相似关系（包括相同关系）和无相似关系两种。同（近）音词在发音方面有相似关系，同字词或形近词在书写形式方面有相似关系，异体词的发音、词义、词性相同，类义词、同（近）义词在词义方面有相似关系，同一词类里的词在词性方面有相似性。这些概念各自侧重词语属性在某个方面（或发音，或书写形式，或词义，或词性）的相似性，从而形成类聚。就一些具体的词语而言，它们可能属于上述的不同类别。如，“即便”和“即使”既是形近词，又是近义词，又属于同一词类（连词）。这些不同类别概念包括的具体词语实际上是有交叉的。从相似性的角度看，在发音、书写形式、词义、词性等方面存在相似性的词语就是相似词语。依这样的观点看，同（近）音词、同字词或形近词、异体词、类义词、同（近）义词、同一词类里的词都属于相似词语。

相似词语或相似词的概念在语言学和应用语言学领域也很常用，但其含义并不完全相同。台湾《重编国语词典》（修订本）后边列有附录“相似词索引表”，该索引表里列出的一组组词语大体相当于《同义词林》一类工具书所收录的条目，如[①]：

八成　多半　大概
巴结　逢迎　讨好　趋奉　趋承
霸道　蛮横　强横　野蛮
薄暮　傍晚　黄昏
薄弱　单薄　虚弱　衰弱　软弱　脆弱　微弱
拜访　拜客　拜候　拜见　拜谒　拜望　访问　探访　会见　进谒　造访
保卫　保护　保守　捍卫　护卫　警备　守护　守卫　卫戍

这些词语条目大抵是一组组同义词或近义词。

在外语教学（包括对外汉语教学）领域也有一些讨论和辨别相似词语的工具书或参考书。如，卢思源（1982）《英语相似词语辨异》、薄冰和赵淑文（2008）《英语相似词语辨析》等。卢思源（1982）收录了600余组英语中的相似词语（包括少量相似的短语和语句），薄冰和赵淑文（2008）则收录了约1000组英语中的相似词语，书中对所收录的词语分别从读音、词义、文体等角度进行了辨析。方绪军（2008a）分析了汉语常用词语中的相似性及其表现，并结合汉语学习者使用一些相似词语的偏误表现，讨论了词语的相似性对词语学习和使用可

① 见 http://dict.revised.moe.edu.tw/cgi-bin/newDict（2011年11月查询）。

能产生的影响。方绪军（2012，2013）的《汉语相似词语区别与练习　初级》和《汉语相似词语区别与练习　中级》根据《汉语国际教育用音节汉字词汇等级划分》将常见的相似词语分为初级和中级，对约 1000 组常见的相似词语在词义和用法等方面的区别进行了对比分析。

相似词语之间的相似性有些分别表现在发音、书写形式、词义或词性等某个单一方面，有些则表现在多方面。根据各种相似词语所具有的相似属性，本书将相似词语分为不同的类别，如表 1-1 所示：

表 1-1　相似词语分类

相似词语类别	类别简称	相似词语示例
发音相似	P 类	有—由　歌—隔
书写形式相似	O 类	便—使　已—己
词义相似	S 类	放假—假期　战争—打仗
词性相似	G 类	城市—市场　看—走
发音和书写形式相似	PO 类	种（zhǒng）—种（zhòng）
发音和词义相似	PS 类	只—止　一起—一齐
发音和词性相似	PG 类	的—地　只—支
书写形式和词义相似	OS 类	另—别
书写形式和词性相似	OG 类	进—讲　烧—绕
词义和词性相似	SG 类	低—矮　讲—说
发音、书写形式和词义相似	POS 类	结（jiē）果—结（jié）果
发音、书写形式和词性相似	POG 类	扒—趴　侧—测
发音、词义和词性相似	PSG 类	终身—终生
书写形式、词义和词性相似	OSG 类	冷—泠
发音、书写形式、词义和词性相似	POSG 类	心理—心里

按照词语之间在不同方面的相似性，将具有各种相似性的词语分成 P 类、O 类、S 类、G 类、PO 类、PS 等、SG 类等类别，类与类之间相对独立，能够比较清楚地显示词语相似性的各种不同情况。比如，发音相似的词语，只是在发音方面有相似性，而在书写形式、词义和词性方面都没有明显的相似性；词义相似的词语也只是在词义方面有相似性，在发音、书写形式和词性方面没有明显的相似性。各种类别的相似词语所具有的相似属性如表 1-2 所示：

表 1-2 不同类别相似词语具有的相似属性

相似词语类别 / 相似属性	P	O	S	G	PO	PS	PG	OG	SG	POS	POG	PSG	OSG	POSG
发音相似	+	–	–	–	+	+	+	–	–	+	+	+	–	+
书写形式相似	–	+	–	–	+	–	–	+	–	+	+	–	+	+
词义相似	–	–	+	–	–	+	–	–	+	+	–	+	+	+
词性相似	–	–	–	+	–	–	+	+	+	–	+	+	+	+

（说明：表中“+”号表示具有某种相似属性，“–”号表示不具有某种属性）

考察中介语中偏误词语与目标词语的相似性关系，是研究相似词语习得情况的一条重要途径。近年来，基于较大规模的中介语语料库，考察语料中使用有误的名词、动词、形容词、副词、介词和连词与它们的目标词语的相似关系，在这些方面已经做了些研究。张涵（2011）着重考察了《汉语水平词汇与汉字等级大纲》里甲、乙级名词的使用偏误与其目标词语的相似性。倪丽华（2009）、王中芸（2012）集中地考察了常用动词在中介语中出现的偏误现象，分析它们与相应的目标词语的相似性。方绪军（2008b）、别晨霞（2009）以常用形容词为考察对象，分析了中介语中误用的这些形容词与其目标词语的相似性。陆苏静（2009）、王宇泉（2011）、张丹（2010）则分别以部分常用副词、介词和连词为考察对象，分析它们的误用情况与目标词语的相似性。这些专题研究，较为具体地描述了中介语中不同词类的常用词语的偏误现象与目标词语的相似性关系，并对各种相似性关系进行了分类，为进一步揭示词语的相似性对词语使用偏误的影响打下了一定的基础。

围绕词语的相似性现象及其对学习者理解和使用这些词语的影响，如下一些问题需要展开具体研究：

（1）常见的各类相似词语里包括哪些词语？直觉上，表 1-1 列出的词语之间的十多种相似关系，每一种包含具体的相似词语数目的多少差别很大。初步考察，汉语里各类相似词语中，词义相似的词（即“S 类”）、词义和词性相似的词（即“SG类”）比较多，书写形式、词义和词性三方面都相似的词（即“OSG 类”），或发音、书写形式、词义和词性四方面都相似的词（即“POSG 类”）就很少。各类相似词语具体包括哪些词语，特别是在常用词范围内各类相似词语到底有哪些，需要作具体的调查分析。

（2）各种类别的相似词语中，哪些类别在理解和使用中容易发生混淆？张博等（2008：5）指出："对于第二语言学习者来说，习得一个词需要全面掌握其意义、读音、用法和书写形式等多种信息，需要跟意义相近、句法特征相同、同音及写法相似的其他词语区分开来，哪一点掌握不到位，都有可能与相关词语混淆。"这就是说，汉语词语在发音、书写形式、词义、词性等方面的相似性与汉语学习者在理解和使用词语时发生混淆有着因果关系。正如 Sinclair（2000：前言）所言："词被混淆的原因是看起来或听起来含义相似，或虽相似但不完全等同。"Carpenter（2000：引言）更加具体地指出了词语混淆与词语之间相似性的关系：

> "混淆用词有很多原因，例如，有些词的书写形式很相似，但意义却大相径庭，例如 quite 和 quiet，或 suit 和 suite。有的词看起来相似，其意义虽有紧密的联系，但又并非全然等同，例如 altogether 和 all together，或 breath 和 breathe。
>
> "有的词不仅看起来相似，其发音也一模一样，例如 practice 和 practise，或 stationary 和 stationery。
>
> "还有些词看起来不一样，但是很容易被混淆，因为它们的意义虽然不完全相同，但是很相似，例如 baby、infant 和 child，或者 job 和 work。
>
> "还有一类易混淆词，其意义和结构相似，但语法上有差异，例如 after、afterwards 和 later，或 its 和 it's。"

类似上述种种现象在汉语词语学习和使用中同样存在。但中介语事实也表明，在各种相似词语中，有些类别，如 P 类，学习者在书面表达时就很少发生混淆，而有些类别，如 S 类、SG 类，在书面表达中发生混淆的用例就比较多。学习者理解和使用各类相似词语，哪些容易发生混淆，哪些不太会发生混淆，弄清这些问题，有利于加强在词语教学中安排词语辨别练习的针对性。

（3）如何对不同类别的相似词语之间的相似程度进行量化？依照相似系统论的观点，事物之间的相似性是可以量化的，那么，词语之间的相似性也应该是可以用数量来表示的。事实上，在应用语言学领域也确实有将词语的相似性进行数量表达的实践。石静等（2011）报告了基于大规模语料库、运用集成方法计算汉语词语相似度的方法，运用这种方法能够对词语之间的相似度进行量化。如，"事实"一词与有关词语的相似度为：

现实 –0.937	证据 –0.856	史实 –0.815	事情 –0.772	真相 –0.763
情况 –0.645	情形 –0.594	结论 –0.586	案情 –0.573	事例 –0.566

北京大学计算语言学研究所开发了一个相似词网络检索平台，可以检索词语的top-n个相似词及其相似度，以及查询两个词之间的相似度[①]。运用这个系统可以查得两个词语之间的相似度数值。如，“改”和“变”的相似度为0.91，“主要”和“重要”的相似度为0.783。从现有的系统查得的结果看，有些比较接近人们的语感，如“互相”和“相互”的相似度为0.999，这两个词无论是形式、词义，还是词性、用法，都十分接近；但也有不少词语之间的相似度与人们的语感相去甚远，如“吃”与“喝”，“输”和“赢”，“大”和“小”，“呢”和“吗”等，基于语感判断，这些词语两两之间的差异都比较大，有些甚至词义相反，但在该系统中查得它们两两之间的相似度都为0.999，而“华语”和“华文”，“劳动”和“工作”，“输”和“败”等语感上相似程度较高的词语，查得它们的相似度却都比较低，分别是0.575、0.239和0.388。该系统查得的词语之间的相似度似乎更多地反映的是词语在词性或搭配方面的相似程度。如何使表示词语之间相似程度的数值比较接近人们的语感，并使数值具有适当的意义或得到合适的解释，从而使词语相似性的量化指标有益于汉语词汇教与学的实践，还需要作更具体深入的研究。

（4）如何辨别相似程度较高的词语之间的区别？汉语教学实践中，教师经常会遇到学生提出的某词语与某词语有什么区别之类的问题，这些问题有些在工具书或参考书里已经有了答案，有些没有现成的答案。有些问题虽然有了答案，但已有的答案未必准确或全面。所以，在辨别相似词语方面经常会发生这样的情况：人们对同一组相似词语的区别反复加以讨论。如，陆俭明（1980）、黄祥年（1984）、沈家煊（2001）、文全民（2008）、宗守云（2011）等都讨论过比较句中的“更”和“还”的区别，陆丙甫（1988）、马真（2003）、胡正微（2005）、曲殿宇（2008）、万智慧（2011）等都对“已经”和“曾经”作过对比分析，沈家煊（1986）、刘宇红和谢亚军（2007）、张庆文（2009）、袁毓林(2011)都对“差不多”和“差点儿”的异同进行过辨别。尽管如此，也很难说对这些词语的异同已经辨别得十分清楚了。除了这些已经有过很多讨论分析的词语之外，还有不少有一定相似性的词语，如“居然”和“竟然”，它们之间有何区别，目前还没有令人满意的解释。作为面向汉语词语教学的知识库建设方面的重要内容，对相似程度高而且难以分辨的词语进行适当的辨别，仍有大量的工作有待展开。

---

① 见 http://klcl.pku.edu.cn:8080/seek/check.php（2012年3月查询）。

第二章 常用词语的相似性计量分析

第1节 常用词语的相似性类别

汉语中的词语总有语音、书写形式、词义和词性等方面的属性，汉语学习者要在听说读写活动中准确理解和使用一个汉语词语，就必须掌握该词语的各方面属性。许多词语在某个或某几个属性方面具有一定的相似性，这种相似性对学习者学习和使用词语形成了复杂的影响。要具体了解母语非汉语者学习和使用汉语相似词语的情况，进而了解一些汉语词语之间的相似性对其学习和使用这些词语的影响，一个重要的前提是具体了解汉语词语之间的相似性的表现，比如哪些词语发音相似，哪些词语书写形式相似，哪些词语词义相似，哪些词语词性相似，哪些词语在两个或两个以上属性方面相似。

汉语词语数量巨大，考察分析所有词语中哪些词语在发音、书写形式、词义或词性方面存在相似性目前来看是不现实的。汉语学习者实际学习和使用的汉语词语数量相对有限，在教学中需要对相似词语进行辨别实际涉及的词语数量也是有限的，因此，选择汉语学习者学习和使用的常用词语为考察对象是比较现实的。本书以国家汉语水平考试委员会办公室考试中心（2001）《汉语水平词汇与汉字等级大纲》中所收录的词语为考察范围。该大纲将汉语水平等级词汇分为甲（1033）、乙（2018）、丙（2202）、丁（3569）等四个等级。考察学习者学习和使用汉语词语的实际情况可以发现，他们学习和使用这些不同等级的词语情况有所不同：低等级词语（如甲、乙级）往往使用频率较高，在说、写活动中也较为常用；高等级词语（如丙、丁级）使用频率相对较低，更多时候是在听、读活动中会遇到，在说、写活动中较少用到。本书试图考察汉语学习者使用（主要是在写的活动中）汉语常用词语中的相似词语的情况，具体以北京语言大学汉语水平考试中心的“HSK 动态作文语料库”① 所收集的汉语水平考试（HSK）考生的作

① 该语料库网址是 http://202.112.195.192:8060/hsk/login.asp。

文语料为基本材料。该语料库收集的是参加 HSK（高等）考试考生的作文语料。HSK（高等）考试的目标考生是具有中等以上水平的母语非汉语者，就词汇学习情况而言，目标考生已学习过《汉语水平词汇与汉字等级大纲》中甲、乙、丙级词语。一般认为，在说、写中用到的词语要比听、读中遇到的词语更常用，在数量上也比听、读中遇到的词语要少，据此可以推断，甲、乙级词语应该是 HSK（高等）考生作文中普遍使用的词语。因此，本书以《汉语水平词汇与汉字等级大纲》中甲、乙级词语为具体的考察范围，对全部 3051 个词语进行具体的相似性分析，并加以归类。

由于人们对词语的相似性的认识通常是凭直觉，因此对词语在发音、书写形式、词义和词性等方面相似性的判断具有一定的弹性。比如：

（A）剧场—机场　　经济—京剧　　日记—日子　　包子—报纸
（B）形式—形势　　进来—近来　　老师—老实　　练习—联系

以上两组词语从某种程度上说，各组里的每一对在发音上都有一定的相似性。但两组情况稍有不同：A 组的四对词语，每一对有一个音节在声母或韵母上有区别。比如，“剧场”中的“剧（jù）”和“机场”中的“机（jī）”，“日记”中的“记（jì）”和“日子”的“子（zi）”。B 组的四对词语，每对相应音节的声母和韵母都是相同的，两两的区别仅在于声调，有的甚至连声调也相同。尽管前一组词语中的每一对都有一定的相似性，但在判定一对词语的发音是否具有相似性时，哪些不同的声母或韵母可以判别为相似，哪些不同的声母或韵母应该判为完全不同，标准不易掌握。如，“孩子”和“鞋子”，“路上”和“录像”这两对词语发音是否相似，人们在判断时可能就会有争议，操作起来就比较困难。因此，在对常用词语之间存在的某方面相似性进行判断之前，有必要对各种相似性进行操作性规定，从而使对词语之间的各方面相似性的判断基本客观、一致。

本书对词语的发音相似、书写形式相似、词义相似和词性相似作如下规定：

（1）发音相似（P 类）。两个词语音节数相同，相应音节的声母和韵母相同，相应音节的声调相同或不同，这样的词语就视为发音相似。如：

是—事　　台—抬　　班—搬　　接到—街道
止—支　　冬—冻　　解释—结实　　以外—意外

以上两行词语，前一行中的四对词语，相应音节的声、韵、调都相同，属于通常所谓的同音词；后一行中的四对词语，相应音节声母和韵母相同，但有些音节的声调不同。这两组词语都视为发音相似的词语。

有些词语是由 A、B 两个音节构成的，一个词语是 AB 的形式，另一个词语是BA的形式，这两个词语也作为发音相似的词语处理。如“法语”和“语法”①。

（2）书写形式相似（O 类）。用来记写两个词语的字数相同，相应汉字的轮廓相似或部件的布局基本相同，相应汉字在笔画、笔形或部件上略有不同，这样的词语就视为书写形式相似。如：

使—使　问—向　人—入—八　干—千　天—无

我—找　各—名　节目—节日

“部”和“陪”由相同的部件构成，也视为书写形式相似。

同字词用相同的汉字记写，但发音、词义和词性不同，也视为书写形式相似。如：

地（de）— 地（dì）　得（de）— 得（děi）　还（hái）— 还（huán）

（3）词义相似（S 类）。两个词语的词义相同或相近，这样的词语就视为词义相似。词义相似的词语音节数、词性不一定相同。如：

杯—杯子　常—经常　晚—迟到　刚—刚才

仿佛—似乎　经常—常常　忽然—突然　按时—准时

（4）词性相似（G 类）。两个词语属于同一个词类，这样的词语就视为词性相似，即词的语法属性相似。词性相似的词语音节数、词义不一定相同。如：

字　纸　水　词典　冰箱　汽车　（名词）

走　看　写　参观　竞争　商量　（动词）

美　贵　苦　优秀　丑恶　悠久　（形容词）

以上三行词语，每一行里的六个词语都属于同一词类，每一组里的词语两两之间都可视为词性相似。

① “法语”和“语法”都是名词，又由相同的汉字组成，因此二者在词性和书写形式方面也有相似性。

以上（1）至（4）类词语的相似性都是就一对词语在某个单方面属性（发音、书写形式、词义或词性）上具有相似性而言的。比如，“是”与“事”只是在发音方面有相似性，在书写形式、词义和词性方面都不具有相似性。“字”和“汽车”只是在词性方面有相似性，在发音、书写形式和词义方面都不具有相似性。但实际上有很多常用词语，两两之间会在某两个方面、三个方面甚至在四个方面存在相似性。分别举例如下：

把$_{量}$—把$_{介}$　　回$_{动}$—回$_{量}$　　抢—枪　　（PO 类）
实用—适用　　实用—使用　　一直—一致　　（PS 类）
找—照　　指—至　　有力—有利　　主人—主任　　（PG 类）
爱—受　　刀—力　　安全—完全　　文学—文字　　（OG 类）
又—再　　在—正　　怎么—怎样　　中心—中央　　（SG 类）
直$_{形}$—直$_{副}$　　合适—适合　　（POS 类）
当（dāng，动）— 当（dàng）　　公园—公元　　（POG 类）
收—受　　作—做　　年轻—年青　　制定—制订　　（PSG 类）
少—小　　从前—以前　　数学—数字　　（OSG 类）
吐（tǔ）— 吐（tù）　　面前—前面　　（POSG 类）

按照上述规定，对词语的相似性进行系联组对，大体能够使各种类别相对独立，便于对各种不同类别的相似性进行具体分析，避免了通常所谓的近音词、形近词和近义词之间可能有交叉的现象。比如，“回$_{动}$—回$_{量}$”“直$_{形}$—直$_{副}$”“当（dāng）—当（dàng）”“吐（tǔ）—吐（tù）”两两发音相近，是近音词，但从本书讨论的词语所具有的相似属性看，它们则分别属于不同的类别：“回$_{动}$—回$_{量}$”属 PO 类，“直$_{形}$—直$_{副}$”属 POS 类，“当（dāng）—当（dàng）”属 POG 类，“吐（tǔ）—吐（tù）”属 POSG 类。

按照上述判定词语相似性的标准，如果着眼于某个单方面的属性，常用词语中有不少是成群地在某方面有相似性，而不仅是成对的。如：

包$_{名}$—包$_{动}$—薄（báo）—饱—保—报$_{名}$—抱
常—常常—经常—平常—老是—往往—总是

这两行各有 7 个词，前一行的每个词与其他词在发音方面有相似性，后一行的每个词与其他词在词义方面有相似性。但每一行词中两两之间的相似性又有不同。就第一行来说，“包$_{\text{名}}$”和“包$_{\text{动}}$”不仅仅发音相同（也视为相似），而且书写形式相同，词义也有一定的关系，“包$_{\text{名、动}}$”和“薄”仅是发音相似，“包$_{\text{名}}$”和“报$_{\text{名}}$”在发音和词性两方面相似，而“包$_{\text{动}}$”和“报$_{\text{名}}$”则只是发音相似。如果把这些词语都归入发音相似类，就掩盖了“包$_{\text{名}}$”和“包$_{\text{动}}$”在书写形式和词义方面的相似性、“包$_{\text{名}}$”和“报$_{\text{名}}$”在词性方面的相似性。就第二行来说，“常”和“常常”不仅词义十分相似，而且“常常”就是“常”的重叠形式，二者都是副词（即在词性方面也相似），但“常”和“经常”在词义方面有相似性，在词性方面则有较大差异（“常”为副词，“经常”为形容词和副词）。这组里的“平常”也是个兼类词（名词和形容词）。“常常”“经常”和“平常”含有共同语素“常”，而“老是”“往往”和“总是”则不含共同语素。

为了更充分、更清晰地显示词语两两之间的相似性，我们在进行词语的相似性系联标注时一律成对列出并判断其相似性。如，将上边两行词语两两分为如下词语对，再分别判定其相似性：

包$_{\text{名}}$—包$_{\text{动}}$　包$_{\text{名}}$—薄　包$_{\text{名}}$—饱　包$_{\text{名}}$—保
包$_{\text{名}}$—报$_{\text{名}}$　包$_{\text{名}}$—抱　包$_{\text{动}}$—薄　包$_{\text{动}}$—饱
包$_{\text{动}}$—保　包$_{\text{动}}$—报$_{\text{名}}$　包$_{\text{动}}$—抱　薄—饱
薄—保　薄—报$_{\text{名}}$　薄—抱　饱—保
饱—报$_{\text{名}}$　饱—抱　保—报$_{\text{名}}$　保—抱
报$_{\text{名}}$—抱
常—常常　常—经常　常—平常　常—老是
常—往往　常—总是　常常—经常　常常—平常
常常—老是　常常—往往　常常—总是　经常—平常
经常—老是　经常—往往　经常—总是　老是—往往
老是—总是　往往—总是

在对词语之间可能存在的各种相似性进行界定之后，我们对《汉语水平词汇与汉字等级大纲》中甲、乙级共计 3051 个词语中具有各种相似关系的词语进行了具体的系联组对并标注相似性。以“爱”为例（如表 2-1 所示）：“爱”与“哎”和“矮”分别构成发音相似的词对，在“相似属性”栏标注为“P”；“爱”

与“挨”的发音和词性相似，标为“PG”；“爱”与“亲爱”词义相似，标为“S”；“爱”(动、名兼类）与“爱情”“恋爱”“好（hào）”“爱好”“敬爱”“热爱”“喜欢”分别构成词义词性相似词对，标为“SG”；“爱”与“受”的书写形式和词性相似，标为“OG”。在“音节”栏里，“11”表示两个词都是单音节，“12”表示一个单音节和一个双音节。在“是否含相同语素或部件”栏里，“SM”表示至少含有一个相同语素，“SO”表示记写词语的汉字含有相同部件。在“词性”栏里标注“S”类和“SG”类词语对里的两个词语的词性：“NN”表示两个词语都是名词，“VV”表示两个词语都是动词，“AV”表示两个词语分别是形容词和动词。

表 2-1　甲、乙级词语中与“爱”相似的词语

相似词语系联组对	相似属性	音节	是否含相同语素或部件	词性
哎乙[1]　爱甲	P	11		
挨乙　爱甲	PG	11		
矮甲　爱甲	P	11		
爱甲　爱情乙	SG	12	SM	NN
爱甲　恋爱乙	SG	12	SM	VV
爱甲　好（hào）乙	SG	11		VV
爱甲　爱好乙	SG	12	SM	VV
爱甲　敬爱乙	SG	12	SM	VV
爱甲　亲爱乙	S	12	SM	AV
爱甲　热爱乙	SG	12	SM	VV
爱甲　喜欢甲	SG	12		VV
爱甲　受乙	OG	11	SO	

在根据词语之间的相似性进行系联组对时，我们没有对仅在词性方面有相似性（即属于同一词类，但在发音、书写形式和词义方面都没有明显的相似性）的词语（即 G 类，如“跑—看”“做—想”“上去—过来”“光明—清洁”）进行组对标注。这主要是基于这样两方面考虑：一是在词性方面存在相似性而在其他方面没有明显相似性的词语两两组对，数量极其庞大。比如，“阿姨、岸、白菜、白天、班长、办法、办公室、傍晚、包、报纸、杯子、北边、本领、鼻子、标点、宾馆、饼干、玻璃、部队、材料、草地、叉子”，这些都是名词，两两之间

① 以下词后边的“甲”“乙”“丙”“丁”是指该词在《汉语水平词汇与汉字等级大纲》中所属的等级。

在词性方面都具有相似性，如果将“阿姨—岸、阿姨—白菜、阿姨—白天、阿姨—班长……阿姨—叉子”“岸—白菜、岸—白天、岸—班长……岸—叉子”“白菜—白天、白菜—班长、白菜—办法……白菜—叉子”等等一一进行系联标注（标为“G”），数量之大，难以想象。二是特别关注这些大量的仅属于同一词类而在其他方面缺乏明显相似性的词语，对于考察词语的相似性与学习者在理解和表达中辨别词语情况的关系意义不大，因为汉语学习者在理解和使用这些词语时一般不会在这类词语中的某两个词语之间的辨别上发生困难。但在进行系联组对时，对那些不仅在词性方面存在相似性而且在发音、书写形式或词义方面有相似性的词语则进行系联标注。如，PG类（“主人—主任”）、OG类（“安全—完全”）、SG类（“中心—中央”）、POG类（“公园—公元”）、PSG类（“制定—制订”）、OSG类（“从前—以前”）、POSG类（吐（tǔ）—吐（tù）），这些词语对中的词语，两两之间都是词性相似，但同时在其他某个或某几个属性方面也具有一定的相似性，我们对这些词语对作了标注。

经过对全部3051个词语进行类似表2-1的系联组对标注，得到各种类别的具有一定相似性的词语共计4058对。如表2-2所示：

表2-2 甲、乙级词语中各类相似词语的数量

相似词语类别	数量	占词语对总数的百分数（%）
发音相似（P）	1280	31.5
书写形式相似（O）	56	1.4
词义相似（S）	443	10.9
发音和书写形式相似（PO）	83	2
发音和词义相似（PS）	5	0.1
发音和词性相似（PG）	345	8.5
书写形式和词性相似（OG）	16	0.4
词义和词性相似（SG）	1748	43.1
发音、书写形式和词义相似（POS）	32	0.8
发音、书写形式和词性相似（POG）	11	0.3
发音、词义和词性相似（PSG）	24	0.6
书写形式、词义和词性相似（OSG）	4	0.1
发音、书写形式、词义和词性相似（POSG）	11	0.3
累 计	4058	100

表2-2显示，各不同类别的词语对数量相差较大：“发音相似”（1280）、“词

义和词性相似”（1748）的词语相对较多，这两类就占了词语对总数的 74.6%，“词义相似”（443）、“发音和词性相似”（345）的词语相对较少，“书写形式相似”（56）、“发音和书写形式相似”（83）的词语更少，而“发音和词义相似”（5）、“书写形式和词性相似”（16）、“发音、书写形式和词义相似”（32）、“发音、书写形式和词性相似”（11）、“发音、词义和词性相似”（24）、“书写形式、词义和词性相似”（4）、“发音、书写形式、词义和词性相似”（11）的词语都很少，这些类别分别占相似词语对总数的百分数都在 1% 以下。

在进行系联组对过程中，某个具体词语与其他词语组对构成各种不同类别的相似词语对的情况也有很大差异。比如，“爱”就与“哎、挨、矮、爱情、恋爱、好（hào）、爱好、敬爱、亲爱、热爱、喜欢、受”等构成多种不同的相似词语对，而“翅膀”“虫子”“词典”“打针”“发抖”等就很难在《汉语水平词汇与汉字等级大纲》中的甲、乙级词语里找到与它们在发音、书写形式或词义方面有明显相似性的词语。本书以 3051 个甲、乙级词语为范围系联得到的 4058 对相似词语对，共涉及 2486 个词语，占甲、乙级常用词语的 82%，其中甲级词语 911 个（占全部甲级词语 88.2%），乙级词语 1575 个（占全部乙级词语 78%）。可见，汉语词语之间具有某（些）方面的相似性，在常用词语中是一种十分普遍的现象。因此，考察词语的相似性对于词语理解和使用的影响十分必要。

第2节 单一属性相似的词语

按照词语在发音、书写形式、词义或词性方面的相似性对甲、乙级范围内的常用词语进行系联组对，得到了 4058 个相似词语对，这些相似词语对中的词语有的只是在发音、书写形式、词义或词性的某一个方面有相似性，且称之为单一属性相似的词语，有的则是在某两个或两个以上的方面有相似性，且称之为多重属性相似的词语。这一节主要考察在发音、书写形式或词义等某个单一属性方面相似的词语。

一、发音相似的词语

这里所谓发音相似的词语是指那些只在发音方面存在相似性的词语，即发音完全相同或声韵母相同（仅声调不同）的词语，这些词语在书写形式、词义和词性方面都没有明显的相似性。如“哎”和“挨”,“挨”和“矮”,“按”和“暗”。这些词语多数在书写形式上很容易辨别，汉语学习者在读、写活动中（即阅读汉字形式的书面材料、用汉字进行表达），一般不会在这些词语上发生错误，但在听、说活动中，由于这些词语发音相同或相近，有可能发生误解。

在根据甲、乙级词语系联所得的 4058 个相似词语对中，共有 1280 对词语发音相似。这些仅发音相似的词语中，有 1250 对是单音节的，占发音相似词语总数的 97.7%，双音节的只有 30 对。如表 2-3 所示：

表 2-3　甲、乙级词语中发音相似的词语

发音相似的词语	词语对数量	比例	示例
单音节	1250	97.7%	哎—矮　按—暗　白—摆　班—搬　办—半 杯—背　采—菜　常—尝　代—袋　当—挡 灯—登　段—断　及—级
双音节	30	2.3%	城市—诚实　老实—老是　精力—敬礼 实现—事先　以外—意外

在 1280 对发音相似的词语中，有 282 对发音完全相同，其中有 280 对是单音节的。如：

岸—按　　按—暗　　办—半　　饱—保　　倍—被

比—笔　　变—便　　并—病　　茶—查　　成—城

层—曾　　待—袋　　队—对　　朵—躲　　根—跟

后—厚　　及—极　　灰—挥　　进—近　　类—累

双音节的只有两对：

接到—街道　　进来—近来

这些发音相似的词语虽然在除发音以外的其他属性上没有明显的相似性，但有些词语特别是单音节词语，它们在书写形式上有局部相似性，即在字形上它们含有相同的部件，一些双音节发音相似的词语中含有相同的汉字，有的是相同的语素。在 1280 对发音相似的词语中有 111 对词语含有相同部件、相同汉字或相同语素，其中，有 103 对是单音节词。这些单音节词中，有 62 对单音节发音相似的词，其中一个汉字整体作为另一个汉字的一部分。如：

采—菜　　成—城　　东—冻　　度—渡　　方—放
高—搞　　合—盒　　黑—嘿　　及—级　　交—较
口—扣　　拉—啦　　披—皮　　飘—票　　青—请
求—球　　汤—烫　　土—吐　　腿—退　　坐—座

另有41对是两个汉字都含有某个相同的部件，但不是某一个汉字整体作为另一个汉字的一部分。如：

踩—菜　　顶—订　　副—富　　刚—钢　　级—极
将—奖　　秒—妙　　偏—篇　　钱—浅　　伸—神
骂—吗　　躺—趟　　通—桶　　钟—种　　猪—煮

双音节发音相似的词语中，只有“城市”和“诚实”中的“城”和“诚”含有相同的部件，“老师”“老是”和“老实”，“一生”和“医生”中分别含有相同的汉字“老”“生”（这几个词中的“老”“生”很难说分别是同一个语素），“以外”和“意外”，“进来”和“近来”则分别含有相同的汉字同时也是相同的语素“外”和“来”。

词语发音相似，给人们在听、说活动中分辨词语带来了一定的困难。而在1280对发音相似的词语中，单音节词占了绝大多数，而双音节的发音相似的词语则相对较少。如果加上发音和书写形式相似的词语（PO类）、发音和词义相似的词语（PS类）、发音和词性相似的词语（PG类）中的单音节词语，发音相似的单音节词就更多。过多的发音相似的词语势必给听解过程中辨别不同的词语增加负担。而双音节词语发音相似的较少，这在一定程度上减轻了听解过程中辨别词语的负担。这也可能是现代汉语中词语双音化趋势发生的一方面原因。

二、书写形式相似的词语

这里所谓书写形式相似的词语仅指记写词语的汉字形式相同或相近的词语，这些词语之间在发音、词义和词性方面都没有明显的相似性。在甲、乙级词语中，这类仅书写形式相似的不很多，只有56对，其中55对是单音节词（双音节词只有1对，即“节目”和“节日”）。其中，书写形式完全相同的同字词有8对，如：

地（de）— 地（dì）　　得（de）— 得（dé）　　还（hái）— 还（huán）

行（háng）— 行（xíng）　了（le）— 了（liǎo）　着（zháo）—着（zhe）

余下的 48 对都是字形结构很相似的词。这些汉字的差异一般只在一两个笔画上，具体表现在一两个笔画的有无、长短或者笔形的不同。如：

使—使　搭—塔　大—太　淡—谈　顶—项
堆—推　凡—几　干—于　各—名　坏—环
人—入　斤—升　困—团　田—由　无—元

由于书写形式相似的词语在汉字形式上相同或相近，汉语学习者在认读这些词语时可能发生混淆，在书写那些结构很相似但不完全相同的词语时，也容易混淆。

三、词义相似的词语

这里所谓词义相似的词语是指那些在词义方面有一定的相似性，但在发音、书写形式和词性方面没有明显相似性的词语。在甲、乙级常用词语中，系联组对得到这类词义相似的词语 443 对。从两个词语的音节上看，有单音节对单音节的、单音节对双音节的、双音节对双音节的，这三种情况相对较多，还有少数是单音节对多音节的或双音节对多音节的。

单音节对单音节的有 48 对。如：

唱—歌　但—却　到—往　都—全　对—是
混—乱　去—往　让—由　糖—甜　围—圈

单音节对双音节的比较多，有 126 对。如：

杯—杯子　常—经常　迟到—晚　点—小时
短—短期　赶紧—快　刚—刚才　急—急忙
似乎—像　用—用处　重—重量

双音节对双音节的最多，有 250 对。如：

按时—准时　抱歉—道歉　本来—从前　必须—必要
彩色—颜色　常常—经常　长期—悠久　充满—充足
春节—过年　此外—另外　点钟—钟头　愤怒—生气

符合—一致　　赶紧—抓紧　　刚才—刚刚　　害怕—可怕
忽然—突然　　急忙—着急　　接着—后来　　可能—也许

除了上述三种共计424对以外，还有19对属于其他情况。如：

好容易—难　　抱歉—对不起　　不要—用不着
感兴趣—兴趣　　进一步—深入

从词性方面看，名词对形容词、名词对动词、名词对副词、动词对形容词、动词对副词、形容词对副词的情况较多。也有些是名词对量词、名词对方位词等。

名词对形容词或形容词对名词的有69对。如：

本来—从前　　长期—悠久　　高—高度　　古—古代
经常—平时　　全—全部　　全体—所有　　事实—真实
特点—特殊　　英雄—英勇　　友好—友谊　　闲—空儿

名词对动词或动词对名词的有56对。如：

春节—过年　　画—画儿　　会议—开会　　婚姻—结婚
结果—结束　　开始—最初　　口语—说　　盼望—愿望

名词对副词或副词对名词的有31对。如：

从来—从前　　刚才—刚刚　　后边—然后　　近来—最近
如今—至今　　事先—以前　　首先—最初　　终于—最后

动词对形容词或形容词对动词的有89对。如：

爱—亲爱　　抱歉—道歉　　充分—充满　　敢—勇敢
感动—激动　　害怕—可怕　　坚持—坚定　　敬爱—亲爱
确定—确实　　适当—适合　　适用—有用　　熟练—熟悉

动词对副词或副词对动词的有36对。如：

重复—重新　　仿佛—似乎　　赶紧—抓紧　　继续—连续
可能—也许　　恐怕—怕　　事先—提前　　似乎—像

形容词对副词或副词对形容词的有 68 对。如：

必须—必要　　常常—经常　　的确—确实　　胡乱—乱
忽然—突然　　急—急忙　　尽量—努力　　经常—老是
临时——时　　特别—尤其　　一时—暂时

另外还有 94 对是名词对量词、名词对方位词、介词对动词及其他数量较少的词语对。如：

点—小时　点钟—钟头　盘—盘子　品种—种　（“量—名”或“名—量”）
内部—以内　以后—之后　以下—之下　之间—中间
（“名—方位”或“方位—名”）
按照—遵守　从—经过　关于—有关　去—往　（“动—介”或“介—动”）
多么—多少　好些——些　但—却

一般而言，合成词的词义与其所含语素的意义有关。考察词义相似的词语，有必要考察其所含语素的异同。在 443 对词义相似的词语中，有 232 对含有相同的语素，约占词义相似词语对总数的 53%。其中，单音节对双音节或双音节对单音节的有 78 对，词语对中的双音节词里含有与其词义相似的单音节词作为其构词语素。如：

杯—杯子　　短—短期　　高—高度　　好久—久
胡乱—乱　　可怕—怕　　例—例如　　盘—盘子
品种—种　　问—疑问　　项—项目　　一直—直

双音节对双音节的最多，有 148 对。这种词语对中的两个词语含有一个共同的语素，这个共同的语素在多数词语对的两个词语中居于相同的位置（或前或后），但也有一些位置不同（一前一后）。如：

按时—准时　　必须—必要　　常常—经常　　重复—重新
此外—另外　　点钟—钟头　　赶紧—抓紧　　古代—古老
关于—有关　　害怕—可怕　　好久—悠久　　后边—然后
继续—连续　　坚持—坚强　　例如—例子　　亲自—自己

另有 6 对是单音节对三音节的或双音节对三音节的。如：

好—好好儿　　不要—用不着　　感兴趣—兴趣　　有的—有的是

这些词语词义具有相似性，显然与其含有相同的语素有着密切的联系。

在443对词义相似的词语中，另有211对中的两个词语不含有相同的语素。如：

抱歉—对不起　　本来—以前　　长期—悠久　　长途—远

春节—过年　　但—却　　到底—最后　　点钟—小时

都—全　　仿佛—似乎　　愤怒—生气　　赶快—迅速

接着—后来　　近来—目前　　经常—老是　　开始—最初

第3节　多重属性相似的词语

在甲、乙级词语范围内系联所得的4058对相似词语中，主要在发音、书写形式或词义等某个单一方面存在相似性的总共有1779对，占该范围内相似词语对总数的43.8%。余下的超过一半的词语对是在两个或两个以上方面具有相似性，这种词语且称为多重属性相似的词语。多重属性相似的词语类别比较多，有发音和书写形式相似的（PO类），发音和词义相似的（PS类），发音和词性相似的（PG类），书写形式和词性相似的（OG类），词义和词性相似的（SG类），发音、书写形式和词义相似的（POS类），发音、书写形式和词性相似的（POG类），发音、词义和词性相似的（PSG类），书写形式、词义和词性相似的（OSG类），发音、书写形式、词义和词性相似的（POSG类）。各种类别词语对的数量差异也很大，最多的是SG类，有1748对；最少的是OSG类、PS类，分别只有4对、5对。

一、发音和书写形式相似的词语

在发音和书写形式方面有相似性，但在词义和词性方面没有明显相似性的词语（PO类）有83对，全部为单音节。其中有65对发音完全相同，这些词里绝大部分是同字词。如：

$把_{量}$—$把_{介}$　　$本_{量}$—$本_{副}$　　$并_{副}$—$并_{连}$

尝—常　　当$_{动}$—当$_{介}$　　道$_{量}$—道$_{名}$　　等$_{动}$—等$_{助}$
对$_{介}$—对$_{形}$　　费$_{名}$—费$_{动}$　　副$_{量}$—副$_{形}$
花$_{名}$—花$_{动}$　　将$_{介}$—将$_{副}$　　就$_{副}$—就$_{介}$

另有 18 对中的两个词声、韵母相同，只是声调不同，这些词里有一部分是同字词，也有一部分只是字形相似。如：

编—遍　　当（dāng，介）— 当（dàng，动）　　干（gān）— 干（gàn）
很—恨　　即—既　　枪—抢　　清—请　　种（zhǒng）— 种（zhòng）

从书写形式方面看，这 83 对单音节词中，有 68 对是同字词，其中 61 对为同音词，如以上列举的“把$_{量}$”和“把$_{介}$”等例，只有 6 对在声调上有所不同，它们是：

当（dāng，介）— 当（dàng，动）　　干（gān）— 干（gàn）
哪（na，助）— 哪（nǎ，代）　　为（wéi）— 为（wèi）
呀（ya，助）— 呀（yā，叹）　　种（zhǒng）— 种（zhòng）

另有一对是“活$_{动}$”和“活儿$_{名}$”，也且视为发音和书写形式相似的词。

83 对词中，有 12 对是词形相近但不完全相同的，这些词中两两都含有相同部件。如：

阿—啊　　白—百　　编—遍　　很—恨
坡—破　　枪—抢　　清—请　　扔—仍

词语在发音和书写形式方面相似有可能给学习者在听、读活动中辨别词语造成困难。其中一些书写形式相近但不完全相同的，也可能给学习者在书面表达中辨别词语造成困难。

二、发音和词性相似的词语

甲、乙级词语里，在发音和词性两方面相似但在书写形式和词义方面没有明显相似性的词语（PG类）有 345 对，其中 330 对是单音节词，双音节词只有 15 对。

在这 345 对词语中，完全同音的有 87 对，其中单音节词 84 对。如：

补—捕　　步—部　　抄—超　　代—带　　到—道

电—店　　东—冬　　动—洞　　赶—敢　　搁—割

拣—减　　交—教　　棵—颗　　留—流　　青—轻

升—生　　托—拖　　晚—碗　　于—与　　在—再

双音节的只有 3 对，它们是：

报道—报到　　经历—精力　　有力—有利

除了这 87 对同音词以外，其余 258 对词语都是声、韵母相同但声调有所不同。其中，单音节的有 247 对。如：

摆—败　　搬—办　　北—背　　插—查　　尝—唱

吵—超　　称—成　　单—淡　　岛—道　　登—等

点—电　　顶—订　　懂—动　　读—堵　　改—盖

含—喊　　挥—回　　挤—寄　　间—件　　交—叫

接—借　　紧—近　　棵—克　　梨—力　　篇—片

双音节的有 11 对。如：

报导—报到　　底下—地下　　教师—教室　　经历—经理

毛衣—贸易　　年级—年纪　　通知—统治　　主人—主任

从词性方面看，这 345 对 PG 类词语中，动词、名词、量词和形容词相对较多。其中，动词最多，有 226 对。如：

挨—爱　　保—抱　　编—变　　带—戴　　滴—递

钓—掉　　翻—犯　　浮—付　　加—夹　　减—建

砍—看　　排—派　　骑—起　　掏—逃　　偷—投

涂—吐　　闻—问　　想—像　　摇—咬　　织—治

名词有 72 对。如：

班—板　　点—电　　冬—洞　　钢—港　　锅—国

灰—会　　精力—经理　　梨—例　　前—钱　　秋—球

声—省　　事—市　　书—树　　汤—糖　　眼睛—眼镜

量词有 23 对。如：

堆—对　吨—顿　幅—副　间—件　节—届
棵—颗　刻—克　批—匹　篇—片　支—只

形容词有 17 对。如：

单—淡　紧—近　蓝—懒　凉—亮　满—慢
青—轻　轻—清　鲜—闲　有力—有利　圆—远

其余 7 对是副词、连词、介词、助词等。如：

在—再　只—直　及—既　于—与　的—地
的—得　地—得

这种在发音和词性方面相似的词语可能会给汉语学习者尤其是初学者在听的活动中辨别词语造成困难。

三、词义和词性相似的词语

甲、乙级常用词语中，在词义和词性方面相似而在发音和书写形式上没有明显相似性的词语（SG 类）相对于其他各类别而言，数量最多，有 1748 对。这类相似词语对的大量存在，可能是对外汉语教学界大量并高度关注近义词或同义词辨析的一方面原因，也可能是有人主张近义词要词性一致的一方面原因。

这些 SG 类相似词语对中的两个词语，从音节上看，单音节对单音节、单音节对双音节（或双音节对单音节）、双音节对双音节这三种情况最多。单音节对单音节的有 259 对，如：

挨—靠　矮—低　暗—黑　摆—放　败—输
笨—呆　闭—关　编—织　不—没　曾—已
朝—往　档—拦　掉—落　二—两　各—每
回—趟　会—能　接—收　看—望　类—种

单音节对双音节或双音节对单音节的有 534 对。如：

爱—热爱　安静—静　按—按照　帮—帮忙　包括—含

保—保护	变—变化	不过—但	曾经—已	城—城市
从事—做	刀—刀子	丢—失去	对—正确	仿佛—像
非常—太	更—更加	共—一共	怪—奇怪	国—国家
花—鲜花	换—交换	家—家庭	接触—摸	仅—仅仅
劲—力气	考—考试	累—疲劳	亮—明亮	没—没有

双音节对双音节的最多，有 884 对。如：

爱好—兴趣	爱护—保护	安全—平安	按照—根据
办法—方法	帮忙—帮助	保存—保留	悲痛—难过
北部—北方	本领—本事	变化—改变	表达—表示
宾馆—饭店	不管—无论	不过—可是	部队—军队
参观—游览	产生—发生	常常—往往	成绩—成就
充分—充足	处分—处理	传统—习惯	创造—制造
大概—大约	当前—目前	地位—位置	底下—下面
发明—发现	发言—讲话	房间—房子	纷纷—陆续
附近—周围	感到—感觉	根本—本质	公路—马路

也有一些是双音节对三音节或三音节对双音节的，这种词语有 45 对。如：

不得不—只好	不用—用不着	操场—体育场	差不多—相似
道歉—对不起	干吗—为什么	看来—看样子	老百姓—群众

三音节对三音节的有 16 对。如：

不要紧—没关系	差不多—差点儿	好玩儿—有意思
老大爷—老头儿	没什么—没事儿	一下儿—一下子

除了上述 1738 对以外，剩下的 10 对涉及一些关联词语或格式。如：

边……边…… — 一边……一边……	除 — 除了……以外
既……也…… — 既……又……	连……都…… — 连……也……
一边……一边…… — 一方面……一方面……	

词义和词性相似的词语中，有相当一部分词语对中的两个词语含有相同的

语素。在 534 对单音节对双音节或双音节对单音节的词语中，有 405 对含有相同的语素（约占 76%），即单音节词是相对的双音节词里的一个构词语素。这个语素在双音节词语中的位置有居前的，也有在后的。如：

爱好—好	按照—照	败—失败	帮—帮忙	报—报纸
抱—拥抱	变—改变	曾—曾经	查—调查	常—常常
车—汽车	窗—窗户	从—自从	多—多么	干—干燥
更—更加	管—管理	好像—像	计算—算	家—家庭
艰苦—苦	见—见面	冷—寒冷	利用—用	美—美丽

单音节对双音节的词语对里不含相同语素的有 129 对（约占 24%）。如：

爱—喜欢	包括—含	保存—留	猜—估计	打听—问
带—率领	担任—当	对—正确	负责—管	节约—省

在 884 对双音节对双音节的词语中，有 527 对含有相同的语素（约占 60%）。相同的语素有居相同位置的，也有在不同位置的。如：

安心—放心	办法—做法	榜样—样子	保护—保卫
别人—人家	并且—而且	表明—说明	不错—没错
不但—不仅	采取—采用	曾经—已经	大概—大约
代表—代替	发挥—发扬	分别—区别	跟前—面前
共同—一共	故乡—家乡	关照—照顾	获得—取得
将来—未来	讲话—谈话	进去—进入	进行—举行

双音节对双音节的词语对中，有 357 对不含相同语素（约占 40%）。如：

爱好—兴趣	办法—措施	本领—能力	不断—连续
不过—但是	不同—区别	彻底—完全	出发—动身
从前—过去	打扰—麻烦	打算—计划	担心—害怕

在 45 对双音节对三音节或三音节对双音节的词语中，有 25 对含有相同语素。如：

不用—用不着	看来—看样子	什么—什么的	一时—一下子

医务室—医院　　有趣—有意思　　怎么—怎么样　　怎么样—怎样

在 16 对三音节对三音节的词语中，有 12 对含有相同语素。如：

差不多—差点儿　老大爷—老头儿　老大妈—老太太　礼拜天—礼拜日
没关系—没什么　热水瓶—暖水瓶　体育场—体育馆　一下儿—一下子

10 对关联词语或格式中全部含有相同语素。

综上所述，在 1748 对词义和词性相似（SG）的词语对中，有 979 对含有相同的语素，占 SG 类词语对总数一半以上（56%）。除了单音节对单音节的 259 个词对以外，含相同语素的词语对数量占含有合成词的 SG 类词语对总数的 66%。在词性和词义方面存在相似性的词语大部分含有相同语素的事实表明，在对外汉语教学中应该高度重视语素教学，培养学习者的语素意识。

从SG类词语对中词语的词性来看，它们多是动词、名词、形容词、副词等，这可能与这些词类里的具体词语数量较多有关。SG 类词语对中，由连词、代词、介词、量词构成的词语对较少，其他词类的更少。分述如下。

SG 类词语对中，动词词语对最多，有 675 对。如：

爱护—保护　　败—输　　保—保护　　变—转变　　参观—访问
超—超过　　成长—生长　　创造—创作　　带—领　　代表—代替
丢—扔　　读—念　　锻炼—训练　　对话—会话　　发挥—发扬
放大—扩大　　分别—告别　　改变—转变　　赶—追　　感觉—觉得
感激—感谢　　工作—劳动　　鼓励—鼓舞　　关心—关照　　会—能
集合—集中　　加以—进行　　捡—拾　　节省—节约　　解释—说明
进行—举行　　据说—听说　　卷—绕　　控制—限制　　盼望—希望

名词有 539 对。如：

办法—措施　　北部—北方　　表面—外面　　宾馆—旅馆
春—春天　　对面—面前　　房子—屋子　　风俗—习惯
夫人—太太　　感想—体会　　隔壁—邻居　　观点—看法
国—国家　　过程—经过　　合同—条约　　后面—以后
机器—机械　　将来—未来　　教师—老师　　结果—结论

里面—内部　　面貌—模样　　年代—时代　　气候—天气

形容词有 245 对。如：

安静—平静　　笨—傻　　必然—一定　　诚实—老实　　肥—胖
干净—卫生　　激动—兴奋　　广泛—普遍　　寒冷—冷　　急—着急
简单—容易　　偏—歪　　平常—普通　　疼—痛　　突出—显著
细心—小心　　幸福—愉快　　优良—优秀　　有趣—有意思

副词有 114 对。如：

便—就　　不—没　　才—刚　　曾—已　　常常—总是
从不—从没　　到底—终于　　赶紧—连忙　　果然—的确
立即—立刻　　悄悄—偷偷　　一齐—一同　　逐步—逐渐

连词有 69 对（包括 5 对由关联词语构成的格式）。如：

并且—而且　　不但—不仅　　不管—不论　　不然—否则
如果—要是　　所以—因此　　既……也……—既……又……

代词有 35 对。如：

大伙儿—大家　　那边—那里　　那么—那样　　其他—其余
如何—怎么　　为什么—怎么　　有的—有些　　怎么样—怎样

介词有 33 对。如：

按—按照　　被—由　　朝—向　　从—自　　对—对于
给—替　　顺—沿　　为—为了　　于—在　　自—自从

量词有 18 对。如：

遍—次　　次—趟　　对—双　　段—节　　分—分钟
个—只　　回—届　　年—岁　　批—群　　样—种

还有 20 对是数词、助词等。如：

半—半拉　　二—两　　俩—两

啊—吧　　啊—啦　　吗—呢　　过—了

各种词类里的 SG 类词语对的数量多少与各类词在甲、乙级词表里的数量多少有一定的关系。在甲、乙级词表中，名词（1183 个）、动词（990 个）、形容词（394 个）、副词（150 个）、连词（41 个）、代词（59 个）、介词（36 个）、量词（72 个）的数量多少与上述各种词类里的 SG 类词语对的数量多少的一致性程度很高，两列数据的 Pearson 相关系数高达 0.964，即不同词类里的 SG 类词语对的数量多少与甲、乙级词语中各种词类包含词语的数量多少高度相关，某个词类里的具体词语数量越多，这个词类里的 SG 类相似词语对数量也越多。

四、几种数量较少的多重属性相似的词语

多重属性相似的词语对除了上述几种数量较多的类别以外，“发音和词义相似的”（PS 类）、“书写形式和词性相似的”（OG 类）、“发音、书写形式和词义相似的”（POS 类）、“发音、书写形式和词性相似的”（POG 类）、“发音、词义和词性相似的”（PSG 类）、“书写形式、词义和词性相似的”（OSG 类）、“发音、书写形式、词义和词性相似的”（POSG 类）等类别的词语对数量都相对较少甚至极少。

在甲、乙级词语中，在发音和词义方面相似但在书写形式和词性方面没有明显相似性的词语（PS 类）只有 5 对。如：

年轻—青年　　实用—适用　　实用—使用　　一直—一致　　只—止

其中，4 对双音节词语两两都含有相同的语素。

在书写形式和词性方面相似但在发音和词义方面没有明显相似性的词语（OG 类）有 16 对。如：

爱—受　　安全—完全　　车—东　　处—外　　刀—力

岛—鸟　　毛—手　　拾—抬　　往—住　　文学—文字

这些词语中的单音节词对的书写形式，两两字形结构相似，差异仅在于局部的部件或少数笔画的有无、长短、笔形方面。两对双音节词语（“安全—完

全”“文学—文字”）都含有一个相同的语素，另一个语素的汉字字形结构也很相似。

在发音、书写形式和词义方面相似但在词性方面没有明显相似性的词语（POS 类）有 32 对。这些词语中大多数（27 对）是发音相同或仅声调不同的同字词。如：

白$_{\text{形}}$—白$_{\text{副}}$　　差$_{\text{动}}$—差$_{\text{形}}$　　顶$_{\text{名}}$—顶$_{\text{动}}$

多$_{\text{形}}$—多$_{\text{副}}$　　好（hǎo）— 好（hào）　　往$_{\text{动}}$—往$_{\text{介}}$

到底$_{\text{副}}$—到底$_{\text{动}}$　　距离$_{\text{名}}$—距离$_{\text{介}}$

这些词语对两两分属于不同的词类，但书写形式完全相同，发音也相同或基本相同，在词义上也有明显的关联和相似性。另有 4 对双音节词语对属于含相同语素的逆序词：

合适$_{\text{形}}$—适合$_{\text{动}}$　　互相$_{\text{副}}$—相互$_{\text{形}}$

年青$_{\text{形}}$—青年$_{\text{名}}$　　实现$_{\text{动}}$—现实$_{\text{形}}$

这几个词语对虽然两两分属于不同词类，但都含有相同语素，词义有密切联系，有明显的相似性。

在发音、书写形式和词性方面相似但在词义方面没有明显相似性的词语（POG 类）也较少（11 对）。如：

当（dāng，“当班长”）— 当（dàng，“我当是真的”）

倒（dǎo）— 倒（dào）　　公园—公元　　买—卖　　哪—那

在发音、词义和词性方面相似但在书写形式方面没有明显相似性的词语（PSG 类）有 24 对。如：

报道—报导　　吊—掉　　订—定　　反映—反应

工夫—功夫　　年轻—年青　　人才—人材　　收—受

撒—洒　　长—涨　　制定—制订　　作—做

这些词语中，有些词语对里的两个词基本上可以互换使用（如“报道”和“报导”，“工夫”和“功夫”，“人才”和“人材”），有的差异比较大（如“反映”和“反应”，“长”和“涨”，“收”和“受”）。

书写形式、词义和词性方面相似但在发音方面没有明显相似性的词语（OSG 类）极少（4 对）。如：

传—转　　少—小　　从前—以前　　数学—数字

动词“传”和“转”字形结构相似，又含有相同部件，都可以表示“把一方的东西交给另一方”的意思（如“把球传给他”“把信转给他”）。“少”和“小”在书写形式上如不注意一“丨”和一“亅”的不同，二者的区别仅在于一“㇒”。另外，“传”和“转”，“少”和“小”，两两在发音上也有一定的相似性。“从前”和“以前”，“数学”和“数字”，两两都含有相同语素，其中的“从”和“以”，“学”和“字”字的基本结构相似，仅是局部差异。

在发音、书写形式、词义和词性等方面都有一定的相似性的词语（POSG 类）也极少（11 对）。如：

达到—到达　　地方（dìfang）— 地方（dìfāng）　　开展—展开

面前—前面　　吐（tǔ）— 吐（tù）　　转（zhuǎn）— 转（zhuàn）

其中，“达到”和“到达”，“开展”和“展开”，“面前”和“前面”，两两是近义的逆序词，“地方（dìfang）”和“地方（dìfāng）”，“吐（tǔ）”和“吐（tù）”，“转（zhuǎn）”和“转（zhuàn）”，两两在发音上的区别仅在于声调，词义也相似。

第4节 常用词语相似性综合分析

根据词语在发音（P）、书写形式（O）、词义（S）或词性（G）等方面的相似情况，可将词语分为十多种相似类别，即 P 类、O 类、S 类、G 类、PO 类、PS 类、PG 类、OS 类、OG 类、SG 类、POS 类、POG 类、PSG 类、OSG 类、POSG 类等。本书对甲、乙级共 3051 个常用词语按照词语之间具有的不同方面的相似性进行了系联组对，除了未对词性相似的词语（即 G 类）作特别的系联组对以外，共得到 P 类、O 类、S 类、PO 类、PS 类、PG 类、OG 类、SG 类、POS 类、POG 类、PSG 类、OSG 类、POSG 类等共 13 类相似词语（未发现有

OS 类，即在甲、乙级词语中未发现有书写形式和词义相似但发音和词性没有明显相似性的词语）。归纳出的 13 种类别的相似词语中，不同类别的相似词语对里包括的具体词语对数量差别也比较大。

对相似词语根据其相似属性进行分类是为了更清楚地考察词语之间存在的各种不同的相似关系。我们在对成对的具有某（些）方面相似性的词语进行系联标注时，对不同方面的相似性进行了操作性规定。比如，将同音词和由声韵母相同的音节构成的词界定为发音相似，这样，就可以将“长”“尝”“常”“场”“唱”等两两系联标注为发音相似；将《汉语水平词汇与汉字等级大纲》中标为同一词类的词界定为词性相似，词义相近的规定为词义相似，这样，就可以对成对的相似词语作系联标注。标注情况如表 2-4 所示：

表 2-4　相似词语系联组对标注示例

相似词语对	相似类别	是否含相同语素	所属词类
常　常常	SG	是	副　副
常　经常	S	是	副　形
常　平常	S	是	副　形 / 名
常　老是	SG		副　副
常　往往	SG		副　副
常　总是	SG		副　副
常常　经常	S	是	副　形
常常　平常	S	是	副　形 / 名
常常　老是	SG		副　副
常常　往往	SG		副　副
常常　总是	SG		副　副
经常　平常	SG	是	形　形 / 名
经常　老是	S		形　副
经常　往往	S		形　副
经常　总是	S		形　副
老是　往往	SG		副　副
老是　总是	SG	是	副　副
往往　总是	SG		副　副

本书对词语之间存在的各方面的相似性加以界定，主要是为了系联组对标注时有一定的依据，便于操作，避免对一些词语之间相似性的判断过于主观。实际上，基于直觉和经验，人们对词语之间存在的各方面相似性的认识与判断有时

是比较模糊的，很难做到非此即彼。各种类别的相似词语对包含的相似词语在所属相似性类别方面也有典型（比如，书写形式、词义和词性不同的同音词在 P 类里最典型，发音、词义和词性不同的同字词在 O 类里最典型，发音、书写形式和词性不同的同义词在 S 类里最典型）和非典型的不同。

在语音方面，人们对词语发音相似性的感知的实际情况要比本书的规定（发音相同或相应音节的声韵母相同）宽泛得多。比如，对有些学习者而言，声母 z、c、s 和 zh、ch、sh 或 j、q、x 难以区分，声母 d 和 t、g 和 k 不分，韵母以 -n 结尾和以 -ng 结尾不分。对这些学习者而言，“包子”和“报纸”，“本质”和“本子”，“穿”和“窗”，“司长”和“市长”，“掉”和“跳”，“肚子”和“兔子”，“个人”和“客人”，这些词语的发音听上去就是相似的。实际上，汉语学习者在认读或听解活动中遇到这类词语时经常会混淆它们的发音。比如，要求学生读下边这个带有拼音的句子并说出句子的意思：

Wǒmen dōu zhīdao le.
我们　都　知道　了。

有一位非洲博茨瓦纳学生（认识的汉字很少）基本上照着拼音朗读后，把这个句子的意思解释为：

We are all late.（我们都迟到了。）

显然，这名学生是混淆了“zhīdao（知道）”和“chídào（迟到）”的发音（对这名学生来说，“zhīdao（知道）”也是学过的词语），从而导致理解的错误，或者说，她不能辨别这两个词发音的不同，这说明“zhīdao（知道）”和“chídào（迟到）”这两个词的发音对她来说是一样的或是很相似的。但这两个词的相应音节“zhī”和“chí”中的声母却不同，按照本书的界定，“知道”和“迟到”就不作为发音相似的词语。

在实际操作过程中，如果将由这些声母或韵母不同的音节构成的词语也系联标注为发音相似，可能更贴近符合学习者对汉语词语发音感知的实际，但要给这一对对具体词语进行系联标注却很困难。比如，哪些声母或韵母构成的音节或词语发音对学习者来说是相似的，不同背景的学习者的感知可能是很不一致的。如果将“只”和“子”处理为发音相似，那么“迟”和“词”，“是”和“四”，“字”和“记”等等是不是也视为发音相似，就很难确定。为了尽量减少对词语发音相似认识的分歧，本书权且将词语发音相似限定在发音完全相同或声、韵母完全相同。这样系联标注得到的发音相似的词语对数量要比学习者实际感知的发音相似的词语对数量要少许多。

对词语书写形式（即记写词语的汉字形式）相似性的判断涉及人们对形近字（或形似字）的认识①。人们对形近字的判断标准也并不一致，分歧之处就在于字形相近要近到什么程度才可以算作形近字。把“凡”和“几”，“人”和“入”，“土”和“士”，“王”和“玉”，“我”和“找”等两两视为形近字，可能没有太大的疑义，但对于“成”和“城”，“羊”和“样”，“浅”和“钱”，“该”和“刻”，“抄”和“吵”等，两两是不是可视为字形相似，可能就会有分歧。实际上，汉语学习者对记写词语的文字形式相似性的感知也比较复杂。比如，有学习者将“一幅画儿”“价格不低”“我该走了”分别写成了“* 一副画儿”“* 价格不底”“* 我刻走了”。这表明，学习者混淆了“幅”和“副”，“低”和“底”，“该”和“刻”，应该说造成这种混淆的原因与学习者感知到这几对词书写形式的相似性有关。

为便于操作，本书将下边两种形式规定为词语的书写形式相似：① 同字词及用相同部件或相同汉字记写但顺序相反的词（如“还（hái）”和“还（huán）”，“部”和“陪”，“开展”和“展开”）；② 相应汉字的轮廓相似或部件的布局基本相同，相应汉字有一两个笔画在笔画的有无、笔形或较小的部件上略有不同的词（如“干”和“千”，“拆”和“折”，“节目”和“节日”，“枪”和“抢”，“清”和“请”）。

词语的发音和书写形式具有具体的可感知的声音和形体，判定相似性程度要相对容易些。词义是词语表示的意义，不能直接看到或听到，因此判断词义相似就有一定的困难。词汇学上对同义词或近义词的判定有的从严，有的从宽。从严的甚至主张同义词必须音节相同、词性相同。比较严格意义上的同义词或近义词，判定其词义相似比较容易。如，“矮”和“低”，“办法”和“方法”，“北边”和“北面”，“大夫”和“医生”，“当前”和“目前”，“动员”和“发动”，“读”

① 注意，形近字和形近词不同。本书所谓的形近词主要是就甲、乙级词表里出现的词语形式而言，有单音节的，也有双音节的。单音节的形近字和形近词形式相同。比如，“干”和“千”都是甲、乙级词表里的词，它们既是形近字，也是形近词。但“土”和“士”是形近字，因为“士”不是甲、乙级词表里收录的词，所以它们不属于本书所谓的书写形式相似的词。

和“念”等。将这些词语两两判定为词义相似，通常没有疑义。而对于“东”和“东边”,“动”和“活动”,“实用”和“适用”,“全部”和“所有”,“年青”和“青年”等词语，词义是否相似，人们的看法就难免有分歧。从几种辨析近义词的工具书来看，没有哪一种与其他工具书收录的词语是完全一致的，实际上不同的工具书收录的词语不仅在数量上多少不同，在具体条目上也有很大差异。

本书将至少有一个义项相同或相近并且在一定场合能够换用（保持语句意义基本不变）的词语视为词义相似。在操作层面上，除了那些大家比较公认的词义相似的词语以外，我们还将下边几种情况视为词义相似：

① 词义相近但音节数不同的词。如：

对—正确　　而—而且　　饭—米饭　　像—仿佛

干吗—为什么　　大家—大伙儿　　聊—聊天儿　　不得不—只好

② 词义相近但属于不同词类的词。如：

春节$_{\text{名}}$—过年$_{\text{动}}$　　都$_{\text{副}}$—全$_{\text{形}}$　　愤怒$_{\text{形}}$—生气$_{\text{动}}$

的确$_{\text{副}}$—确实$_{\text{形}}$　　赶快$_{\text{副}}$—快$_{\text{形}}$　　让$_{\text{动}}$—由$_{\text{介}}$

③ 属于不同词类但词义有明显的引申关系的同字词。如：

到底$_{\text{副}}$—到底$_{\text{动}}$　　距离$_{\text{名}}$—距离$_{\text{介}}$

怕$_{\text{动}}$—怕$_{\text{副}}$　　直$_{\text{形}}$—直$_{\text{副}}$

为了便于操作，本书对词义的相似性作了上述规定。但在实际系联标注过程中，对有些词语是否视为词义相似仍需要斟酌。如：

道歉—对不起　　事实—真实　　后来—然后

一直—一致　　胡乱—糊涂　　害怕—恐怕

这些词语对中的词语，两两之间词义有一定联系，学习者容易混淆或难以分辨，所以本书也将它们视为词义相似的词语。

本书将属于同一词类的词语规定为词性相似。如：

车子　房子　里边　周围　精力　性格　　　（名词）

读　介绍　游览　发生　进行　加以　　　（动词）

不仅 无论 所以 及 并 以及 （连词）

了 着 过 吧 吗 呢 啊 （助词）

按照通常所谓的名词、动词、形容词、连词、介词、助词等概念和本书对词性相似的规定，以上四组词分别属于名词、动词、连词和助词，各组里包括的词语相互间都可以视为词性相似，不同组里的词都不视为词性相似。但实际上，词性（词的语法属性）和词类并不是一回事，词类是根据词性聚集而成的类，同一词类里的词在一定程度上具有词性相似性（或称家族相似性）。词类本身往往是有层级的，着眼于不同的语法属性，可以将词语聚集到不同层级的词类里（方绪军 2000，张谊生 2000a）。目前比较通行的汉语词类层级为：实词和虚词是最高层次的词类；实词下边再分体词和谓词（有的还分出“加词”），虚词下边再分连词、介词、助词等；实词下边的体词又可以分为名词、数量词、指代词等，谓词下边又分为动词和形容词等，虚词下边的连词又可以分为用于连接复句的连词和用于构成短语的连词，助词又可以分为结构助词、时态助词和语气助词等；名词下边又可以分出个体名词、处所名词、抽象名词等，动词下边又可以分出动作动词、形式动词等。这样看来，在实词和虚词这个层面，上边的四组词中，前两组词性相似，后两组词性相似；在名词、动词、形容词、连词、介词、助词等这个层面，上边四组词分属于四个不同的词类，每组里的词语词性相似；再从每一类的下位分类看，上述每一组里的词又可再分为不同的次类，比如，“车子”“房子”属于个体名词，“里边”“周围”属于处所名词，“精力”“性格”属于抽象名词，“了”“着”“过”属于时态助词（或称体助词），“吧”“吗”“呢”“啊”属于语气助词，这些小类里的词在词性方面的相似性更高。

词性是词的句法组合特性的体现，词性相似性程度高的词聚集为一个词类，但这并不意味着分属于不同词类里的词的词性就完全不同。就一些具体词语而言，虽然它们属于不同的词类，但在某些方面却可能存在一定的相似性。比如，“常常$_{副}$”和“经常$_{形}$”，“刚才$_{名}$”和“刚刚$_{副}$”，“忽然$_{副}$”和“突然$_{形}$”，“近来$_{副}$”和“目前$_{名}$”等，这些词语两两属于不同的词类，但它们在句法组合特性上都有一定的相似性。

因此，从本质上说，判断词语在词性方面是否相似也有一定的模糊性和主观性。本书将《汉语水平词汇与汉字等级大纲》里标注的属于同一词类里的词处理为词性相似也是为了操作的方便。

考察分析相似词语所具有的各种不同的相似属性特征，并根据词语之间的相似属性特征对相似词语进行分类，有助于深入分析词语之间具有的不同的相似属性对词语理解和使用的影响。Jiang（2000）提出了学习者心理词库的词汇表征模型（Lexical representation model），在学习者的心理词库里，词语的语音形式、书写形式、词义和句法特征等的表征是相对独立的，而且在不同的习得阶段，学习者的心理词库里对这些属性的表征内容也有所不同，从而影响学习者对目的语词汇的理解和使用。如果这个模型是符合实际的，那么，将相似词语按照两两之间在发音、书写形式、词义或词性等属性方面的不同分成不同的类别，就有利于分别考察词语之间各种不同类别的相似性对学习者理解和使用词语的影响。

从相似词语之间的相似属性可能表现在一些不同的方面看，通常所谓的近音词、形近词和近义词等概念所包含的词语之间可能会有交叉。

通常所谓的近音词（包括同音词）不仅涉及本书区分的 P 类相似词语对，还涉及 PO 类、PS 类、PG 类、POS 类、POG 类、PSG 类和 POSG 类等。如：

百—摆　　搬—板　　包—饱　　尝—常　　（P 类）
本$_{量}$—本$_{副}$　　枪$_{名}$—抢$_{动}$　　（PO 类）
实用—适用　　一直—一致　　（PS 类）
代—带　　底下—地下　　教师—教室　　（PG 类）
包$_{名}$—包$_{动}$　　距离$_{名}$—距离$_{动}$　　（POS 类）
倒（dǎo）— 倒（dào）　　公元—公园　　（POG 类）
年青—年轻　　收—受　　作—做　　（PSG 类）
吐（tǔ）— 吐（tù）　　转（zhuǎn）— 转（zhuàn）　　(POSG 类)

如果仅着眼于词语的发音，上列各组里的每一对都是发音相同或相近的，如果对它们不加以区别，都处理为近音词，就掩盖了它们在其他方面的差异：它们中有些词语对在书写形式、词义或词性等属性方面还具有某（些）方面的相似性，这些词语又分属于多种不同的类别。

通常所谓的形近词（包括同字词）也不仅包括本书区分出的 O 类相似词语对，还涉及 PO 类、OG 类、POS 类、POG 类、OSG 类、POSG 类等。如：

八—人　　拆—折　　凡—几　　各—名　　（O 类）
白—百　　快—块　　坡—破　　清—请　　（PO 类）

爱—受　车—东　处—外　拾—抬　（OG 类）

顶$_{\text{名}}$—顶$_{\text{动}}$　重$_{\text{形}}$—重$_{\text{副}}$　（POS 类）

当（dāng）— 当（dàng）　倒（dǎo）— 倒（dào）　（POG 类）

从前—以前　少—小　数学—数字　（OSG 类）

开展—展开　转（zhuǎn）— 转（zhuàn）　（POSG 类）

上列各组词的书写形式都是相近或相同的，但从发音、书写形式、词义和词性等多方面看，它们的相似情况又各有不同，可分别归为不同的类别。

通常所谓的近义词（包括同义词）也不仅涉及本书所区分出的 S 类和 SG 类相似词语对，还涉及 PS 类、POS 类、PSG 类、OSG 类、POSG 类等。如：

可能—也许　例如—例子　临时—一时　（S 类）

实用—适用　一直—一致　只—止　（PS 类）

爱护—保护　败—输　本领—本事　（SG 类）

差$_{\text{动}}$—差$_{\text{形}}$　可以$_{\text{助动}}$—可以$_{\text{形}}$　（POS 类）

反应—反映　人才—人材　制定—制订　（PSG 类）

从前—以前　数学—数字　（OSG 类）

达到—到达　吐（tǔ）— 吐（tù）　（POSG 类）

上列词语如果单从词义是否相近的角度看，它们都可以算作近义词（具体词语对的两个词语的词义相近程度不尽相同），但如果把各组词语在发音、书写形式和词性方面是否相似的情况也考虑进来，那么各组词语里所包括词语对的相似情况就各有不同，可分为不同的类别。

综上所述，通常所谓的近音词、形近词、近义词与本书所区分的各种类别相似词语的关系大致如表 2-5 所示：

表 2-5　不同类别相似词语与近音词、形近词和近义词的关系

相似词语类别 \ 近音、形近、近义词	P	O	S	PO	PS	PG	OG	SG	POS	POG	PSG	OSG	POSG
近音词	+			+	+	+			+	+	+		+
形近词		+		+			+		+	+		+	+
近义词			+		+			+	+		+	+	+

（说明：表中“+”号表示近音词、形近词、近义词与各类相似词语的交叉关系）

具体的一个个词语都是集音、形、义和语法属性于一身的单位，学习者要全面习得一个词语，能够在听说读写等活动中准确理解和使用，就必须掌握这个词语的各方面的属性和特点。词语的相似性导致学习者在理解和使用过程中发生混淆，这已是共识。但词语在哪些方面所具有的相似性会导致怎样的混淆甚至误用，还需要具体考察分析。根据词语在发音、书写形式和词义等方面相近或相似的情况归纳出的近音词、形近词和近义词，这三种词语集合里都还包含着一些在其他方面具有相似性的词语，即近音词里包含了一些形近词和近义词，形近词里也包含了一些近音词和近义词，近义词里也包含了一些近音词和形近词。Laufer（1988，1991）提出的"形式相近的词（synform）"也是更多地注重词语的发音和书写形式（如，comprehensive / comprehensible; cancel / conceal; economical / economic; historic / historical; affect / effect），其实这些词语并不都仅仅在发音或拼写形式上具有相似性，其中有些词在词义或词性方面也具有一定的相似性（如，economical / economic; historic / historical）。本书根据词语在发音、书写形式、词义和词性方面的相似情况，将具有不同方面相似属性的词语分别开来，希望能分别考察学习者使用这些不同类别相似词语的情况，从而了解词语之间具有的各种不同的相似属性对学习者理解和使用词语的影响。

第三章 中介语偏误词语与目标词语的相似性

第1节 中介语语料库中的偏误词语和目标词语

在语言交际活动中特别是进行语言表达（主要是说和写）时，为了表达一定的思想或意义，总要从自己掌握的词语中选择一定的词语，按照一定的语法和语篇结构组织话语。但由于我们掌握的词语中有些词语之间在发音、书写形式、词义或词性等方面存在相似性，而从认知语言学和神经语言学的观点看，人们在言语活动中要从词库中选用某个词语时，往往与该词语在某（些）方面相似、相关的词语也被激活，我们在选择词语进行理解和表达时会受到这些相似性的影响，从而在理解话语时把甲词语当成了与该词语相似或相关的乙词语，在表达时该用某个词语的时候用了与这个词语在某（些）方面存在相似性的另外的词语。即使是以汉语为母语的人也经常会出现这种情况。如：

（1）一直往前走，别回头，出去后要从新做人，遇到再困难的事也不要犯法……（李行健、余志鸿 2009a）

（2）这颗古树是栾树，树龄约一百多岁。（李行健、余志鸿 2009a）

（3）要看企业是否掌握重要的技术及其知识产权，且这些技术和知识产权是不是标准所必须的。（李行健、余志鸿 2009b）

以上例句都是报刊上的真实用例。例（1）中的“从新”应为“重新”。二者都是副词，发音和词义相近，但“从新”着重表示再次做某事时与上次完全不同，“重新”可以表示再次做某事时与上次有所不同（未必完全不同）。在“做人”前边时，通常用“重新”。例（2）中的“颗”应为“棵”。二者都是量词，发音相同，字形上都带有部件“果”，但“棵”可以用作树木、草木类名词的量词，而“颗”不能。可以用“一颗葡萄”和“一棵葡萄”，但二者意思不同（前者“葡萄”是果实，后者“葡萄”是葡萄树）。例（3）中的“必须”应为“必需”。二者发音相同，都含有必要的意思，但“必须”是副词，一般用在动词性词语前边，不能构成“* 所必须（的）”，而“必需”是动词，可以构成“所必需（的）”。

学习汉语的外国人或以汉语为第二语言的人在使用汉语时出现的这种情况则更多。中介语语料库中，许多用例里偏误词语和目标词语之间存在着种种相似性。如[①]：

（4）亲戚朋友介绍{CC绍介}的时候大概两{CC二}个人比较适合{CC符合}。

（5）最近看电视的时候，常常发现离家{CC出家}的高中学生很多，这样的孩子很{CC好}容易犯罪。

（6）（刚开始时）给{CC对}我的第一个{CC次}印象{CC影响}{CJ-sy是}，汉语是非常麻烦而且不好学{CJs}，它有那么{CC多么}多的汉字，同音词，还有声调。

上列用例中，例（4）里的偏误词“绍介”与目标词“介绍”由相同语素构成，词性、词义相似，但“绍介”在汉语中仅限用于某些方言，现代汉语常用“介绍”[②]。“二”与“两”词性相似，表示相同的数量。偏误词“符合”与目标词“适合”词性相似，含有相同语素“合”，二者的词义也相近：“适合”的意思就是“符合（实际情况或客观要求）”（《现代汉语词典》）。

例（5）里的偏误词语“出家”与目标词语“离家”词性相似，词语内部结构相同，都含有“从家里出去或离开家”的基本意义，但“出家”却含有“离开家庭到庙宇里去做僧尼或道士”的特别含义（《现代汉语词典》）。“好”也可以是副词，表示较高的程度，在词性和词义方面与“很”都有相似性。

例（6）里的偏误词“对”和“给”都可以是介词，可以与“印象”搭配，构成“对……的印象”（如“对学习汉语的印象”），“给……的印象”（如“给我们的印象”）。“次”和“个”都是常用量词。“影响”和“印象”发音相似，都

① 本章带有标记符号“{ }”“[ ]”的用例均选自北京语言大学HSK动态作文语料库，其中，在“{ }”里的“CC”后边的是偏误用词，“{CC }”前边的是与“{CC }”里边的偏误用词相应的目标用词。偏误用词和目标用词下边的下画线是本书引用时所加。

② 此例如果来自日本学生，这里用“绍介”则可能受了日语同字词“绍介”的影响。

可以是名词，可以构成“对……的影响”“对……的印象”，在词义上（据《现代汉语词典》），“影响”表示“客观事物在人的头脑里留下的迹象”，“印象”表示“对别人的思想或行动起作用”，二者都与“头脑里的思想”有一定的关联。“多么”与“那么”都可以用在形容词的前边，表示很高的程度。

汉语学习者在使用汉语进行表达时发生的这些词语误用的情况，其中有许多误用的词语在汉语里都有一个或多个在某（些）方面存在相似性的词语与之相应。考察学习者使用汉语时出现的此类词语偏误现象，了解哪些词语容易出现此类偏误现象、出现偏误的规模如何、偏误词语与目标词语的对应情况如何，有助于考察词语的相似性对学习者习得词语的影响。

考察学习者使用词语的偏误情况必须大量收集学习者使用汉语的语料，主要是学习者说出和写出的话语。对于全面考察学习者使用词语的偏误现象，进而考察偏误词语与目标词语的相似性而言，收集学习者说出的话语和写出的书面形式都是必要的，二者不可相互替代。因为在口语表达和书面表达中使用的词语在数量、语体风格等方面都不尽相同，说出的话语和写出的话语中的偏误词语和目标词语的相似情况也不尽相同（如，在说出的有声话语中可以更多地考察到偏误词语和目标词语的发音的相似性，在写出的话语中能够看到偏误词语和目标词语在书写形式方面的相似性）。为了更全面地考察学习者使用汉语时出现的偏误词语和目标词语的相似性情况，就须要分别收集、考察学习者的口语语料和书面语语料。大量收集这两种中介语语料是分别考察学习者在口语表达和书面表达中使用词语受到词语相似性影响的前提。本章主要考察学习者书面语语料中偏误词语和目标词语的相似性情况。

目前建成的或正在建设中的中介语语料库多以收集学习者的书面语材料为主（崔希亮、张宝林 2011）。北京语言大学崔希亮教授主持建设的“HSK 动态作文语料库”是目前对外开放的规模最大的汉语学习者中介语语料库。该语料库“是母语非汉语的外国人参加高等汉语水平考试（HSK 高等）作文考试的答卷语料库，收集了 1992-2005 年的部分外国考生的作文答卷。语料库 1.0 版收入语料 10740 篇，约 400 万字，于 2006 年 12 月下旬上网试运行。经修改补充，语料库 1.1 版语料总数达到 11569 篇，共计 424 万字。”[①] 本章采用该语料库收集的中介语语料来考察汉语学习者书面语中出现的偏误词语与相应的目标词语之间的相似性。

① 见“HSK 动态作文语料库”网页对该语料库的介绍（2012 年 9 月 24 日查询）。

“HSK 动态作文语料库”（以下简称“作文语料库”）收集的语料是来自参加高等汉语水平考试（HSK 高等）的考生作文。参加 HSK（高等）考试的考生一般是已经具有中等汉语水平的汉语学习者，相应地，在这个水平上的考生应该是基本掌握了 HSK（初、中等）的词汇（即《汉语水平词汇与汉字等级大纲》中的甲、乙、丙级词语）。《汉语水平词汇与汉字等级大纲》共收词语 8822 个，根据 HSK 考试大纲的规定，甲（1033 个）、乙（2018 个）、丙级（2202 个）词语是具有中级水平的汉语学习者应该掌握的。参加 HSK（高等）考试的考生一般已经具有了中级汉语水平，他们自然是已经基本掌握了甲、乙、丙级词语和部分丁级词语（3569 个）。考虑外语学习者掌握接收性词汇（主要是在听和读活动中能够理解的词语）和产出性词汇（主要是在说和写活动中能够使用的词语）在广度和深度上都有所不同，学习者掌握的产出性词汇在数量上一般要比接收性词汇少（Nation 2004），参加 HSK（高等）考试的考生尽管基本掌握了甲、乙、丙级词语甚至部分丁级词语，但这种“掌握”主要是指他们能够理解尤其是在阅读活动中能够理解这些词语，他们在书面表达中未必能够很好地使用这些词语尤其是丙级和丁级词语。相比较而言，甲、乙级词语是现代汉语中的高频词，也是汉语学习者在初级阶段需要掌握的词语，这些词语应该是参加 HSK（高等）考试的考生普遍能在书面表达中使用的。本章主要考察的考生在作文中使用的偏误词语和相应的目标词语都在甲、乙级词语范围之内。由于作文语料库提供的每个词语的偏误用例最多只有 100 条，我们的查询结果显示，在甲、乙级词语范围内，以下 42 个词语在语料库中查得 100 条偏误用例：

爱情　不　产生　从　大　到　的　地　得　都　对　多　而　二　发生
个　还　还是　好　和　可以　间　经验　就　看　可以　来　了(le)
没　没有　能　上　少　是　为　要　也　以　有　在　作　做

事实上这些词语的偏误用例数可能在 100 条以上。初步考察，上述每个词语的 100 条用例基本上能够反映它们在中介语中的偏误情况，在统计时我们将这些词语的偏误用例分别暂计为 100 条。

作文语料库对所收录的作文语料中出现的偏误词语进行了标注，并给出了相应的目标词语。如：

（7）我多次感觉到你们对 {CC 向} 我的爱 {CC1 爱情} 和热情。

（8）一般生活上的影响之外，父母对孩子的教育方法{CC办法}也非常重要。

（9）我七岁开始，除了上学以外，回到家里还要帮{CC1帮忙}妈妈煮饭、洗衣和照顾幼小的弟妹。

上边用例中“{CC }”里的“向”“爱情”“办法”和“帮忙”都是偏误词语，“{CC }”前边的“对”“爱”“方法”和“帮”是与偏误词语相应的目标词语。我们以《汉语水平词汇与汉字等级大纲》中的甲、乙级共计3051个词语为范围，一一查询它们在作文语料库中出现的偏误用例和相应的目标词语[①]。如，下边例（10）至（15）就是含有偏误词“帮”的部分用例：

（10）如果有人身体很健康[BQ，]但是比如说在经济上发生{CQ了}出乎意料的事，想{CC1愿意}离开这个世界，请人把{CC帮}他杀死{CJba}，这个是应该被判刑[L]的。

（11）现在我的汉语水平有所提高，可以给{CC帮}他当翻译[BQ，]一起旅游。

（12）那时候我在路上遇到很多不方便的事情，[BC。]但他们帮我做，有的人给{CC帮}我当导游，这样[BQ，]人们也给我{CJ-sy留下}深刻的印象。

（13）因此很多发达{CC先进}国家给{CC帮}他们提供食粮。

（14）再说她在{CC帮}我父亲的公司{CQ工作}，跟一般的人相比，工作的时间长。

（15）如今我当了华文教师，虽没有爸爸所说的那么伟大，但最少我会尽我的力量，做好我分内该做{CC帮}的事。

查询结果显示，在全部3051个甲、乙级词语中，有1806个词语在作文语料出现了偏误用例，占全部甲、乙级词语的59%。这些词语是：

啊 爱 爱好 爱护 爱情 安静 安排 安全 安慰 安心 按照 八 把 爸爸 吧 白 摆 搬 板 办 办法 半 帮 帮忙 帮助 榜样 包 包括 保 保持 保存 保护 保留 保证 饱 抱歉

① 我们于2007年9月至11月对“HSK动态作文语料库”中甲、乙级词语的偏误用例进行了查询。

报 报到 报告 报名 报纸 悲痛 倍 被 本 本来 本领 本事 本质 比 比较 比例 比如 笔 毕业 必然 必须 必要 避 避免 边 编 扁 便 变 变成 变化 遍 标准 表 表达 表面 表明 表示 表现 表扬 别 别的 别人 并 并且 病 病人 补充 不 不错 不但 不得不 不管 不过 不仅 不久 不论 不然 不如 不少 不同 不许 不要 不一定 不用 布置 步 部分 部门 材料 采取 采用 参观 参加 草地 草原 曾 曾经 差 差不多 产量 产品 产生 长 长期 常 常常 场 唱 超过 朝 吵 车 彻底 趁 成 成功 成果 成绩 成就 成立 成熟 成为 成长 承认 城市 乘 程度 吃 充分 充满 充足 重复 重新 抽 出 出发 出口 出来 出去 出生 出席 出现 初 初步 除 除了 处 处理 传 传播 传统 创 创造 创作 吹 词 此 此外 次 从 从此 从而 从来 从前 从事 促进 存 存在 措施 错 错误 达到 答应 答 打 打扮 打算 打听 大 大多数 大概 大家 大量 大人 大声 大学 大约 呆 代 代表 代替 带 待 单 单调 单位 担任 担心 但 但是 淡 当 当地 当年 当前 当然 当时 当做 倒 到 到处 到达 到底 道 道理 道路 道歉 得到 的(de) 地(de) 得(de) 灯 登 等 等待 等于 低 的确 地点 地方 地面 地区 地位 地下 弟弟 第 点 电 电视 电影 调 调查 掉 跌 定 丢 东 东方 东西 懂 懂得 动 动身 动物 动作 都 斗争 逗 读 读书 读者 独立 肚子 度 度过 渡 短 段 断 锻炼 队 对不起 对待 对方 对付 对话 对面 对象 对于 顿 多 多么 多少 多数 夺 饿 儿童 儿子 而 而且 二 发 发表 发出 发达 发动 发明 发生 发现 发言 发扬 发展 法律 翻 翻译 凡 反对 反复 反抗 反应 反映 反正 犯 范围 方 方案 方便 方法 方面 方式 方向 防止 房间 房子 仿佛 访问 放 放假 放弃 放心 非常 肥 费用 分 分别 分配 分析 分钟 纷纷 份 愤怒 丰富 风景 逢 否定 否则 服从 服务 浮 符合 幅 辅导 父亲 付 妇女 负责 附近 复印 复杂 副 该 改 改变 改革 改进 改善 改造 改正 概念 干净 干燥 赶 赶快 敢 感到 感动 感激 感

觉 感情 感想 感谢 干 干活 刚 刚才 高 高大 高度 高兴 搞 告 告诉 哥哥 歌 革命 个 个别 个人 各 各种 给 根 根本 根据 跟 跟前 更 更加 工夫 工人 工业 工作 公共 公司 功夫 供 供给 共同 贡献 构成 够 估计 古代 骨头 鼓励 鼓舞 故事 故意 顾 关 关键 关系 关心 关于 关照 观察 观点 管理 光 光辉 广播 广大 广泛 广告 广阔 逛 规定 规律 规模 贵 滚 国 国际 国家 果然 过 过程 过来 过去 还 还是 孩子 害 害处 害怕 含 喊 汉语 行（háng） 毫不 毫无 好 好处 好好 好久 好听 好玩 好像 号 号召 喝 合 合理 合适 合同 合作 和 和平 黑暗 很 红 后 后来 后面 后年 呼吸 互相 花 化学 划 话 坏 坏处 欢迎 环 环境 换 灰 恢复 回 回答 回来 回去 回头 回忆 会 会议 婚姻 活 活动 活泼 活跃 火 或 或者 获得 机关 机会 机械 积极 积累 基本 基础 激动 激烈 及 及格 级 即 极 急 急忙 集 集合 集体 集中 几乎 几 挤 记 记得 记忆 纪律 纪念 技术 既 既然 继续 寄 加 加工 加强 家 家具 家庭 假 价值 架 尖锐 坚持 坚定 坚决 坚强 间 肩 艰苦 减 减轻 减少 简单 见 见面 件 建 建立 建设 建议 健康 渐渐 将 将来 讲 讲话 讲座 奖 降 降低 交 交换 交际 交流 交通 骄傲 教 叫 叫做 较 教师 教学 教训 教育 阶段 阶级 接 接触 接待 接到 接近 接受 接着 街 节 节目 节日 节省 节约 结果 结婚 结论 结束 姐姐 解 解答 解放 解决 介绍 届 借 今后 今年 今天 仅 仅仅 尽管 尽量 紧 紧张 尽 近 进 进步 进化 进来 进去 进入 进行 进一步 禁止 经 经常 经过 经济 经历 经验 精彩 精力 精神 井 警察 敬爱 敬礼 静 纠正 究竟 久 旧 救 就 就是 举 举行 句 句子 巨大 拒绝 具备 具有 据说 距离 决定 决心 绝对 觉得 觉悟 开 开辟 开放 开会 开始 开学 开展 看 看病 看不起 看法 看见 看来 考 考虑 考试 靠 科学 可 可爱 可靠 可怜 可能 可以 克服 刻苦 课 课本 课程 课文 肯 肯定 空 空间 恐怕 控制 口 口号

扣 哭 苦 块 快 宽 款 困难 扩大 拉 啦 来 来得及 来自 蓝 懒 浪 浪费 劳动 老 老人 老师 老实 老是 了 乐观 累 冷 厘米 离 离开 礼貌 里 里面 理解 理论 理想 理由 力 力量 力气 历史 厉害 立 立场 利益 利用 例 例如 例子 俩 连 连续 联合 联系 脸 练 恋爱 良好 粮食 两 量 聊 聊天 了解 列 临 临时 灵活 领 领导 领袖 另 另外 流 留 留念 留学生 楼 录音 录音机 路 路上 旅客 旅行 乱 落 落后 妈妈 麻烦 马上 骂 吗 嘛 买 卖 满 满意 满足 慢 忙 毛 毛病 矛盾 没 没用 没有 煤气 每 美 美好 美丽 美术 妹妹 门 门口 们 米 密 密切 面 面貌 面前 庙 灭 民族 名 名字 明亮 明确 明天 明显 命令 命运 摸 模仿 某 模样 母 木 目标 目的 目前 拿 哪 哪儿 哪个 哪里 哪些 那 那儿 那个 那里 那么 那些 那样 耐心 男 男人 南边 难 难道 难过 难看 难受 脑子 闹 呢 内 内部 内容 能 能干 能够 能力 能源 你 你们 年 年代 年级 年纪 年龄 年青 年轻 念 您 农村 农民 农业 弄 努力 女 女儿 女人 女士 暖 暖和 怕 排 判断 盼望 旁 旁边 跑 陪 配合 碰 批 批评 疲劳 脾气 匹 片 片面 偏 篇 骗 飘 票 漂亮 平安 平常 平等 平静 平时 迫切 破 破坏 普遍 普通 妻子 期 期间 欺骗 其次 其他 其中 奇怪 骑 启发 起 起床 起来 气候 千万 签订 前 前进 前面 前途 欠 强 强大 强烈 切 且 亲爱 亲切 亲自 青年 轻 轻松 清 清楚 情景 情况 情形 情绪 请 求 球 球场 区 区别 取 取得 取消 去 全 全部 全面 全体 劝 缺 缺点 缺乏 缺少 却 确定 确实 然而 然后 燃烧 染 让 绕 热 热爱 热烈 热闹 热情 人 人才 人工 人家 人口 人类 人们 人民 人物 人员 忍 认 认识 认为 认真 任何 任务 扔 仍 仍然 日 日常 日文 日子 容易 肉 如 如果 如何 如今 入 弱 洒 撒 三 散步 扫 色 杀 善于 伤 伤心 商店 商量 上 上班 上当 上课 上来 上面 上去 上学 稍 稍微 少 少数 少年 设备 社会 身 身边 身体

深　深刻　什么　什么的　神　神经　生　生产　生活　生命　生日　生物　生意　生长　声　声音　胜利　省　剩　失败　失去　诗　十　十分　石头　时代　时候　时间　时刻　时期　实际　实践　实现　实用　实在　拾　食品　食物　使　使用　世纪　世界　市　事　事件　事情　事实　事物　事先　事业　试　试验　是　适当　适合　适应　适用　收　收获　收拾　手　手段　手续　手指　首　首先　受　书　舒服　熟悉　属于　树　树林　数　数量　数字　率领　双　双方　谁　水　水果　水平　睡　睡觉　顺　顺便　顺利　说　私　私人　思想　死　似乎　松　送　算　虽然　随　随便　随时　岁　损失　所　所谓　所以　所有　他　他们　她　她们　它　它们　台　抬　太　态度　弹　谈　谈话　躺　掏　逃　讨论　讨厌　套　特别　特点　提　提倡　提高　提供　提前　题　题目　体会　体育　替　天　天气　添　甜　挑　条　条件　条约　跳　跳舞　贴　听　听见　听说　停止　挺　通　通过　通讯　同　同情　同时　同学　同样　同意　统一　统治　痛　痛苦　痛快　偷　头　头发　投　投入　突出　突然　图　土　土地　吐　团　团结　推　推动　推广　退　托　拖　脱　脱离　外　外边　外国　外面　完　完成　完全　完整　玩　晚　晚会　碗　往　往往　忘　忘记　望　危害　危机　危险　为　为了　为什么　围绕　违反　维护　伟大　卫生　未　未来　位　位置　味道　喂　温暖　文化　文件　文明　文物　文学　文学家　文章　闻　稳　稳定　问　问好　问候　问题　我　我们　污染　无　无论　无限　五　物质　误会　吸　吸收　吸烟　吸引　希望　习惯　洗澡　喜欢　系　系统　细　细心　下　下来　下面　下去　下午　吓　夏　先　先后　先进　鲜　闲　显得　显然　显著　现代　现代化　现实　现象　现在　限制　羡慕　相　相当　相反　相互　相同　相信　香　箱子　详细　享受　响　想　想法　想念　想象　向　项　项目　象　像　消化　消灭　消失　消息　小　小孩　小伙子　小时　小心　小学　晓得　效果　效率　笑　些　写　谢谢　心　心情　心脏　辛苦　新　新鲜　信　信封　信心　兴奋　兴趣　星期天　星星　行（xíng）　行动　形成　形容　形式　形势　形象　形状　醒　姓　姓名　幸福　性　性格　兄弟　胸　修　修改　修理　虚心　需要　许　许多　宣传　选　选择　学　学期　学生　学习　学校　寻找　迅速　压　压迫　呀　严格　严肃　严重　沿　研

究　颜色　眼　眼睛　眼泪　眼前　演　演员　咽　养　样　样子　要求　邀请　要　要紧　要是　也　也许　夜　一般　一半　一边　一点　一定　一方面　一会儿　一块儿　一齐　一起　一切　一生　一时　一同　一下　一下子　一些　一样　一直　一致　衣服　医生　医务室　医学　依靠　移动　疑问　已　已经　以　以后　以及　以来　以前　以上　以外　以为　以下　议论　意见　意思　意义　意志　因此　因而　因素　因为　音乐　引起　印　印象　应　应当　应该　应用　迎接　营养　营业　影响　影子　硬　拥抱　勇气　用　用力　优点　优良　优美　优秀　尤其　由　由于　油　游览　友好　友谊　有　有的　有点　有关　有利　有名　有趣　有时　有效　有些　有意思　有用　又　右　于　于是　愉快　与　语气　语言　预备　遇　遇到　遇见　员　原来　原谅　原因　原则　圆　远　愿望　愿意　约　约会　阅读　越　越来越　允许　运动　运用　灾　再　在　咱们　赞成　脏　遭到　遭受　糟糕　早　造　则　责任　怎么　怎么样　怎样　增长　增加　扎　展开　展览　占　战胜　战争　站　张　掌握　丈夫　招呼　着急　找　照　照顾　哲学　这　这边　这个　这里　这么　这儿　这些　这样　着　针对　真　真理　真实　真正　阵　争　争论　争取　征求　睁　整个　整理　整齐　正　正常　正好　正确　正式　正在　证明　政策　政治　之后　之间　之前　之下　之一　之中　支　支持　只（zhī）　知道　知识　织　执行　直　直到　直接　值得　职业　植物　止　只（zhǐ）　只好　只是　只要　只有　指出　指导　指挥　指示　至　至今　至少　制定　制度　制造　质量　秩序　中　中间　中文　中午　中心　中学　终于　钟　种　种子　重　重大　重视　重要　周　周到　周围　逐步　逐渐　主动　主观　主要　主意　主张　住　住院　注意　祝贺　著名　抓　抓紧　专门　专心　专业　转　转变　庄稼　状况　状态　追　准　准备　捉　资源　字　自　自动　自己　自觉　自然　自我　自学　自由　综合　总　总结　总理　总是　走　足球　组　组织　最　最初　最好　最后　最近　尊敬　遵守　左右　作　作品　作为　作文　作业　作用　作者　座　座谈　做　做法

这些词语在作文语料库里尽管都出现过偏误用例，但它们的偏误用例数量差异较大。上述 1806 个在作文语料库里出现过偏误用例的词语，它们的偏误用例数大体如表 3-1 所示（99 个出现 50 条以上的偏误词语包括 42 个出现 100 条以上的偏误词语，285 个出现 20 条以上的偏误词语包括出现 50 条以上的偏误词语。余类推）：

表 3-1　甲、乙级词语在作文语料库中出现偏误用例 5 条以上的情况

出现偏误用例的词语数	每条词语出现偏误的用例数
42	100 条以上
99	50 条以上
285	20 条以上
461	10 条以上
788	5 条以上

从表 3-1 可以看出，在作文语料库里虽然有 1806 个甲、乙级词语出现过偏误用例，但其中只有 788 个词语的偏误用例是 5 条以上，即大部分词语的偏误用例都不超过 5 条。出现偏误用例 50 条以上的有 99 个词语，它们是：

爱情　把　表示　才　产生　成为　出　出来　大　当　到　得到　的　地　得　对　多　而　而且　二　发生　发展　高　个　过　好　和　很　互相　还　会　间　件　解决　进行　经验　就　就是　看　考虑　可　可以　来　了　理解　了解　吗　没　没有　那　能　取　去　人　人家　认识　认为　上　少　生活　使　是　说　他　通过　危害　为　问题　我　下　想　向　小　需要　要　也　以　以后　以为　因为　引起　应该　用　由　有　又　于　愿意　再　在　怎么　这　这样　着　真　只有　中　种　做

作文语料库对语料中的偏误词语进行了标注，并给出了与偏误词语相对应的目标词语。我们从语料库中提取含有上列 1806 个词语的偏误用例之后，对用例中与偏误词语对应的目标词语也进行了整理，共得到 2965 个目标词语，其中 1445 个是甲、乙级词语（另有 1520 个是甲、乙级之外的词语），目标词语中的甲、乙级词语占全部 3051 条甲、乙级词语的 47%。这 1445 条词语是：

啊　挨　矮　爱　爱好　爱护　爱情　安排　安全　安慰　安心　按　按照　八　把　爸爸　吧　白　摆　班　办　办法　帮　帮忙　帮助　榜样　包括　宝贵　饱　保持　保存　保护　保留　保证　报　报道　抱　抱歉

背　背后　被　本　本来　本领　逼　比　比较　比如　笔　必然　必
须　必要　毕业　避免　边　便　变　变成　变化　表达　表面　表明　表示
表现　别　别的　别人　并　并且　病　补习　捕　不　不但　不得不
不断　不管　不过　不仅　不论　不然　不如　不同　不要　不用　布置
步　部　部分　部门　才　材料　采　采取　采用　参观　参加　曾经
差　差不多　产量　产生　长　常　常常　场　唱　超过　车站　彻底　称
成　成长　成分　成功　成果　成绩　成就　成熟　成为　承认　诚恳　城
市　乘　程度　吃　充分　充满　充足　冲　重复　重建　重新　抽　臭
出　出发　出来　出去　出生　出现　初　除　除了　处　处理　穿　传　传
统　创　创造　词　此　此外　次　聪明　从　从此　从而　从来　从前
从事　促进　存　存在　措施　错　错误　达到　答应　答案　打　打扮
打算　大　大多数　大概　大家　大量　大人　大小　大约　呆　代　代
表　代替　带　单　单词　单位　担任　担心　但　但是　当　当前　当
然　当时　当作　倒　到　到处　到达　到底　道　道德　道理　道路　道
歉　得到　的　的话　地　得　等　等待　等等　低　滴　的确　地方　地
区　地位　第　点　调查　掉　定　丢　东部　东西　懂　懂得　动　动
物　都　斗争　读　读书　独立　度　度过　短　段　锻炼　堆　对　对
比　对不起　对待　对方　对付　对象　对于　顿　多　多么　多少　多
数　夺　而　而且　二　发　发出　发达　发挥　发明　发生　发现　发
言　发扬　发展　法律　反复　反应　反映　犯　方　方案　方便　方法
方面　方式　防止　房间　房子　放　放弃　放心　飞　非　非常　费
费用　分　分别　分配　分析　分钟　份　丰富　否定　服务　符合　父亲
付　妇女　负责　附近　复杂　副　该　改　改变　改成　改掉　改进
改善　改正　概念　干净　赶　赶紧　赶快　感到　感动　感激　感觉
感情　感想　感谢　干　干活　刚　刚才　刚刚　高　高大　高度　高兴
搞　告　告别　告诉　搁　歌　个　个别　个人　各　给　根　根本　根
据　跟　更　更加　工具　工作　公共　公司　功夫　供　供给　共　共
同　贡献　构成　够　估计　古代　鼓励　故事　顾　挂　怪　关键　关
系　关心　关于　观察　观点　管　管理　光明　光荣　广大　广泛　广
告　规定　规模　贵　国　国家　果然　过　过程　过来　过去　还　还

是 孩子 害 害处 害怕 含 喊 汉语 汉字 毫不 好 好处 好好 好听 好像 号召 喝 合 合理 合适 合作 和 和平 河 盒 黑暗 很 后 后来 后面 呼 呼吸 互相 花 画 话 坏 坏处 环境 换 恢复 回 回答 回来 回去 回忆 会 会议 婚姻 活 活动 活泼 活跃 火 或 或者 获得 机会 机器 积极 积累 基本 激动 激烈 及 及时 级 即 急 集体 集中 几乎 几 挤 计划 记 记得 记忆 纪律 技术 既 既然 继续 寄 加 加强 加以 家 家庭 假 价格 价值 尖锐 坚持 坚定 坚决 坚强 间 肩 拣 捡 减轻 减少 简单 见 见面 件 建 建立 建设 建议 健康 将 将来 讲 讲话 降低 交换 交 交流 教 叫 叫做 教材 教师 教授 教学 教训 教育 阶段 接 接触 接待 接近 接受 街 结果 节日 节省 节约 结构 结合 结论 结束 姐姐 解决 解释 介绍 今年 今天 仅 紧张 尽管 尽量 尽 近 进 进步 进入 进行 进一步 禁止 经 经常 经过 经济 经历 经验 惊 精力 精神 敬爱 纠正 究竟 久 就 就是 举 举行 句 具备 具体 具有 距离 决定 决心 绝对 觉得 开 开放 开始 开展 看 看法 看见 看来 考 考虑 考试 靠 科 颗 可 可能 可怕 可是 可以 渴 克服 刻苦 课 课程 肯 肯定 恐怕 控制 口 哭 苦 块 宽 困 困难 扩大 拉 来 来自 浪费 劳动 老 老师 老是 乐观 了(le) 类 累 厘米 离 离开 礼貌 礼堂 里 里面 理解 理论 理想 理由 力量 力气 厉害 立场 利益 利用 例 例如 例子 俩 连 连续 联合 联系 脸 练 练习 良好 粮食 两 辆 聊 聊天 了(liǎo) 了解 列 零 领 领导 另 另外 留 陆续 路 乱 落 妈妈 麻烦 马上 吗 嘛 买 卖 满 满意 满足 慢 毛病 矛盾 冒 没 没有 每 美 美好 美丽 门 门口 们 梦 面 面貌 面前 灭 名 名字 明年 明确 明显 某 母亲 目标 目的 目前 拿 哪 哪儿 哪个 哪里 哪怕 哪些 内 内部 内容 那 那儿 那个 那里 那么 那些 那样 男人 南边 难 难道 难过 难受 闹 呢 能 能够 能力 你 你们 年 年级 年纪 年龄 年青 年轻 您 农民 浓 弄 努力

女 女儿 女人 暖和 怕 排 判断 盼望 旁边 胖 陪 碰 批评 脾气 片 片面 篇 飘 漂亮 平安 平常 平静 平均 平时 瓶 迫切 迫使 破 破坏 普遍 普通 七 妻子 期 期间 欺骗 其次 其他 其它 其中 奇怪 骑 启发 起 起来 气 气候 气温 千 千万 签订 前 前进 前面 浅 强 强大 强调 强度 强烈 且 亲爱 青年 轻 轻松 清 清楚 情景 情况 情形 情绪 请 请求 球场 区 区别 取 取得 去 全 全部 全体 缺 缺点 缺乏 缺少 却 确定 确实 群 然而 然后 燃烧 让 惹 热 热烈 热情 人 人口 人类 人们 人民 人物 人员 认 认识 认为 认真 任何 任务 扔 仍然 日 日常 日期 日子 容易 如 如果 如何 如今 入 弱 三 杀 伤心 商量 商业 上 上班 上课 上来 上面 烧 稍微 少 设备 设计 社会 伸 身 身边 身体 深 深厚 深刻 深入 什么 生 生产 生长 生活 生意 声 声音 省 剩 失去 失望 十分 时代 时候 时间 时刻 时期 实际 实践 实现 实行 实用 实在 食品 食物 使 使用 世界 事 事件 事情 事实 事业 试 试验 是 适当 适合 适应 适用 收 收获 收拾 手段 手术 手指 首 首先 受 书 舒服 熟悉 数 数量 数学 摔 双方 谁 水平 睡 睡觉 顺便 说 说明 思想 死 四 松 送 算 虽然 随 随便 随时 岁 所 所谓 所以 所有 锁 他 他们 她 她们 它 它们 台 抬 太 态度 谈 谈话 烫 讨论 讨厌 套 特别 特点 踢 提 提倡 提高 提供 题 体会 替 天 天气 添 田 填 挑 条 条件 听 听见 听说 停止 通 通过 同 同时 同学 同样 同意 统治 痛苦 头 头儿 头发 投入 透 突出 土地 吐 团结 推 推广 脱离 挖 外 外面 外语 完 完成 完全 完整 玩 晚 晚上 往 往往 忘 忘记 危害 危险 微 为 为了 为什么 围 违反 维护 伟大 未 未来 位 味道 喂 温暖 文化 文章 问 问好 问题 我 我们 污染 无 无论 误会 吸 吸收 吸烟 吸引 希望 习惯 喜欢 系 系统 细 细心 下 下来 下面 下去 下午 先 先进 现代 现实 现象 现在 限制 相 相反 相关 相互 相似 相同 相信 享受 想 想

法 想念 想象 向 项 项目 象 像 消灭 消失 消息 小 小时 小学 效果 效率 些 心 心情 辛苦 新 新鲜 信 信心 兴奋 兴趣 星期天 行 行动 形成 形式 形象 形状 姓名 幸福 性 性格 修 修改 需要 许多 叙述 宣传 选 选择 学 学期 学生 学术 学习 学校 学院 寻找 呀 严格 严肃 严重 研究 颜色 眼 眼睛 眼前 演员 养 样 样子 要求 药 要 要是 也 也许 业余 一 一般 一边 一点 一点儿 一定 一方面 一会儿 一块儿 一起 一切 一同 一下 一些 一样 一直 一致 医院 依靠 已 已经 以 以后 以及 以来 以前 以外 以为 以下 艺术 意见 意思 意图 意外 意义 因此 因而 因素 因为 引起 印象 应 应当 应该 应用 营养 影响 永远 勇敢 勇气 用 用处 优点 尤其 由 由于 游览 友好 有 有的 有关 有力 有利 有名 有时 有些 有意思 有用 又 于 于是 愉快 与 语言 语音 遇 遇到 遇见 原来 原谅 原因 远 愿望 愿意 约 阅读 越 越来越 允许 运动 运用 再 在 咱 赞成 脏 遭到 遭受 糟糕 早 造 则 责任 怎么 怎样 增长 增加 摘 占 站 张 掌握 丈夫 招呼 着急 找 照 照顾 这 这儿 这个 这里 这么 这些 这样 着 针对 真 真理 真正 争 争论 征求 睁 整个 整理 正 正常 正好 正确 正式 正在 证 证明 政策 政府 之后 之间 之前 之中 支 支持 知道 知识 织 执行 直 直到 直接 值得 职业 只 只好 只是 只要 只有 指 指出 指导 至 至今 制定 制度 制造 治 质量 中 中间 中文 中心 终于 种（zhǒng） 种（zhòng） 重 重大 重点 重视 重要 周 周围 逐渐 主动 主任 主要 主意 主张 住 注意 祝贺 抓 专家 专心 专业 转 转变 状况 状态 撞 准 准备 准确 捉 仔细 资源 字 自 自从 自己 自觉 自然 自我 自由 综合 总 总结 总是 走 足球 组 组织 祖国 最 最初 最好 最后 尊敬 遵守 作 作家 作品 作为 作用 坐 座 做 做法

与偏误词语的用例数量高低不等类似，上列目标词语的出现次数高低差异也很大，大体如表3–2所示（出现50次以上的106个词语包括出现100次以上的41个词语，出现20次以上的251个词语包括出现50次以上的106个词语。余类推）：

表3–2　甲、乙级词语在作文语料库中作为目标词语出现5次以上的情况

目标词语数	每个目标词语出现次数
41	100次以上
106	50次以上
251	20次以上
442	10次以上
703	5次以上

从表3–2可以看出，在作文语料库中作为与偏误词语相应的目标词语出现的甲、乙级词语虽然有1445条，但其中只有703条出现了5次以上，另有超过一半的词语作为目标词语出现少于5次。作为目标词语出现50次以上的106个词语是：

爱　帮助　别人　并　并且　不　采取　产生　成为　从　大　到　的
地　得　都　对　对方　多　而　而且　发达　发展　改变　高　个　给
跟　更　规定　过　还　还是　好　好处　和　很　会　家　件　解决
经历　就　觉得　考虑　可能　可以　来　了　理解　两　了解　没　没
有　那　呢　能　你们　去　让　人　人们　认为　上　少　生产　生活
什么　使　事情　是　说　他们　危害　为　问题　我　我们　希望
下　想　像　小　需要　严重　要　也　以　以后　因为　应该　影响
用　由　有　又　再　在　这　这样　只　制定　中　种　自己　做

第2节　偏误词语和目标词语的对应情况

一、偏误词语和目标词语中的共同词语

将作文语料库里1806条甲、乙级偏误词语与相应的1445条甲、乙级目标词语进行对比，共有1274条词语是两个词语表中的共同词语。它们是：

啊 爱 爱好 爱护 爱情 安排 安全 安慰 安心 按照 八 把 爸爸 吧 白 摆 办 办法 帮 帮忙 帮助 榜样 包括 饱 保持 保存 保护 保留 保证 报 报到 抱歉 被 本 本来 本领 比 比较 比如 笔 必然 必须 必要 毕业 避免 边 便 变 变成 变化 表达 表面 表明 表示 表现 别 别的 别人 并 并且 病 不 不但 不得不 不管 不过 不仅 不论 不然 不如 不同 不要 不用 布置 步 部分 部门 材料 采取 采用 参观 参加 曾经 差 差不多 产量 产生 长 常 常常 场 唱 超过 彻底 成 成长 成功 成果 成绩 成就 成熟 成为 承认 城市 乘 程度 吃 充分 充满 充足 冲 重复 重新 抽 出 出发 出来 出去 出生 出现 初 除 除了 处 处理 传 传统 创 创造 词 此 此外 次 从 从此 从而 从来 从前 从事 促进 存 存在 措施 错 错误 答应 达到 打 打扮 打算 大 大多数 大概 大家 大量 大人 大约 呆 代 代表 代替 带 单 单位 担任 担心 但 但是 当 当前 当然 当时 倒 到 到处 到达 到底 道 道理 道路 道歉 得到 的 地 得 等 等待 低 的确 地方 地区 地位 第 点 调查 掉 定 丢 东西 懂 懂得 动 动物 都 斗争 读 读书 独立 度 度过 短 段 锻炼 对不起 对待 对方 对付 对象 对于 顿 多 多么 多少 多数 夺 而 而且 二 发 发出 发达 发明 发生 发现 发言 发扬 发展 法律 反复 反应 反映 犯 方 方案 方便 方法 方面 方式 防止 房间 房子 放 放弃 放心 非常 费用 分 分别 分配 分析 分钟 份 丰富 否定 服务 符合 父亲 付 妇女 负责 附近 复杂 副 该 改 改变 改进 改善 改正 概念 干净 赶 赶快 感到 感动 感激 感觉 感情 感想 感谢 干 干活 刚 刚才 高 高大 高度 高兴 搞 告 告诉 歌 个 个别 个人 各 给 根 根本 根据 跟 更 更加 工作 公共 公司 功夫 供 供给 共同 贡献 构成 够 估计 古代 鼓励 故事 顾 关键 关系 关心 关于 观察 观点 管理 广大 广泛 广告 规定 规模 贵 国 国家 果然 过 过程 过来 过去 孩子 害 害处 害怕 含 喊 汉语 毫不 好 好处

好好 好听 好像 号召 喝 合 合理 合适 合作 和 和平 黑暗 很 后 后来 后面 呼吸 互相 花 话 坏 坏处 还 还是 环境 换 恢复 回 回答 回来 回去 回忆 会 会议 婚姻 活 活动 活泼 活跃 火 或 或者 获得 几乎 机会 积极 积累 基本 激动 激烈 及 级 即 急 集体 集中 几 挤 记 记得 记忆 纪律 技术 既 既然 继续 寄 加 加强 家 家庭 假 价值 尖锐 坚持 坚定 坚决 坚强 间 肩 减轻 减少 简单 见 见面 件 建 建立 建设 建议 健康 将 将来 讲 讲话 降低 交 交换 交流 教 叫 叫做 教师 教学 教训 教育 阶段 接 接触 接待 接近 接受 街 节日 节省 节约 结果 结论 结束 姐姐 解决 介绍 今年 今天 仅 紧张 尽管 尽量 尽 近 进 进步 进入 进行 进一步 禁止 经 经常 经过 经济 经历 经验 精力 精神 敬爱 纠正 究竟 久 就 就是 举 举行 句 具备 具有 距离 决定 决心 绝对 觉得 开 开放 开始 开展 看 看法 看见 看来 考 考虑 考试 靠 可 可能 可以 克服 刻苦 课 课程 肯 肯定 恐怕 控制 口 哭 苦 块 宽 困难 扩大 拉 来 来自 浪费 劳动 老 老师 老是 乐观 了 累 厘米 离 离开 礼貌 里 里面 理解 理论 理想 理由 力量 力气 厉害 立场 利益 利用 例 例如 例子 俩 连 连续 联合 联系 脸 练 良好 粮食 两 聊 聊天 了解 列 领 领导 另 另外 留 路 乱 落 妈妈 麻烦 马上 吗 嘛 买 卖 满 满意 满足 慢 毛病 矛盾 没 没有 每 美 美好 美丽 门 门口 们 面 面貌 面前 灭 名 名字 明确 明显 某 目标 目的 目前 拿 哪 哪儿 哪个 哪里 哪些 那 那儿 那个 那里 那么 那些 那样 男人 南边 难 难道 难过 难受 闹 呢 内 内部 内容 能 能够 能力 你 你们 年 年级 年纪 年龄 年青 年轻 您 农民 弄 努力 女 女儿 女人 暖和 怕 排 判断 盼望 旁边 陪 碰 批评 脾气 片 片面 篇 飘 漂亮 平安 平常 平静 平时 迫切 破 破坏 普遍 普通 妻子 期 期间 欺骗 其次 其他 其中 奇怪 骑 启发 起 起来 气候 千万 签订 前 前进 前面 强 强大 强烈 且 亲

爱 青年 轻 轻松 清 清楚 情景 情况 情形 情绪 请 球场
区 区别 取 取得 去 全 全部 全体 缺 缺点 缺乏 缺少 却
确定 确实 然而 然后 燃烧 让 热 热烈 热情 人 人口 人类
人们 人民 人物 人员 认识 认为 认真 任何 任务 扔 仍然
日 日常 日子 容易 如 如果 如何 如今 入 弱 三 杀 伤心
商量 上 上班 上课 上来 上面 稍微 少 设备 社会 身 身边
身体 深 深刻 什么 生 生产 生长 生活 生意 声 声音 省
剩 失去 十分 时代 时候 时间 时刻 时期 实际 实践 实现
实用 实在 食品 食物 使 使用 世界 事 事件 事情 事实 事
业 试 试验 是 适当 适合 适应 适用 收 收获 收拾 手段
手指 首 首先 受 书 舒服 熟悉 数 数量 双方 谁 水平 睡
睡觉 顺便 说 思想 死 松 送 算 虽然 随 随便 随时 岁
所 所谓 所以 所有 他 他们 她 她们 它 它们 台 抬 太
态度 谈 谈话 讨论 讨厌 套 特别 特点 提 提倡 提高 提供
题 体会 替 天 天气 添 挑 条 条件 听 听见 听说 停止
通 通过 同 同时 同学 同样 同意 统治 痛苦 头 头发 投入
突出 土地 吐 团结 推 推广 脱离 外 外面 完 完成 完全
完整 玩 晚 往 往往 忘 忘记 危害 危险 为 为了 为什么
违反 维护 伟大 未 未来 位 味道 喂 温暖 文化 文章 问
问好 问题 我 我们 污染 无 无论 误会 吸 吸收 吸烟 吸引
希望 习惯 喜欢 系 系统 细 细心 下 下来 下面 下去 下午
先 先进 现代 现实 现象 现在 限制 相 相反 相互 相同 相
信 享受 想 想法 想念 想象 向 项 项目 象 像 消灭 消
失 消息 小 小时 小学 效果 效率 些 心 心情 辛苦 新 新
鲜 信 信心 兴奋 兴趣 星期天 行 形成 形式 形象 形状 姓
名 幸福 性 性格 修 修改 需要 许多 宣传 选 选择 学 学
期 学生 学习 学校 寻找 呀 严格 严肃 严重 研究 颜色 眼
眼睛 眼前 演员 养 样 样子 要求 要 要是 也 也许 一般
一边 一点 一定 一方面 一会儿 一块儿 一起 一切 一同 一下
一些 一样 一直 一致 依靠 已 已经 以 以后 以及 以来 以

前　以外　以为　以下　意见　意思　意义　因此　因而　因素　因为　引起　印象　应　应当　应该　应用　营养　影响　勇气　用　优点　尤其　由　由于　游览　友好　有　有的　有关　有利　有名　有时　有些　有意思　有用　又　于　于是　愉快　与　语言　遇　遇到　遇见　原来　原谅　原因　远　愿望　愿意　约　阅读　越　越来越　允许　运动　运用　再　在　赞成　脏　遭到　遭受　糟糕　早　造　则　责任　怎么　怎样　增长　增加　占　站　张　掌握　丈夫　招呼　着急　找　照　照顾　这　这儿　这个　这里　这么　这些　这样　着　针对　真　真理　真正　争　争论　征求　睁　整个　整理　正　正常　正好　正确　正式　正在　证明　政策　之后　之间　之前　之中　支　支持　知道　知识　织　执行　直　直到　直接　值得　职业　只　只是　只要　只有　指出　指导　至　至今　制定　制度　制造　质量　中　中间　中文　中心　终于　种　重　重大　重视　重要　周　周围　逐渐　主动　主要　主意　主张　住　注意　祝贺　抓　专心　专业　转　转变　状况　状态　准　准备　捉　资源　字　自　自己　自觉　自然　自我　自由　综合　总　总结　总是　走　足球　组　组织　最　最初　最好　最后　尊敬　遵守　作　作品　作为　作用　座　做　做法

上列 1274 条词语占全部 3051 条甲、乙级词语的 42%，占 1806 条甲、乙级偏误词语的 71%，占 1445 条甲、乙级目标词语的 88%。

从这些数字可以看出，作文语料库里甲、乙级偏误词语和甲、乙级目标词语中的共同词语的比例比较高，两个词语表中的绝大部分词语是重合的。不仅如此，从出现次数较多的偏误词语和目标词语的数量上看，相应次数段上出现的词语数量也在一定程度上类似。如表 3-3 所示：

表 3-3　出现 5 次以上的甲、乙级偏误词语和目标词语数量对照

偏误词语和目标词语出现次数	偏误词语数	目标词语数
100 次以上	42	41
50 次以上	99	106
20 次以上	285	251
10 次以上	461	442
5 次以上	788	703

在语料库中，作为偏误词语出现100次以上的甲、乙级词语和作为目标词语出现100次以上的词语分别是42个和41个。99个出现50次以上偏误用例的词语和106个作为目标词语出现50次以上的词语中，有67个词语是共同的，占99个偏误词语的68%，占106个偏误词语的63%。这67个词语是：

产生 成为 大 到 的 地 得 对 多 而 而且 发展 高 个 过 还 好 和 很 会 件 解决 就 考虑 可以 来 了 了解 理解 没 没有 那 能 去 人 认为 上 少 生活 使 是 说 危害 为 问题 我 下 想 小 需要 要 也 以 以后 因为 应该 用 由 有 又 再 在 这 这样 中 种 做

二、偏误词语和目标词语的对应情况

仅仅着眼于从作文语料库中提取的甲、乙级词语范围内的偏误词语和目标词语，可以发现两个词语表中的大部分词语是重合的，但具体的偏误词语跟与其相应的目标词语之间的对应关系却很复杂。某个偏误词语可能对应着多个目标词语，另一个偏误词语可能只对应着少量目标词语甚至只对应着某一个目标词语。如，“做”作为偏误词有216个用例[①]，与其对应的甲、乙级目标词语“制定、生产、有、创造、采取”等等有66个，但“做”与这66个目标词语构成的“偏误词—目标词”出现次数的多少却很不均匀。如表3-4所示：

表3-4 偏误词“做”与目标词的对应情况

目标词	偏误词	出现次数	目标词	偏误词	出现次数
制定	做	28	开	做	5
生产	做	18	实现	做	5
有	做	16	用	做	5
创造	做	15	种	做	5
采取	做	12	作	做	5
建设	做	7	参加	做	3
犯	做	5	当	做	3

① 在作文语料库中我们以“做”为偏误用词直接搜索到的偏误用例是100条（受语料库检索权限限制），但在以其他词语为偏误用词搜索到的偏误用例中有的也带有以“做”为偏误用词的情况，我们将这部分用例也计算在内，所以最后统计“做”作为偏误用词的出现次数超过了100。本书其他地方提到的一些词语的偏误用例数超过100的也是这种情况。

（续表）

目标词	偏误词	出现次数	目标词	偏误词	出现次数
发展	做	3	处理	做	1
规定	做	3	当作	做	1
过	做	3	得	做	1
尽	做	3	得到	做	1
进行	做	3	堆	做	1
是	做	3	对	做	1
说	做	3	发明	做	1
完成	做	3	搞	做	1
织	做	3	给	做	1
帮	做	2	建	做	1
保护	做	2	建立	做	1
成	做	2	经历	做	1
成为	做	2	举行	做	1
抽	做	2	了解	做	1
打	做	2	理解	做	1
解决	做	2	弄	做	1
看	做	2	起	做	1
考	做	2	上	做	1
去	做	2	提高	做	1
算	做	2	听	做	1
提供	做	2	想	做	1
下	做	2	写	做	1
选择	做	2	修	做	1
摆	做	1	学	做	1
采用	做	1	学习	做	1
产生	做	1	作为	做	1

而量词“阵”和“支”等等在语料中却都只出现一个偏误用例，在语料中与它们对应的目标词分别为“段”和“个”。

就甲、乙级偏误词语跟与其相应的甲、乙级目标词语的对应情况看，1806条偏误词语与1445条相应的目标词语之间构成了7244个“偏误词语—目标词语”词语对，其中有些词语对的出现次数较多甚至很多，有些相对较少，还有些则很少甚至只有1对。词语对的出现次数大体如表3–5所示：

表 3-5　甲、乙级“偏误词语—目标词语”在作文语料库中的出现情况

词语对出现次数	词语对数目	词语对累积数目	累积比例（%）
100 次以上	6	6	0.08
99—50 次	32	38	0.5
49—30 次	29	67	0.9
29—10 次	307	374	5
9—5 次	508	882	12
4—3 次	863	1745	24
2 次	1482	3227	45
1 次	4017	7244	100

表 3-5 显示，相同的一对偏误词语和目标词语在语料中出现 100 次以上的有 6 对，约占偏误词语和目标词语的总词语对数 7244 的 0.08%，出现 50 次以上的有 38 对，约占偏误词语和目标词语的总词语对数 7244 的 0.5%。余类推。出现 30 次以上的 67 对词语如表 3-6 所示：

表 3-6　作文语料库中出现 30 次以上的甲、乙级“偏误词语—目标词语”

偏误词语	目标词语	出现次数	偏误词语	目标词语	出现次数
的	地	420	在	从	64
二	两	158	会	能	63
而	而且	148	间	家	62
爱情	爱	129	的	得	60
发生	产生	108	了	的	60
没	不	108	真	很	59
产生	生产	97	我	我们	59
地	的	97	能	会	59
对	给	89	得	地	57
作	做	88	得	的	57
经验	经历	87	发达	发展	55
以为	认为	86	取	采取	55
也	都	83	太	很	54
了解	理解	78	才	再	54
上	中	72	这	那	53
没有	不	68	种	个	52
少	小	68	人们	人	50
害	危害	67	个	件	50
发展	发达	65	个	种	49
想	认为	65	小	少	48

（续表）

偏误词语	目标词语	出现次数	偏误词语	目标词语	出现次数
再	又	47	或	和	35
他	他们	46	愿意	希望	34
不	没	46	好	很	34
吗	呢	46	害	害处	33
那	哪	45	增加	多	33
那	这	44	着	了	33
理解	了解	43	可以	可能	32
为了	因为	43	生长	成长	32
想	考虑	42	您	你们	32
都	就	42	而	并且	32
从	在	39	提高	高	31
可以	会	39	有些	一些	30
为了	为	38	件	个	30
的	了	38			

虽然出现次数较高的偏误词语和目标词语的词语对不是很多，但由于它们出现次数多，它们在语料库中的总出现次数就相对较高。在我们考察的语料中，7244 个词语对共出现 22224 次，平均每个词语对出现 3 次。其中，在语料库中真正出现 3 次以上的 1745 个词语对（占词语对总数 7244 的 24%）共出现了 15250 次（占全部词语对出现次数的 69%）。由此可见，具体的“偏误词语—目标词语”词语对的出现次数差异很大，很不均衡。

第3节 偏误词语和目标词语的相似性

一、语料标注与分析

前边第二章讨论了词语在发音、书写形式、词义或词性方面的相似性，我们也从这些方面来考察作文语料库中偏误词语和目标词语之间的相似性。我们在作文语料库中搜索到并提取了含有 1806 个甲、乙级词语的偏误用例，对提取到的偏误用例中的偏误词语和相应的目标词语之间的相似性一一进行了分析和标注。如（以画线词语为例）：

（1）a 我希望我们都{CJX}以后也这么互相照[B 招]顾，互相爱护{CC 爱}。

b 我希望我们都{CJX}以后也这么互相照[B 招]顾，互相爱护{SG//12VVSMCC 爱}。

（2）a 这样想，我的心情平静{CC 安静}下来了。

b 这样想，我的心情平静{SG//22AASMCC 安静}下来了。

（3）a 它还能帮助{CC2 助}我们成{CD 一}为一位成功者，走向成功和光明之路。

b 它还能帮助{SG//12VVSMCC2 助}我们成{CD 一}为一位成功者，走向成功和光明之路。

（4）a 我希望我们一起吃{CC 饱}得饱、享受人生。

b 我希望我们一起吃{XCC 饱}得饱、享受人生。

上列例句中，a 句是从作文语料库中提取的用例，我们提取了这些例句之后，为了对偏误词语和目标词语的相似性情况作进一步分析，为了便于分类提取不同类别的相似词语，获得不同类别相似词语的具体数据，就对所提取的用例中“{CC　}”里的偏误词语和“{　}”前边的目标词语的相似性进行了再标注，b 句是我们重新标注的用例。我们的分析、再标注步骤如下：

首先，分析偏误词语和目标词语的相似性，并进行标注。标注符号采用前边第二章使用的表示词语相似性的符号，如，P 表示发音相似，O 表示书写形式相似，S 表示词义相似，G 表示词性相似，SG 表示偏误词语和目标词语在词义和词性两方面相似。上边的例（1）（2）（3）中的“爱—爱护”，“安静—平静”，“助—帮助”，两两都在词义和词性方面具有相似性，标为 SG。语料库中，有些偏误词语和目标词语之间没有明显的相似关系，我们将这些用例中的偏误词语和目标词语的关系标为 X，如例（4）中的“……吃{XCC 饱}……”。

其次，对具有各种相似关系的偏误词语和目标词语的关系从音节、词性和是否含有相同语素等方面再进行分析、标注，标注符号用“//”与前边的 P、O、S、G、SG 等隔开，“//”后用数字“12”“22”之类表示一对偏误词语和目标词语的音节数（“12”表示一对词语中偏误词语是单音节，目标词语是双音节，或偏误词语是双音节，目标词语是单音节），数字后边的“AA”“VV”“AV”之类表示一对词语所属的词类（“AA”表示两个词语都是形容词，“VV”表示两个词语都是动词，“AV”表示一个是形容词，另一个是动词）。有些偏误词语和目标词语含有共同语素，这样的词语就在它们的词类标记符号后边标注“SM”。如例（1）a的“爱护{CC爱}”，两个词都为单双音节，都是动词，含有共同语素“爱”，所以我们将其标注为（1）b 中的“爱护 {SG//12VVSMCC 爱 }”。

在作文语料库里，对偏误词语的认定及相应的目标词语的提出都是语料加工者或分析者根据偏误词语所在的语句是否符合汉语语法以及表达意义是否清晰、准确的情况而确定下来的，带有一定的主观性。这种主观性突出表现在人们对偏误词语的认定和对相应的目标词语确定的认识方面。对从语料库中提取的偏误词语和目标词语的相似性进行分析，可以发现多数“偏误词语—目标词语”词语之间的相似性比较明确。如：

（5）我敢说父母对子女的爱 {CC1 爱情 } 是最伟大的。

（6）父亲一生很快乐，注重友情，乐意帮助 {CC 帮忙 } 朋友，大家对他都有好评。

（7）瘦和尚看到了他，大声对胖 {CC 肥 } 和尚说道：“这位师兄！……”

这三个用例里“爱情”“帮忙”和“肥”是偏误词语，与它们相应的目标词语分别为“爱”“帮助”和“胖”，人们的认识应该是比较一致的。

但从语料库中提取的用例中，对有些偏误词语的认定或目标词语的提出，人们的意见可能不太一致。如：

（8）首先，我要征求 {CC 打听 } 一下你们俩的意见。

（9）我们应该处处为他们着想，不该为 {CC 让 } 他们添麻烦。

（10）时间过得真快，我来中国已经快 {CC1 几乎 } 一年了，才理解他为什么让我来这里。

在这三个句子里，认定“打听”“让”“几乎”为偏误词语，人们的意见应该是一致的，与它们相应的目标词语分别为“征求”“为”“快”固然是可以接受的，但在汉语里，说“我要问一下你们俩的意见”“我们应该处处为他们着想，不该给他们添麻烦”“时间过得真快，我来中国已经差不多一年了”，也是可以接受的，即从语法和意义表达上看，说这三个用例中的偏误词语“打听”“让”和“几乎”的目标词语分别为“问”“给”和“差不多”，也是可以接受的。这种情况表明，语料库加工者提出的与这些用例中的偏误词语相应的目标词语不一定是唯一的，语料库只是列出了与某个偏误词语相应的多个可能的目标词语中的一个。对于这类用例，我们采用了语料库提供的目标词语，将其视为与偏误词语对应的目标词语加以统计。

在我们从语料库提取的用例中，还有少数被标注为偏误词语并提供了相应的目标词语的，但我们认为这些偏误词语用在原句中也是可以接受的。如：

（11）本人从小喜欢{CC爱好}美术设计。

（12）我哭起来，从此我一直认为{CC2想}数学真难。

（13）我当然担心{CC讨厌}他吸烟影响我。

（14）对历史感{CC有}兴趣的人有机会可以看一下。

（15）于是，我找到一所专业{CC2专门}学校开始学中文。

（16）不过我趁着这个{CC次}机会向你们表达我的心情。

（17）出生在这样的环境的人，怎么可能知道，那些饿死的人们的感受，又怎么会想像{CC想象}[①]到人会饿死。

在语料库加工者看来，上边例（11）至（17）中的“爱好”“想”“讨厌”“有”“专门”“次”“想象”是偏误词语，它们的目标词语应分别为“喜欢”“认为”“担心”“感”“专业”“个”“想像”。但我们认为，在汉语里说“本人从小爱好美术设计”“从此我一直想数学真难”“我当然讨厌他吸烟影响我”“对历史有兴趣的人有机会可以看一下”“我找到一所专门学校开始学中文”“我趁着这次机会向你们表达我的心情”也是可以接受的，而“想像”和“想象”是一对异体词，“想象”不宜处理为偏误用词。因此，我们在对偏误词语和目标词语进行分析、标记时，这些用例不计入分析。

在对语料中的偏误词语和目标词语的相似性进行分析时，多数词语对的相似性比较明确。如：

① 《现代汉语词典》第六版正确写法为“想象”。

（18）总而言之，要看每个{CC各}学生的性格和学习的方法。

（19）“叮叮叮”下课的铃响了，口渴{CC喝}的我们都离开操场进班去喝凉水了。

（20）时间不早了，我该睡觉了{CC吧}，以后我再给你们写信吧。

（21）他性格{CC脾气}很顽强，不怕困难。

（22）我常常认为{CC接受}你们对我的关心是一种干涉，所以发怒，这原因在于我还不懂你们的爱{CC爱情}呢。

根据本书第二章提出的判断词语相似性的依据和操作规定，上边用例中的偏误词语和目标词语的相似关系比较容易确定：例（18）中的“各”与“个”是发音相似（P），例（19）中的“喝”与“渴”是书写形式相似（O），例（20）中的“吧”与“了”是词性相似（G），例（21）中的“脾气”与“性格”是词义和词性相似（SG），例（22）中的“认为”与“接受”是词性相似（G），“爱”与“爱情”是词义和词性相似（SG）。

但语料中也有一些用例，其中有些偏误词语和目标词语的相似关系却不易确定。如：

（23）一天的气温{CC气候}变化很大，所以我的朋友中有几个人得了病而不能来上课，在家休息呢。

（24）汉字{CC汉语}是象形文字，日常使用的字词达数千个之多。

（25）一旦由于一部分吸烟者的行为影响到其他公众的健康或利益时，政府完全可以用法律法规来进行约束{CC规定}、管理。

这几例中的偏误词语“气候”“汉语”“规定”与相应的目标词语“气温”“汉字”“约束”两两之间词性相似容易确定，两两之间在词义方面也有一定的关系，但将这种关系归为词义相似又很勉强，所以我们就把这类偏误词语和相似词语的关系分析为词性相似。

我们对从作文语料库中提取的语料中的偏误词语和目标词语进行分析、标注之后，得到偏误词语和目标词语均为甲、乙级词语的词语7244对，这些词语对被分别归入了不同的相似词语类别。语料中有两对词语（“解决—解决”“周围—周围”）的偏误词和目标词分别是同一个词，疑为语料库的标注失误。删除这两对词语，剩下 7242 对偏误词语和目标词语。这些词语对归入各种相似词语类别，基本数据如表 3-7 所示：

表 3-7　甲、乙级偏误词语和目标词语相似性类别

偏误词语和目标词语的相似性类别	词语对数量	词语对出现次数	平均出现次数
发音相似（P）	25	72	3
书写形式相似（O）	16	20	1
词义相似（S）	505	1759	3
词性相似（G）	3087	7479	2
发音和书写形式相似（PO）	7	12	2
发音和词义相似（PS）	4	9	2
发音和词性相似（PG）	32	805	25
书写形式和词性相似（OG）	8	26	3
词义和词性相似（SG）	1837	8699	5
发音、书写形式和词义相似（POS）	7	40	6
发音、书写形式和词性相似（POG）	10	144	14
发音、词义和词性相似（PSG）	17	162	10
书写形式、词义和词性相似（OSG）	4	121	30
发音、书写形式、词义和词性相似（POSG）	10	34	3
其他	1673	2842	2
累　计	7242	22224	3

从表 3-7 可以看出，在 7242 对偏误词语和目标词语中，共有 5569 对两两之间具有某种相似性，占全部 7242 个词语对的 77%。这 5569 对词语在语料中共出现 19382 次，占偏误词语和目标词语的总出现次数 22224 的 87%。因此可以说，语料库中出现的偏误词语绝大部分和相应的目标词语具有某方面或某些方面的相似性。另有 1673 对偏误词语和目标词语之间缺乏明显的相似性。

以下分单一属性相似和多重属性相似对表 3-7 中的各类相似的偏误词语和目标词语分别加以说明。

二、单一属性相似的偏误词语和目标词语

本书所谓的词语单一属性相似是指词语在发音、书写形式、词性或词义等属性中的某个单一方面具有相似性。这一小节主要说明所考察的语料中偏误词语

和目标词语在发音、书写形式、词义或词性等属性中某个单一方面相似的情况。

（一）发音相似

本项研究考察的 7242 对偏误词语和目标词语中，共有 25 对甲、乙级偏误词语和目标词语在发音方面具有相似性（P 类），这些词语对共出现了 72 次。如表 3-8 所示：

表 3-8　P 类偏误词语和目标词语

偏误词语	目标词语	词语对出现次数	偏误词语	目标词语	词语对出现次数
心	性	19	一致	一直	1
手	首	9	至	直	1
由	有	6	以	已	1
有	由	4	以	一	1
个	各	4	向	像	1
一下	以下	3	想	向	1
事	是	3	像	向	1
以下	一下	2	美	每	1
老实	老是	2	苦	哭	1
又	有	2	国	过	1
将	讲	2	短	段	1
各	个	2	初	出	1
有	又	2			

表 3-8 显示，出现次数较多的发音相似（P 类）的“偏误词—目标词”词对是“心—性”“手—首”“由—有”“有—由”“个—各”等。其中，“性”虽然也可以是名词，但在语料中它作为“心”（名词）的目标词时，它是作为词尾（词缀）出现的，所以将它们归为发音相似一类。如：

（26）人是一种依赖性{CC 心}很强的动物。

（27）我刚刚来中国的时候，独立性{CC心}非常强，干什么事都我一个人干。

“首”虽然也可以是名词，但在语料中它作为“手”（名词）的目标词时，它是作为量词出现的，所以将它们也归为发音相似一类。如：

（28）一首{CC 手}歌会变得流行是因为受到了听众的欢迎。

（29）一首{CC 手}流行歌不一定是一首{CC 手}好的歌曲。

这些发音相似的“偏误词—目标词”词对中只有3对是双音节的，其中“以下”和“一下”互为偏误词和目标词形式出现，其余的词对都是单音节的。

除了“以下”和“一下”互为偏误词和目标词以外，另有6例“由”作为偏误词与目标词“有”相对，有4例“有”作为偏误词与目标词“由”相对。这种互为偏误词和目标词的相似词语对学习者来说可能更加难以辨别。

（二）书写形式相似

在7242对偏误词语和目标词语中，甲、乙级偏误词语和目标词语在书写形式方面相似的（O类）有16对，共出现20次。如表3-9所示：

表3-9 O类偏误词和目标词

偏误词	目标词	词语对出现次数	偏误词	目标词	词语对出现次数
编	篇	1	大	人	1
便	使	2	和	种	1
扁	篇	1	假	段	1
唱	喝	1	近	过	1
大	太	1	批	比	1
淡	谈	1	右	在	1
忙	忘	2	问	向	2
喝	渴	1	这	还	2

表3-9中的16对词语，偏误词和目标词的书写形式都含有相同的部件，多数在字形结构上具有相似性。但在语料中，这类相似词语不多，每一对词语的出现次数也只有一两例，而且这些书写形式相似的偏误词和目标词都是单音节的。如，偏误词“大”“问”和相应的字形相似的目标词“人”“向”就分别只有1例、2例：

（30）有些国家，现在还有饥饿的人{CC大}。

（31）每天在家里见面还向{CC问}你们问候，觉得有点怪怪的。

（32）我们也可以向{CC问}年青一代学习上网、玩电动的技巧。

必须认识到，作文语料库中的书写形式相似的甲、乙级偏误词和目标词词对数量少，并不表明汉字字形相似对学习者在书面表达中使用词语没有影响或影响不大。事实上，作文语料库中是将词语的书写错误作为错别字另行标注处理了。如果对含有错别字的偏误词语与目标词语的相似性进行分析，相信书写形式相似的偏误词语和目标词语词语对（O 类）的数量会增加许多。

（三）词义相似

语料中词义相似的甲、乙级偏误词语和目标词语（S 类）有 505 对，它们共出现 1759 次。这种词语对数量较多。表 3-10 且列出出现 5 次以上的 83 个词语对：

表 3-10　出现 5 次以上的 S 类偏误词语和目标词语

偏误词语	目标词语	词语对出现次数	偏误词语	目标词语	词语对出现次数
发展	发达	65	让	对$_{介}$	12
真	很	59	以来	以后	11
发达	发展	55	原来	本来	11
人们	人	50	然后	后来	11
害	害处	33	就	而	11
增加	多	33	先	上	11
可以	可能	32	对	针对	10
提高	高	31	结婚	婚姻	8
把	让	27	回答	答案	8
负责	责任	21	之中	其中	8
必要	必须	21	继续	一直	8
必要	需要	20	需要	必要	8
给$_{介}$	让	20	充足	满足	8
之间	期间	19	不要	不	8
以后	然后	18	能	可能	8
愿望	希望	16	高	提高	8
减少	少	16	把	使	8
互相	对方	15	人们	人民	7
说	话	15	继续	不断	7
人	别人	15	正在	现在	7
女	女儿	15	只	只有	7
以	用	14	坏	坏处	7
终于	最后	13	全	全体	7
好	好处	13	多	很	7
过$_{助}$	到	13	然后	以后	6
话	说	13	还是	而且	6
被	受	13	重要	重视	6
把	用	13	那样	一样	6
可能	可以	12	专门	专业	6
让	给$_{介}$	12	真实	事实	6

（续表）

偏误词语	目标词语	词语对出现次数	偏误词语	目标词语	词语对出现次数
更	进一步	6	终于	结果	5
还	而且	6	需要	重要	5
可能	能	6	完成	完全	5
降低	低	6	适合	适当	5
用	以	6	害怕	可怕	5
向	到	6	一样	这样	5
往	去	6	基础	基本	5
无	非	6	十分	充分	5
例如	例子	5	可	可能	5
任何	全部	5	增加	高	5
只有	只是	5	必	必然	5
至今	现在	5			

这种在词义方面有一定相似性的词语，它们两两属于不同的词类，在发音和书写形式上也没有明显的相似性。这些词语中也有一些互为偏误词语和目标词语的情况，如，“发展”和“发达”，“以”和“用”，“说”和“话”，“提高”和“高”等，这些词语对中的某一个在语料中出现偏误用例，另一个就作为目标词。其中出现次数最多的是“发展”和“发达”，以“发展$_{偏}$[①]—发达$_{目}$”形式出现的有 65 例，以“发达$_{偏}$—发展$_{目}$”形式出现的有 55 例，这表明学习者在使用中辨别这两个词语十分困难。

（四）词性相似

我们考察的语料中，词性相似的甲、乙级偏误词语和目标词语（G 类）有 3087 对，共出现 7474 次，这些词语对两两属于同一词类，它们分属于各词类的情况如表 3-11 所示：

表 3-11　G 类偏误词语和目标词语所属词类

词语对所属词类	词语对数量	出现次数	平均出现次数
名词	612	1166	2
动词	1431	2741	2

① 词语对中下标的“偏”表示前边的词语为偏误词语，“目”表示前边的词语为目标词语。余同。

（续表）

词语对所属词类	词语对数量	出现次数	平均出现次数
形容词	232	492	2
数词	3	3	1
量词	183	692	4
代词	141	592	4
副词	171	631	4
介词	145	536	4
连词	126	283	2
助词	43	338	8
累　计	3087	7474	

表 3-11 显示，词性相似（G 类）的偏误词语和目标词语涉及汉语中全部基本词类。从具体词语对的出现次数看，虽然偏误词语和目标词语均为动词、名词的词语对数量和它们的总出现次数都比较高，但就词语对的平均出现次数看，偏误词语和目标词语均为助词的词语对平均出现次数却最高，其次是量词、代词、副词和介词词语对。

从具体词语对的出现情况看，3087 个词语对的出现次数在 1 次到 89 次之间，272 对词语出现 5 次以上，112 对词语出现 10 次以上。出现 10 次以上的词语对如表 3-12 所示：

表 3-12　出现 10 次以上的 G 类偏误词语和目标词语

偏误词语	目标词语	出现次数	偏误词语	目标词语	出现次数
对	给	89	着	了	33
也	都	83	上	里	29
间	家	62	做	制定	28
了	的	60	我	自己	28
才	再	54	人家	人们	28
种	个	52	要	会	27
个	件	50	怎么	什么	27
个	种	49	次	个	26
吗	呢	46	规律	规定	25
那	哪	45	深刻	严重	25
那	这	44	呢	吗	24
都	就	42	吧	了	24
可以	会	39	在	对	23

（续表）

偏误词语	目标词语	出现次数	偏误词语	目标词语	出现次数
什么	怎么	22	出	到	13
对	为	21	问题	知识	13
以	从	20	东西	事情	13
也	就	20	项	个	13
来	去	19	就	也	13
字	词	19	都	也	13
间	所	19	吗	嘛	12
你	我	18	起来	下来	12
谁	别人	18	拖	推	12
个	些	18	起来	出来	12
种	件	18	当	成为	12
就	都	18	做	采取	12
要	有	17	上	下	12
我们	他们	17	情况	问题	12
里	上	17	只要	只有	12
才	就	17	和	还是	12
了	着	16	对	从	12
做	有	16	又	就	12
是	有	16	就	才	12
应该	会	16	大	严重	12
我	他	16	好	高	12
我	你	16	大	高	12
给	跟	16	有	用	12
做	创造	15	会	要	11
出来	产生	15	放	扔	11
下	上	15	掉	扔	11
间	个	15	进行	采取	11
向	给	15	样	种	11
对	关于	15	件	条	11
是	像	14	以	在	11
那样	这样	14	又	也	11
个	篇	14	又	还	11
呢	啊	13	多么	很	11
出来	进入	13	着	地	10
要	能	13	所	的	10
发现	发生	13	抬	挑	10

（续表）

偏误词语	目标词语	出现次数	偏误词语	目标词语	出现次数
作	生产	10	而	因而	10
是	能	10	而	所以	10
他	我	10	所以	而	10
中	下	10	对	和	10
件	种	10	大	深	10
些	个	10	高	多	10
个	次	10	高	大	10

这些属于同一词类但在发音、词义和书写形式上没有明显相似性的词语，它们作为偏误词语和目标词语在语料中却高频出现，而且其中有些词语还互为偏误词语和目标词语，如“种”和“个”，“次”和“个”，“才”和“就”，“高”和“大”，“我”和“你”，“我”和“他”，“所以”和“而”，“着”和“了”，“上”和“下”等，这些现象值得深究。

三、多重属性相似的偏误词语和目标词语

着眼于偏误词语和目标词语在发音、书写形式、词义和词性等属性中的两个或两个以上方面具有相似性的情况，可以将偏误词语和目标词语的词语对分为“发音和书写形式相似”（PO）、“发音和词义相似”（PS）、“发音和词性相似”（PG）、“书写形式和词义相似”（OS）、“书写形式和词性相似”（OG）、“词义和词性相似”（SG）、“发音、书写形式和词义相似”（POS）、“发音、书写形式和词性相似”（POG）、“发音、词义和词性相似”（PSG）、“书写形式、词义和词性相似”（OSG）、“发音、书写形式、词义和词性相似”（POSG）等类别。在我们考察的语料中，PO类（7对）、PS类（4对）、OG类（8对）、POS类（7对）、OSG类（4对）相对较少，未发现OS类。这一小节着重考察出现次数在10次以上的PG类（32对）、SG类（1837对）、POG类（10对）、PSG类（17对）和POSG类（10对）。

（一）发音和词性相似

语料中发音和词性相似（PG类）的偏误词语和目标词语有32对，它们共出现805次。这些词语对是（如表3-13所示）：

表 3-13　PG 类偏误词语和目标词语

偏误词语	目标词语	出现次数	偏误词语	目标词语	出现次数
的	地	420	还	换	2
地	的	97	片	篇	2
的	得	60	与	于	2
得	地	57	以外	意外	1
得	的	57	年纪	年级	1
印象	影响	27	年级	年纪	1
地	得	25	有利	有力	1
影响	印象	14	赔	陪	1
关	管	5	像	想	1
于	与	5	剩	省	1
叫	交	4	教	叫	1
只	支	4	叫	教	1
在	再	4	还	换	1
想	像	3	性	心	1
报到	报道	2	直	只	1
形势	形式	2	再	在	1

表 3-13 显示，语料中发音和词性相似的偏误词语和目标词语出现最多的是助词“的”“地”“得”之间两两互为偏误词和目标词，尤其是“的”和“地”，这三个助词以“偏误词—目标词”形式出现的词语对累计出现 691 次，约占全部 PG 类词语对出现次数的 86%。这说明学习者在使用这几个助词时很难辨别。另外，“印象”和“影响”互为偏误词语和目标词语的情况也比较多①。

（二）词义和词性相似

我们考察的语料中，词义和词性相似（SG 类）的偏误词语和目标词语共 1837 对，共出现 8714 次。这种相似词语在多重属性相似的词语对中数目最多，出现次数在各类相似词语中也是最多的。这种词语对也是汉语作为外语或第二语言教学活动中在词语辨析方面最引人关注的②。这 1837 对词语在语料中的出现次

① “印”和“影”韵母不同，按照本书第二章对判断词语发音相似的规定（声、韵母相同，声调相同或不同），它们不属于所谓的发音相似（P 类），但考虑它们在发音上实际相似，而且在语料中“印象”和“影响”在语料中多次互相作为“偏误词语”和“目标词语”出现，所以暂且视为发音相似。

② 在对外汉语教学或国际汉语教育领域已出版的词语辨析类的工具书里收录并加以辨析的词语大多属于词义和词性相似的词语。

数多少差异很大，从 158 次到 1 次不等，基本数据如表 3-14 所示：

表 3-14　SG 类偏误词语和目标词语出现情况

词语对出现次数	词语对数目	各段总出现次数	平均出现次数
100 次以上	5	651	130
99—50	14	930	66
49—30	17	641	38
29—15	87	1783	20
14—5	291	2233	8
4—3	284	954	3
2—1	1139	1522	1
累　计	1837	8714	

为节省篇幅，这里且列出出现次数在 15 次以上的 123 对词语（如表 3-15 所示）：

表 3-15　出现 15 次以上的 SG 类偏误词语和目标词语

偏误词语	目标词语	出现次数	偏误词语	目标词语	出现次数
二	两	158	不	没	46
而	而且	148	理解	了解	43
爱情	爱	129	为了	因为	43
发生	产生	108	想	考虑	42
没	不	108	从	在	39
经验	经历	87	为了	为	38
以为	认为	86	的	了	38
了解	理解	78	或	和	35
上	中	72	愿意	希望	34
没有	不	68	好	很	34
害	危害	67	生长	成长	32
想	认为	65	您	你们	32
在	从	64	而	并且	32
会	能	63	有些	一些	30
我	我们	59	件	个	30
能	会	59	以后	后来	29
取	采取	55	要	需要	29
太	很	54	无	不	29
这	那	53	还是	或者	28
再	又	47	成	成为	28
他	他们	46	想	觉得	28

（续表）

偏误词语	目标词语	出现次数	偏误词语	目标词语	出现次数
他	她	28	表示	表明	19
也	还	28	事件	事情	19
对	在	27	健康	身体	19
大	多	27	用	采取	19
人家	别人	26	你	你们	19
利益	好处	26	和	并且	19
于	在	26	由	由于	19
多	大	26	只有	只	19
可	可以	25	要	想	19
为	为了	25	而	和	19
过	度过	24	从	由	18
该	应该	24	危险	危害	18
对于	对	24	关于	对于	18
不	没有	24	满足	满意	18
和	并	24	做	生产	18
帮忙	帮助	23	人家	人	18
双方	对方	23	家	家庭	18
期间	时间	23	如	如果	18
会	可以	23	或	还是	18
家庭	家	23	为	因为	18
国	国家	23	过	了	18
使	让	23	还	也	18
只有	只要	22	爱情	感情	17
经过	经历	22	忘	忘记	17
认识	了解	22	具有	有	17
教师	老师	22	了	过	17
向	对	22	位	个	17
人民	人们	21	很	更	16
看	看见	21	决心	决定	16
进行	实行	20	理由	原因	16
得到	达到	20	咱们	我们	16
后来	以后	20	对于	关于	16
怎么	这么	20	得到	得	16
而	从而	20	当	做	16
俩	两	20	而	来	16
您	你	20	由	从	16
决定	制定	19	给	对	16

（续表）

偏误词语	目标词语	出现次数	偏误词语	目标词语	出现次数
为	给	15	那	那么	15
发生	出现	15	两	俩	15
靠	依靠	15	还	更	15
帮	帮助	15			

这种相似词语在词义和词性两方面具有相似性。从前面考察的偏误词语和目标词语具有的单方面相似属性的用例看，在词义或词性单方面属性上具有相似性的词语对数目（分别为 505 对和 3087 对）和出现次数（分别为 1759 次和 7479 次，平均出现次数分别为 3 次和 2 次）也不少，但在词义和词性两方面都具有相似性的词语对不仅数量多，而且词语对的平均出现次数为 5 次，比单在词义或词性方面相似的词语对的平均出现次数更高。这在一定程度上表明学习者使用词语时，特别是在进行书面表达时，辨别在词义和词性两方面都相似的词语比辨别单在词义或词性方面相似的词语更加困难。

（三）发音、书写形式和词性相似

我们考察的语料中，在发音、书写形式和词性等三方面都具有相似性的词语对（POG 类）不是很多，只有 10 对（如表 3-16 所示）：

表 3-16　POG 类偏误词语和目标词语

偏误词语	目标词语	出现次数	偏误词语	目标词语	出现次数
产生	生产	97	那个	哪个	3
哪	那	11	生产	产生	3
买	卖	11	哪里	那里	2
卖	买	7	倒	到	2
那里	哪里	7	那儿	哪儿	1

在这 10 对词语中，有 5 对跟“哪”和“那”有关，有 4 对是出现次数较多的“产生”和“生产”，“买”和“卖”互为偏误词语和目标词语。

尽管单在词性方面具有相似性的词语对较多，但作文语料中在发音或书写形式方面具有相似性的偏误词语和目标词语不多，在发音和书写形式两方面都具有相似性的词语对也不多（只有 7 对），相应地，在发音、书写形式和词义三方面都具有相似性的词语也很少。这也表明，汉语学习者在书面表达中使用词语受词语发音相似性的影响不大。

（四）发音、词义和词性相似

我们考察的语料中，在发音、词义和词性等三方面具有相似性的词语（PSG类）有 17 对（如表 3-17 所示）：

表 3-17　PSG 类偏误词语和目标词语

偏误词语	目标词语	出现次数	偏误词语	目标词语	出现次数
作	做	88	做	作	5
他	它	14	它们	他们	3
反应	反映	9	嘛	吗	2
年青	年轻	7	适用	使用	1
收	受	7	其他	其它	1
反映	反应	6	年轻	年青	1
它	他	6	待	呆	1
其它	其他	5	它	其他	1
他们	它们	5			

值得注意的是，这 17 对词语中有 7 对涉及代词“他”和“它”，以及它们与“其”“们”构成的合成词。另有 3 对词语“反应”和“反映”，“作”和“做”，“年青”和“年轻”，互为偏误词语和目标词语，而且词语对“作$_{偏}$—做$_{目}$”的出现次数达 88 次，约占全部 PSG 类词语对总出现次数的 60%。其实，这三对词语，特别是“作”和“做”，对以汉语为母语者来说，辨别起来也不容易，人们在使用中也常为选择哪一个而犯难。

（五）发音、书写形式、词义和词性相似

我们考察的语料中，在发音、书写形式、词义和词性这四个方面都具有一定相似性的词语（POSG 类）也不多，只有 10 对（如表 3-18 所示）：

表 3-18　POSG 类偏误词语和目标词语

偏误词语	目标词语	出现次数	偏误词语	目标词语	出现次数
象	像	9	她	他	3
到达	达到	6	展开	开展	1
她们	他们	6	想象	想像	1
他们	她们	3	面前	前面	1
工夫	功夫	3	分	份	1

根据《现代汉语词典》，“想象”和“想像”是异体词，“想象”就不宜视为偏误词语。这样，语料中的 POSG 类相似词语就只有 9 对。表 3-18 中的 9 对词语中，有 3 对是“她”和“他”及二者与“们”构成的合成词。其他几对偏误词

和目标词（“象—像”“工夫—功夫”“分—份”）的书写形式都含有相同的部件。

（六）相似性不明确的偏误词语和目标词语

我们考察的语料中还有 1673 对偏误词语和目标词语，它们两两之间在发音、书写形式、词义或词性等方面缺乏明显的相似性，这些词语共出现 2842 次，平均每对词语出现 2 次。其中有些词语对的出现次数也比较高。如，表 3-19 中的词语对在语料中都出现了 5 次以上：

表 3-19　出现 5 次以上的缺乏明显相似性的偏误词语和目标词语

偏误词语	目标词语	出现次数	偏误词语	目标词语	出现次数
到	得	17	一	这	6
到	了	15	也	而	6
只	只要	14	所	而	6
了	到	14	是	跟	6
和	的	14	哪个	所有	6
成	得	14	来	的	6
生产	产量	12	就	是	6
好	完	12	多	都	6
措施	采取	12	对	使	6
使	对	10	对	的	6
看	对	10	产量	生产	6
着	上	9	用	把	5
就	会	9	要	重要	5
从	用	9	为了	要	5
知识	了解	8	以	作为	5
然而	然后	8	要	再	5
而	也	8	什么	一些	5
对	让	8	让	把	5
着	在	7	然后	最后	5
用	从	7	去	而	5
要	都	7	能	容易	5
是	就	7	看	从	5
可以	可是	7	会	就	5
掉	在	7	还是	可是	5
比例	比如	7	而	还	5
这	就	6	而	的	5
越来越	不断	6	都	多	5
有	的	6	被	得到	5
应该	如果	6			

仅仅着眼于这种偏误词语和目标词语本身，很难说它们之间在发音、书写形式、词义或词性方面有什么相似关系。但我们也应当看到，联系偏误词语所在的用例，就会发现其中有些词语对中的偏误词语和目标词语各自所在的短语结构或语句是有着一定的联系的。如：

（33）a 这种种的原因，在婚前就应该想得 {CC 到} 清清楚楚。

b 时间过得 {CC 到} 真快，不知不觉三个小时就过去了。

c 前几天，我回家回得 {CC 到} 很晚，爸还没有睡觉，等我回来，还教训我。

d 我的这一个假期，真的过得 {CC 到} 很愉快呢！

（34）a 我记得冬天气温特别低，把大白菜放在外边几分钟会冰冰的，冻得 {CC 成} 很硬。

b 如果我们只认为对方不能了解我们，那两方之间的关系变得 {CC 成} 越来越远。

c 多种实验证明了一个妈妈的关怀会使得孩子变得{CC成}开朗与乐观，并且会影响他与其他人的交往。

单就助词“得”和动词“到”、助词“得”和动词“成”而言，它们两两之间很难说有怎样的联系，但它们都能用在动词后边构成结构“动词 + 得……”“动词 + 到……”“动词 + 成……”，而且这些结构都可以表示动作行为或变化的结果的意义。这样看来，上边例（33）、（34）中的偏误词“到”“成”与目标词“得”之间还是有一定的联系的。只是这种联系不是单个词语的发音和书写形式上的，也很难说是单个词语的词义和词性上的，而是从词语所在的结构上来看的。就这种现象而言，考察词语相似性对相似词语习得的影响不仅要重视单个词语之间的相似性，还应该重视词语所在短语或句子结构的相似性，这种相似性可能与短语或结构中的词语误用有关，或者说短语或结构之间的相似性可能导致短语或结构中的有关词语的误用。

第4节　偏误词语和目标词语的单向误用和双向误用

学习者在使用汉语词语时发生误用，有些是单向误用（只有把甲词语误用为乙词语的，没有把乙词语误用为甲词语的），有些是双向误用（既有把甲词语误用为乙词语的，也有把乙词语误用为甲词语的）（张博 2007）。本项研究考察的语料中，有些“偏误词语—目标词语”词语对中的偏误词语只是单向对应着某个（些）目标词语，而目标词语在语料中没有出现以偏误词语为目标词语的情况，这种偏误词语和目标词语之间的关系且视为单向误用①。比如，“以为”作为偏误词，在语料中 86 次以“认为”为目标词，但语料中没有出现“认为”为偏误词并以“以为”为目标词的用例；量词“间”作为偏误词，在语料中 19 次以量词“所”为目标词，但语料中没有出现以量词“所”为偏误词并以量词“间”为目标词的用例。如：

（1）a 绿色食品是我们认为 {CC 以为} 最理想的食品，这种食品没受到任何的污染，所以很多人都喜欢吃绿色食品。

b 过去一些病症被认为 {CC 以为} 一种不治之症，这样的患者促进了医学发展，这也是一个事实。

c 如果每个父母对孩子有好的影响，我认为 {CC 以为} 在世界上人们的罪恶也会能越来越少。

d 我认为 {CC 以为} 患不治之病的人应该有选择“安乐死”的权利。

（2）a 他不仅要料理生意，还要担任当地的华侨商会主席和某所 {CC 间} 华校的校董②。

b 初到那所 {CC 间} 小学，很喜欢那儿的读书环境。

c 让孩子在一所 {CC 间} 男女混合的学校读书，并不是一件坏事。

由于语料库加工者对偏误词语的目标词语的认定有一定的主观性，不同的加工者对同一偏误词语的目标词语的认定未必都一致。如：

（3）那样不断地研究和生产 {CC 创造} 新产品，可以解决农药和化肥问题。

（4）随着现代社会发展速度的提高 {CC 增加}，前一代的老人，中年人会感到混乱。

① 这里所谓的单向误用只是就本项研究考察的语料范围而言。在更大的语料范围里，情况也可能有所不同。

② 在海外一些使用华文的地区或一些方言地区，有把“间”用作“学校”的量词的，但这不是普通话的用法。

这两例中的偏误词和目标词“创造—生产”“增加—提高”在语料中都是单向误用，而且这两个词语对都分别只出现一次。实际上，例（3）中的“创造”的目标词也可以是“制造”，例（4）中的“增加”的目标词也可以是“加快”。这样，从语料中提取“创造—生产”“增加—提高”之类的出现次数较少或很少的词语对就有一定的偶然性。偏误词语 A 以 B 为目标词语，但 B 不作为以 A 为目标词语的偏误词语出现，这种单向误用词语对在我们考察的 7242 对“偏误词语—目标词语”中有 4573 对。其中仅出现 1 次的词语对有 2616 对，另有 1957 对出现 2 次以上（含 2 次）。考虑语料库建设过程中语料加工者对与偏误词语相应的目标词语的认定有一定的主观性，我们对单向误用词语对的考察主要限于出现 2 次以上的 1957 个词语对，其中出现 10 次以上的有 85 对，出现 5 次以上的有 313 对，出现 3 次以上的有 849 对。表 3–20 是出现 10 次以上的词语对：

表 3–20　出现 10 次以上的单向误用的偏误词语和目标词语

偏误词语	目标词语	出现次数	偏误词语	目标词语	出现次数
以为	认为	86	用	采取	19
取	采取	55	你	你们	19
他	他们	46	之间	期间	19
都	就	42	事件	事情	19
或	和	35	间	所	19
愿意	希望	34	决定	制定	19
害	害处	33	谁	别人	18
而	并且	32	人家	人	18
您	你们	32	如	如果	18
成	成为	28	做	生产	18
人家	人们	28	危险	危害	18
做	制定	28	为	因为	18
人家	别人	26	爱情	感情	17
利益	好处	26	位	个	17
规律	规定	25	忘	忘记	17
和	并	24	具有	有	17
该	应该	24	人家	大家	16
经过	经历	22	咱们	我们	16
认识	了解	22	人	别人	15
看	看见	21	出来	产生	15
而	从而	20	发生	出现	15
和	并且	19	做	创造	15

（续表）

偏误词语	目标词语	出现次数	偏误词语	目标词语	出现次数
互相	对方	15	表示	表达	11
间	个	15	未	不	11
女	女儿	15	进行	采取	11
靠	依靠	15	往往	常常	11
并	并且	14	多么	很	11
先进	发达	14	掉	扔	11
本	贵	14	放	扔	11
是	像	14	先	上	11
厉害	严重	14	拿	挑	11
发现	发生	13	件	条	11
教训	教育	13	大	伟大	11
出来	进入	13	样	种	11
都	也	13	所	的	10
问题	知识	13	看	认为	10
终于	最后	13	作	生产	10
做	采取	12	为	是	10
当	成为	12	抬	挑	10
生	得	12	遭到	遇到	10
改	改变	12	对	针对	10
拖	推	12	内	中	10
情况	问题	12			

这些词语对中的偏误词语和目标词语大多是在词义或词性方面有一定的相似性。仅就上表 85 对词语而言，其中有“女—女儿”“之间—期间”“互相—对方”“终于—最后”等 8 对两两之间词义相似，有“以为—认为”“经过—经历”“表示—表达”“愿意—希望”“咱们—我们”“利益—好处”“往往—常常”“先进—发达”“忘—忘记”等 49 对词语两两之间在词义和词性两方面有相似性，有“是—像”“当—成为”“放—扔”“进行—采取”“情况—问题”“间—所”“件—条”等 27 对词语两两之间在词性方面有相似性，只有“人家—大家”一对是在书写形式和词性方面有相似性。就出现 2 次以上的 1957 对单向误用词语对来看，词语之间的相似情况如表 3-21 所示：

表 3-21　出现两次以上的单向误用词语对相似性类别及出现情况

偏误词语和目标词语的相似性类别	词语对数量	词语对出现次数
发音相似（P）	4	16
书写形式相似（O）	4	8
词义相似（S）	142	555
词性相似（G）	822	2550
发音和书写形式相似（PO）	1	2
发音和词义相似（PS）	2	9
发音和词性相似（PG）	7	21
书写形式和词义相似（OS）	0	0
书写形式和词性相似（OG）	3	20
词义和词性相似（SG）	567	2711
发音、书写形式和词义相似（POS）	3	9
发音、书写形式和词性相似（POG）	2	5
发音、词义和词性相似（PSG）	0	0
书写形式、词义和词性相似（OSG）	0	0
发音、书写形式、词义和词性相似（POSG）	3	18
其他	397	1059
累　计	1957	6983

表 3-21 数据显示，单向误用词语对中，出现次数较多的是词义相似类（S）、词性相似类（G）、词义和词性相似类（SG）和没有明显相似性的“其他”类。

就词语在汉语中的常用程度而言，这些单向误用的词语对中，多数偏误词语和相应的目标词语的常用程度相当，有些目标词语甚至比偏误词语更常用，比如表 3-20 中的偏误词“事件”“具有”“教训”“遭到”等是乙级词，而与它们相应的目标词“事情”“有”“教育”“遇到”等是甲级词。这种情况表明，对大多数单向误用的词语对“$A_{偏}$—$B_{目}$”而言，学习者在应该用词语 B 时误用了 A，并不是因为没学过或不熟悉目标词语。在词语 A、B 常用程度相当甚至词语 B 比 A 更常用的情况下，只发生了“$A_{偏}$—$B_{目}$”的单向误用，而没有发生逆向的“$B_{偏}$—$A_{目}$”形式误用，其中的原因值得研究。

除了这些单向误用的词语对之外，还有相当数量的词语对中的两个词语在语料中互为偏误词语和目标词语，即词语 A 在一些用例中作为偏误词语以词语 B 为目标词语，而词语 B 又在另外一些用例中作为偏误词语以词语 A 为目标词语，这种词语对中的两个词语在语料中互为偏误词语和目标词语的现象且称为双向误用。在7242对偏误词语和目标词语中，有996个双向误用词语对。如：

（5）a 当时我不太明白父亲说的内容，但现在可以理解{CC 了解}父亲说的内容了。

b 我决定大学毕业后，在北京一边学汉语，一边了解{CC2 理解}中国的体育方面的情况，当然还要了解{CC2 理解}中国的实际社会和普通老百姓的思想。

（6）a 香港是个很漂亮的地方，而且在世界上是个最发达{CC 发展}的城市之一。

b 随着经济迅速发展{CC 发达}，而且生活条件越来越高，人们渐渐地重视绿色食品了。

在例（5）a中，"了解"为偏误词，"理解"为目标词，而在b中，"理解"为偏误词，"了解"则为目标词。例（6）的两个用例中，"发达"和"发展"也是类似的情况。

我们考察的996对双向误用的词语对中，有870对词语两两之间存在比较明显的相似关系，占996个双向误用词语对的87%。各类相似关系的情况如表3-22所示：

表3-22　双向误用词语对相似性类别及出现情况

偏误词语和目标词语的相似性类别	词语对数量	词语对出现次数
发音相似（P）	5	11
书写形式相似（O）	0	0
词义相似（S）	92	611
词性相似（G）	375	1756
发音和书写形式相似（PO）	1	5
发音和词义相似（PS）	1	5
发音和词性相似（PG）	10	206
书写形式和词义相似（OS）	0	0
书写形式和词性相似（OG）	1	1
词义和词性相似（SG）	369	2897
发音、书写形式和词义相似（POS）	2	6
发音、书写形式和词性相似（POG）	1	7
发音、词义和词性相似（PSG）	7	28

（续表）

偏误词语和目标词语的相似性类别	词语对数量	词语对出现次数
书写形式、词义和词性相似（OSG）	2	52
发音、书写形式、词义和词性相似（POSG）	4	14
其他	126	363
累　计	996	5962

从表3–22可见，双向误用的词语对中，出现次数较多的是词义相似类（S）、词性相似类（G）、词义和词性相似类（SG）和没有明显相似性的“其他”类。这与单向误用词语对的出现情况类似。

双向误用的词语对在语料中虽然有“A$_{偏}$—B$_{目}$”和“B$_{偏}$—A$_{目}$”两种形式，但这两种形式的出现次数并不均衡。比如，“的$_{偏}$—地$_{目}$”出现了420次，而“地$_{偏}$—的$_{目}$”则只出现97次；“不$_{偏}$—没$_{目}$”出现46次，而“没$_{偏}$—不$_{目}$”则出现了108次。双向误用的996个词语对中，“A$_{偏}$—B$_{目}$”和“B$_{偏}$—A$_{目}$”都仅出现1次的有163对。“A$_{偏}$—B$_{目}$”和“B$_{偏}$—A$_{目}$”都出现10次以上的有58对，这些词语如表3–23所示：

表3–23　出现10次以上的双向误用词语对

偏误词语	目标词语	出现次数	偏误词语	目标词语	出现次数
的	地	420	大	多	27
对	给	89	对	在	27
了解	理解	78	印象	影响	27
上	中	72	次	个	26
少	小	68	为	为了	25
会	能	63	不	没有	24
我	我们	59	会	可以	23
得	的	57	什么	怎么	22
得	地	57	给	让	20
发达	发展	55	后来	以后	20
个	件	50	从	由	18
个	种	49	个	些	18
不	没	46	过	了	18
吗	呢	46	还	也	18
那	这	44	家	家庭	18
从	在	39	就	都	18
的	了	38	你	我	18

（续表）

偏误词语	目标词语	出现次数	偏误词语	目标词语	出现次数
才	就	17	没	不	108
里	上	17	呢	吗	24
对于	关于	16	这	那	53
了	着	16	在	从	64
理由	原因	16	了	的	60
到	了	15	多	大	26
两	俩	15	在	对	23
都	也	13	影响	印象	14
话	说	13	个	次	10
就	也	13	为了	为	38
大	高	12	没有	不	68
可能	可以	12	可以	会	39
上	下	12	怎么	什么	27
只要	只有	12	让	给	12
办法	方法	11	以后	后来	29
还	又	11	由	从	16
会	要	11	些	个	10
哪	那	11	了	过	17
人	人们	11	也	还	28
而	所以	10	家庭	家	23
而且	和	10	都	就	42
件	种	10	我	你	16
经过	通过	10	就	才	12
他	我	10	上	里	29
地	的	97	关于	对于	18
给	对	16	着	了	33
理解	了解	43	原因	理由	11
中	上	10	了	到	14
小	少	48	俩	两	20
能	会	59	也	都	83
我们	我	11	说	话	15
的	得	60	也	就	20
地	得	25	高	大	10
发展	发达	65	可以	可能	32
件	个	30	下	上	15
种	个	52	只有	只要	22

（续表）

偏误词语	目标词语	出现次数	偏误词语	目标词语	出现次数
方法	办法	14	所以	而	10
又	还	11	和	而且	11
要	会	27	种	件	18
那	哪	45	通过	经过	13
人们	人	50	我	他	16

这些出现次数较多的双向误用的偏误词语和目标词语大多是虚词（介词、连词、助词等）和一些代词、助动词、副词、量词等。表3–23里的58对词语中，有45对（约占78%）是这类词义和用法较为复杂的词语。

从单向误用和双向误用的词语对中词语的相似性看，出现次数较多的词语对主要是词义相似类（S）、词性相似类（G）、词义和词性相似类（SG）和没有明显相似性的“其他”类。而没有明显相似性的词语对中有不少偏误词语和相应的目标词语在句法组合功能上或所在句法结构的形式和意义上也有一定的相似性。总之，从本项研究考察的语料中的“偏误词语—目标词语”词语对情况看，学习者在进行书面表达时，词语的混淆使用与词语之间在词义和词性方面存在相似性关系十分密切。

第四章　相似词语与相似的偏误词语和目标词语

第1节　两种相似词语表对比概况

前边第二章根据词语在发音、书写形式、词义或词性方面的相似性，对《汉语水平词汇与汉字等级大纲》中的甲、乙级词语（共3051个）里的相似词语作了具体的系联组对和分类，得到各类相似词语共计4058对，分为“发音相似”（P）、“书写形式相似”（O）、“词义相似”（S）、“发音和书写形式相似”（PO）、“发音和词义相似”（PS）、“发音和词性相似”（PG）、“书写形式和词性相似”（OG）、“词义和词性相似”（SG）、“发音、书写形式和词义相似”（POS）、“发音、书写形式和词性相似”（POG）、“发音、词义和词性相似”（PSG）、“书写形式、词义和词性相似”（OSG）、“发音、书写形式、词义和词性相似”（POSG）等13类（词性相似（G）类未作分析和统计）。其中，相似词语对数量最多的是词义和词性相似（SG类，1748对）和发音相似（P类，1280对）的词语对，其次是词义相似（S类，443对）与发音和词性相似（PG类，345对）的词语对，其他类别的词语对数量相对较少。对这些常用词语之间的相似性所作的分析，是根据词语之间在音、形、义等属性方面的相似性进行系联组对的结果。这种系联结果为考察学习者使用甲、乙级词语时可能出现相似的偏误词语和目标词语在一定程度上提供了可预见的范围。也就是说，如果对甲、乙级词语中在发音、书写形式、词义或词性方面存在某种相似性的词语进行了充分的系联组对，形成了一定数量的相似词语集，那么，汉语学习者在书面表达中使用甲、乙级词语时出现的具有一定相似性的偏误词语和目标词语的词语对基本上应该在这个相似词语集范围之内，即在一定的词语范围内，学习者在书面表达中出现的相似的“偏误词语—目标词语”词语对数目一般要少于根据这个范围内词语在发音、书写形式、词义和词性等方面的相似性系联而得的相似词语集里的词语对数目。比如，在甲、乙级词语范围内，根据词语的相似性系联而得的在发音、书写形式和词义（POS）方面有一定相似性的词语有32对，而在我们考察的学习者语料中，由甲、乙级词语构成的POS类相似的“偏误词语—目标词语”词语对有7对（其中,“合适”和“适合”,“互相”和“相互”互为偏误词语和目标词语），这7个词语对都在人工系联所得的32对相似词语范围内。根据词语的相似性系联而得的相似词语集里没有在书写形式和词义方面相似的词语对（OS类），具有一定相似性的偏误词语和目标词语集里也没有OS类相似的“偏误词语—目标词语”词语对。

根据词语的相似性对常用词语中的相似词语对进行系联组对，虽然能在一定程度上预见学习者使用这些常用词语时出现的具有一定相似性的偏误词语和目标词语的范围，但学习者在使用中到底会出现哪些具有一定相似性的“偏误词语—目标词语”，仍需要结合学习者的使用情况进行实际考察。一条可行的途径是收集大量的足以代表汉语学习者使用（包括正确使用和偏误使用）常用词语基本面貌的语料，建成语料库，对其中的偏误词语进行分析、标注，根据偏误词语所在语句所要表达的意义和该词语应该具有的词义、语法和语用特征，给出与偏误词语相应的目标词语，再分析偏误词语和目标词语之间在发音、书写形式、词义或词性等方面的相似性，从而提取具有某种相似性的“偏误词语—目标词语”词语对，形成具有一定相似性的“偏误词语—目标词语”词语对集合。在这种情况下，将两个相似词语对集合进行对比，可以得知根据常用词语之间的相似性系联而得的词语对中有哪些可能在学习者使用中以“偏误词语—目标词语”形式出现以及这些相似的“偏误词语—目标词语”出现的规模。按照这样的思路，首要的工作就是大量收集学习者语料。教师个人经过一段时间的教学实践，可以收集到一定数量的中介语语料，如程美珍（1997)《汉语病句辨析九百例》就是根据教学中收集到的语料编写而成。但受中介语语料来源的限制，个人收集的语料很难达到能够充分代表不同背景的大规模汉语学习者使用汉语基本面貌的程度。随着语料库技术的发展与应用，不少汉语教学和研究单位已建成或正在建设的大规模中介语语料库为考察汉语学习者使用汉语词语的基本面貌提供了较为可靠的资源。北京语言大学的“HSK动态作文语料库”是我们目前所见到的规模最大的开放的中介语语料库，本项研究的中介语语料就来自该语料库。

我们检索了3051个甲、乙级词语在作文语料库中偏误用例，对偏误词语与相应的目标词语之间的相似性一一加以分析、标注，整理出了甲、乙级范围内的“偏误词语—目标词语”7242对，其中偏误词语和目标词语之间在发音、书写形式、词义或词性方面具有一定相似性的有5569对，这些词语对分属于“发音相似类”（P）、“书写形式相似类”（O）、“词义相似类”（S）、“词性相似类”（G）、“发音和书写形式相似类”（PO）、“发音和词义相似类”（PS）、“发音和词性相似类”（PG）、“书写形式和词性相似类”（OG）、“词义和词性相似类”（SG）、“发音、书写形式和词义相似类”（POS）、“发音、书写形式和词性相似类”（POG）、“发音、词义和词性相似类”（PSG）、“书写形式、词义和词性相似类”（OSG）、“发音、书写形式、词义和词性相似类”（POSG）等14类，其中词义相似类（S，505对）、词性相似类（G，3087对）、词义和词性相似类（SG，1837对）等三类词语对数量最多，其他类别的相似词语对数量都在50对以下。

将在甲、乙级常用词语范围内系联所得的相似词语对（下称“A列相似词语”）与作文语料库里的具有一定相似性的甲、乙级“偏误词语—目标词语”词语对（下称“B列相似词语”）的基本数据进行对比，基本数据如表4-1所示：

表4-1 甲、乙级相似词语与相似的“偏误词语—目标词语”类别及数量对比

词语相似类别	相似词语对数量（A）	“偏误词语—目标词语”词语对数量（B）
发音相似（P）	1280	25
书写形式相似（O）	56	16
词义相似（S）	443	505
词性相似（G）	（未统计）	3087
发音和书写形式相似（PO）	83	7
发音和词义相似（PS）	5	4
发音和词性相似（PG）	345	32
书写形式和词性相似（OG）	16	8
词义和词性相似（SG）	1748	1837
发音、书写形式和词义相似（POS）	32	7
发音、书写形式和词性相似（POG）	11	10
发音、词义和词性相似（PSG）	24	17
书写形式、词义和词性相似（OSG）	4	4
发音、书写形式、词义和词性相似（POSG）	11	10
累　计	4058	5569

从表4-1中A、B两列相似词语的基本数据来看，如下几方面值得注意：

（1）A、B两列相应类别的相似词语对数量有一定的差异，但差异的幅度有大有小，其中A列的发音相似（P）类词语对数量（1280对）远远多于B列的P类词语对数量（25对）。下一节对此作具体分析。

（2）B列的词性相似（G）类词语对数量（3087对）相对于其他各类相似词语对，数量最多，但A列的G类词语对未作系联组对。不难想见，A列的G类词（即甲、乙级词语表里属于相同词类但在发音、书写形式和词义方面没有明显相似性的词语对）数量实际上要远远多于B列的G类词语3087对（前边第二章已述）。

（3）除了上述P、G两类相似词语，A、B两列里的其他各类词语对的数量都呈现出较强的一致性，两列里的各类相应的词语对数量变化幅度或趋势基本一致。比如，在A、B两列里，SG类相比其他各类都是数量最多的，S类位于其次，PS类、OG类、OSG类都相对较少，两列里都没有OS类。A、B两列词语（除了P、G两类）的基本描述统计量如表4-2所示：

表4-2 甲、乙级相似词语与相似的“偏误词语—目标词语”描述统计量

	相似词语类别数	全距	极小值	极大值	均值	标准差
A列	12	1744.00	4.00	1748.00	231.5000	499.07505
B列	12	1833.00	4.00	1837.00	204.7500	533.29902

对A、B两列中的O、S、PO、PS、PG、OG、SG、POS、POG、PSG、OSG和POSG等12类相似词语对数量进行相关性统计分析，Pearson相关系数为0.984，可见两列数据之间高度相关。两列词语之间具有高度的相关性，这是否说明常用词语中上述各类词语中某类相似词语数量越多，学习者在使用这类词语时出现的相似的“偏误词语—目标词语”词语对数量也越多，这还需要对A、B两列里各相应类别词语进行具体考察和检验。

（4）A列里的词语对是根据甲、乙级范围内的词语之间的相似性系联组对而得出的，B列里的词语是对作文语料库里的甲、乙级范围内的偏误词语和目标词语的相似性进行分析得出的。如果A列里的相似词语系联组对是充分的，那么从道理上说，B列里各类词语对数量要少于（“少于”意味着A列里有些词语之间虽然存在某方面的相似性，但学习者在书面表达中没有发生混淆误用的情况）至多等于（“等于”意味着A列里的词语在作文语料里全部发生了混淆误用的情况）A列里相应的词语对数量。但在表4-1中，A列里的S类（443对）和SG类（1748对）却分别少于B列里的S类（505对）和SG类（1837对）。其中的原因需要具体考察分析。B 列里的其他几类（即 O 类、PO 类、PS 类、PG 类、OG 类、POS 类、POG 类、PSG 类、OSG 类和 POSG 类）相似词语对数量都少于 A 列里相应的词语对数量，这是否说明 B 列里的那些具有一定相似性的“偏误词语—目标词语”词语对都在 A 列词语对的范围之内，这还需要结合各相应类别里的具体词语对进行对比分析。

将 A、B 两列相应类别里的相似词语对加以对比，可以考察常用词语中的各类相似词语与中介语里具有一定相似性的“偏误词语—目标词语”的对应关系，可以发现一定的相似词语对在学习者语料中以“偏误词语—目标词语”形式出现的频次的高低，从而在一定程度上得知词语的相似性对学习者在书面表达中使用词语可能产生的影响。

第2节 两种相似词语表中相应类别的词语对

从上一节的表 4-1 中可以看到根据甲、乙级词语范围内具体词语之间的相似性系联组对而得的各类相似词语对（A 列）与根据作文语料库中甲、乙级词语范围内的具有一定相似性的“偏误词语—目标词语”分析而得的各类相似词语对（B 列）的基本情况，包括两列词语的总体规模、两列里各类词语对的具体规模、两列相应类别词语对的数量差异等。仅从表 4-1 中两列词语相应类别词语对的数量差异情况看，有些类别（如 PS 类、POG 类、OSG 类、POSG 类等）的数量差异不大，有些类别（如 O 类、PO 类、PG 类、OG 类、POS 类、PSG 类等）的数量差异较大，发音相似（P）类的数量差异最大。A 列里的 S 类和 SG 类词语对还比 B 类相应的词语对数量少。因此，要了解两列词语中各相应类别词语对的具体信息，考察 A 列里的相似词语对与 B 列相应类别词语对的具体对应情况，进而分析词语的相似性与词语使用偏误的关系，就必须对两表中相应的各类相似词语对进行具体的对比分析。

除了 A 列词语未对词性相似（G）类词语进行统计分析之外，A、B 两列共有 P、O、S、PO、PS、PG、OG、SG 等 13 个类别的相似词语对。本节就两列词语表中这 13 类相应的相似词语对作对比分析。

（一）发音相似（P）类

表 4–1 中 A 列词语里，根据甲、乙级词语相应音节具有相似性（声母和韵母相同）但词语在书写形式、词义或词性方面不具有明显相似性的情况，系联而得的发音相似（P）类词语 1280 对，但在作文语料中我们看到的 B 列里发音相似类“偏误词语—目标词语”只有 25 对，二者之间差异巨大。不仅如此，这 25 对词语中出现次数最多的是偏误词“心”和目标词“性”（实为词缀），共出现 19 次。这对词不是按照 A 列里发音相似（P）类词语的判别标准确定下来的（它们的韵母不完全相同），即 A 列里的发音相似类词语对不包括“心—性”。我们在分析这对偏误词和目标词时，考虑二者的实际发音相近，就暂将其列入发音相似类。这也表明，人们实际上对词语发音相似性的感知比仅仅看词语的相应音节声母和韵母是否相同要复杂得多。

除了词对“心—性”，B列里的发音相似类词语还有24对，在这些词语对中，表 4–3 中的 4 对词语发生了双向误用：

表 4–3　双向误用的 P 类偏误词和目标词

偏误词	目标词	出现次数
个	各	4
各	个	2
向	像	1
像	向	1
由	有	6
有	由	4
有	又	2
又	有	2

这样，B 列里的发音相似类词语实际上只有 21 对（包括“心—性”），其中有 20 对词语与 A 列里发音相似类词语对应，即根据词语发音的相似性在甲、乙级词语范围内系联组对所得的 1280 对 P 类相似词语中，只有 20 对在作文语料库里以“偏误词语—目标词语”的形式出现过，其中有 4 对出现过双向误用，其余 16 对都只出现过单向误用。这 20 对词语的总出现次数为 53 次，每对词语平均出现不到 3 次，其中，出现次数最多的是双向误用词语对“由”和“有”（共出现 10 次，“由$_{偏}$—有$_{目}$”出现 6 次，“有$_{偏}$—由$_{目}$”出现 4 次），其次是单向误用词语对“手$_{偏}$—首$_{目}$”（出现 9 次），其他词语对的出现次数都较少。这 20 对词语

只占A列里的P类词语对的1.6%。可见，汉语学习者在书面表达中辨别仅是发音相似但在书写形式、词义和词性等方面缺乏明显相似性的词语困难不大。

（二）书写形式相似（O）类

表4-1中A列词语里，根据甲、乙级词语在书写形式方面的相似情况（在发音、词义或词性方面不具有明显的相似性）系联组对而得的O类词语对共56对，而B列词语里的O类“偏误词语—目标词语”只有16对，而且其中“编$_{偏}$—篇$_{目}$”“忙$_{偏}$—忘$_{目}$”“假$_{偏}$—段$_{目}$”“批$_{偏}$—比$_{目}$”等4对两两的区别不止一两个笔画，因此它们在A列里没有相应的词语对。B列里的16对O类词语作为“偏误词语—目标词语”在作文语料库里共出现了20次，平均每对词语出现1次。这似乎表明，词语之间如果只是书写形式相似，对学习者在书面表达中使用这类词语影响不大。

但考察具体语料可以发现，本项研究依据的作文语料库里，有些词语的书写形式发生了偏误，但语料库将其处理为汉字书写错误，归为错别字一类。如：

（1）市政府应该在中立的立场保护各种[B和]市民的权利[①]。

（2）对两代人的差异，只抱怨的话，这代沟问[B间]题不能解决。

（3）当然如果男生和女生认识思想水平低，加上学校的制度又不完善，也就不可避免地引起社会的担忧[B扰]和关注。

（4）那样的歌可以分两个部[B陪]分。

这些用例中的汉字书写错误显然与汉字字形相似有关。例（1）中的“种”误写为“和”，因为“种”与“和”都是独立的词，可将其看成是一对书写形式相似（O类）的词。例（2）、（3）、（4）中考生写错的“*间题”“*担扰”“*陪分”分别与“问题”“担忧”“部分”书写形式相似，这显然跟“问”和“间”，“忧”和“扰”，“部”和“陪”的书写形式相似有关。由于“*间题”“*担扰”“*陪分”等不是汉语中的词语，因此不宜将它们视为O类相似词语。作文语料库中有大量类似上述语句的用例。如果将它们考虑在内，就会看到汉字的书写形式相似对书面表达中使用和辨别相似词语是有一定的影响的，而汉字之间的相似性对书面表达中词语的书写形式发生偏误的影响更大。

① 句中“各种[B和]”表示在作文语料里考生将“种”错写成“和”了，标注符号“B”代表错别字。余例类似。

（三）词义相似（S）类

表 4-1 中 A 列词语对里，词义相似（S）类词语有 443 对，而 B 列里的 S 类词语却有 505 对。仅从数字上看，A 列里的 S 类相似词语对少于 B 列里的 S 类词语。对比两列词语里的 S 类相似词语对，可以发现，B 列里的 S 类词语之所以比 A 列里相应类别的词语对数量更多，这主要是由两方面原因造成的：一方面是 B 列里的 S 类词语对有 92 对是双向误用词语对，这 92 个词语对实际上只是 46 个 S 类词语对。这样，B 列里的 505 对 S 类词语实际上就是 459 个词语对。如，表4–4 中“偏误词语—目标词语”词语对虽然是30对，但实际上它们是“本来”和“原来”，“必要”和“需要”，“发达”和“发展”等 15 对两两互为偏误词语和目标词语的 S 类词语对。

表 4-4　30 个双向误用的 S 类词语对

偏误词语	目标词语	出现次数	偏误词语	目标词语	出现次数
本来	原来	4	说	话	15
原来	本来	11	可能	可以	12
必要	需要	20	可以	可能	32
需要	必要	8	可能	能	6
多	增加	4	能	可能	8
增加	多	33	然后	以后	6
发达	发展	55	以后	然后	18
发展	发达	65	人们	人民	7
负责	责任	21	人民	人们	21
责任	负责	5	以	用	14
高	提高	8	用	以	6
提高	高	31	只	只有	7
给	让	20	只有	只	19
让	给	12	重视	重要	4
话	说	13	重要	重视	6

A 列里的 S 类相似词语对数量少于 B 列里相应类别词语对的另一方面原因是，我们对甲、乙级词语范围内的 S 类相似词语的人工系联组对有所遗漏。如，在分析作文语料库里偏误词语和目标词语的相似关系时，有 S 类词语对“从来$_{偏}$—以前$_{目}$”“往$_{偏}$—到$_{目}$”“针对$_{偏}$—对于$_{目}$”“而且$_{偏}$—还$_{目}$”“责任$_{偏}$—负责$_{目}$”等，但我们在对甲、乙级词语进行相似词语系联组对时却未能将这些词语两两系联成对。如果在 A 列的 S 类词语对中加上系联组对时遗漏的在 B 列里出现的词语对，

那么 A、B 两列里 S 类词语对在数量上就比较接近了。这种情况也表明，在一定范围内根据词语的相似性对相似词语进行系联组对，必须充分考察词语之间存在的各方面的相似性，这样才能使学习者使用的一定范围内的词语出现的相似的“偏误词语—目标词语”词语对在系联组对所得的相似词语对范围内。

但还必须看到，A 列的 S 类词语对中也有一些没有出现在 B 列的 S 类词语对里。如“按时$_{\text{副}}$—准时$_{\text{形}}$”“抱歉$_{\text{形}}$—道歉$_{\text{动}}$”“重复$_{\text{动}}$—重新$_{\text{副}}$”“刚才$_{\text{名}}$—刚刚$_{\text{副}}$”“赶快$_{\text{副}}$—迅速$_{\text{形}}$”“空儿$_{\text{名}}$—闲$_{\text{形}}$”“特别$_{\text{形}}$—特点$_{\text{名}}$”“英雄$_{\text{名}}$—英勇$_{\text{形}}$”“愿望$_{\text{名}}$—愿意$_{\text{动}}$”等，这些词语对中的词语两两词义有相似性，但属于不同的词类，一些词语虽然含有相同的语素，但整体在发音和书写形式上有较大差异，我们在系联组对时将其归入 S 类。但在我们考察的语料里没有发现这些词语对作为“偏误词语—目标词语”的形式出现。

尽管 A、B 两列中的 S 类词语对不是一一对应的，但两个 S 类词语集合中的绝大部分词语是对应的。这意味着就甲、乙级词语范围内系联组对而得的 S 类相似词语，绝大部分在作文语料库中以“偏误词语—目标词语”的形式出现过，其中有一部分词语对中的词语发生了双向误用。

绝大部分 A 列中的 S 类相似词语对在作文语料库中以相似的“偏误词语—目标词语”形式出现过，每对词语出现约 4 次（照 459 对计算，46 对以“A$_{\text{偏}}$—B$_{\text{目}}$”和“B$_{\text{偏}}$—A$_{\text{目}}$”两种形式出现的，分别计为 1 对），而且作文语料库中还出现了一些超出A列的S类词语对范围的相似的“偏误词语—目标词语”词语对，这说明词语的词义相似（在发音、书写形式和词性方面不具有明显的相似性）对学习者在书面表达中辨别使用这类相似词语困难较大，这也说明词语之间词义的相似性对学习者习得这类词语具有重要影响。

常用词语中的 S 类相似词语对较多地以“偏误词语—目标词语”形式出现在中介语里，这也表明在面向对外汉语教学进行近义词辨析时，如果将“近义词”定义为词义相近且所属词类相同，那就会忽视 S 类这一部分数量较多的需要辨别的词语，因为要求所属词类相同，就将这些数量较多的两两不属于同一词类的 S 类相似词语排斥在外。而这些词语主要是在词义方面相似或相近，这类词语对自然应归入“近义词”。同时，从面向教和学的实际考虑，它们也是学习和使用中的难点，在进行词语辨析时它们自然也应该受到重视。

（四）发音和书写形式相似（PO）类

发音和书写形式相似（PO）类词语在表 4-1 的 A 列里有 83 对，但在 B 列里只有 7 对，二者相差悬殊。但考察 A 列 PO 类词语的具体情况可以发现，这 83 对词语中有 69 对单音节词是用相同的汉字记写的（即“同字词”），其中有的发音相同，有些声调不同。如表 4-5 所示：

表 4-5　甲、乙级词语中 PO 类单音节词

把$_{\text{量}}$　把$_{\text{介}}$	光$_{\text{形}}$　光$_{\text{副}}$
本$_{\text{名}}$　本$_{\text{代}}$	过$_{\text{助}}$　过$_{\text{动}}$
本$_{\text{名}}$　本$_{\text{副}}$	花$_{\text{名}}$　花$_{\text{动}}$
本$_{\text{副}}$　本$_{\text{代}}$	划（huá）　划（huà）
遍$_{\text{量}}$　遍$_{\text{形}}$	回$_{\text{动}}$　回$_{\text{量}}$
并$_{\text{副}}$　并$_{\text{连}}$	会$_{\text{助}}$　会$_{\text{名}}$
处$_{\text{名}}$　处$_{\text{动}}$	活$_{\text{动}}$　活儿$_{\text{名}}$
呆$_{\text{形}}$　呆$_{\text{动}}$	将$_{\text{介}}$　将$_{\text{副}}$
当（dāng）$_{\text{动}}$　当（dāng）$_{\text{介}}$	角$_{\text{量}}$　角$_{\text{名}}$
当（dāng）$_{\text{介}}$　当（dàng）$_{\text{动}}$	叫$_{\text{动}}$　叫$_{\text{介}}$
当（dāng）$_{\text{动}}$　当（dàng）$_{\text{动}}$	尽（jǐn）　尽（jìn）
道$_{\text{量}}$　道$_{\text{动}}$	就$_{\text{副}}$　就$_{\text{介}}$
道$_{\text{量}}$　道$_{\text{名}}$	刻$_{\text{量}}$　刻$_{\text{动}}$
道$_{\text{动}}$　道$_{\text{名}}$	来$_{\text{动}}$　来$_{\text{数}}$
等$_{\text{动}}$　等$_{\text{助}}$	来$_{\text{动}}$　来$_{\text{助}}$
等$_{\text{动}}$　等$_{\text{名}}$	来$_{\text{数}}$　来$_{\text{助}}$
等$_{\text{助}}$　等$_{\text{名}}$	老$_{\text{形}}$　老$_{\text{副}}$
点$_{\text{量}}$　点$_{\text{动}}$	里$_{\text{名}}$　里$_{\text{量}}$
对$_{\text{介}}$　对$_{\text{形}}$	两$_{\text{数}}$　两$_{\text{量}}$
对$_{\text{介}}$　对$_{\text{量}}$	毛$_{\text{量}}$　毛$_{\text{名}}$
对$_{\text{形}}$　对$_{\text{量}}$	每$_{\text{代}}$　每$_{\text{副}}$
分$_{\text{动}}$　分$_{\text{名}}$	米$_{\text{名}}$　米$_{\text{量}}$
副$_{\text{量}}$　副$_{\text{形}}$	面$_{\text{名}}$　面$_{\text{量}}$
该$_{\text{助}}$　该$_{\text{代}}$	哪$_{\text{助}}$　哪$_{\text{代}}$
干（gān）　干（gàn）	那$_{\text{代}}$　那$_{\text{连}}$
关$_{\text{动}}$　关$_{\text{名}}$	排$_{\text{名}}$　排$_{\text{动}}$
光$_{\text{名}}$　光$_{\text{副}}$	如$_{\text{动}}$　如$_{\text{连}}$
光$_{\text{名}}$　光$_{\text{形}}$	生$_{\text{动}}$　生$_{\text{形}}$

（续表）

省$_{名}$　省$_{动}$	信$_{名}$　信$_{动}$
所$_{名}$　所$_{助}$	呀$_{助}$　呀$_{叹}$
同$_{形}$　同$_{介}$	一$_{数}$　一$_{副}$
为（wéi）　为（wèi）	在$_{介}$　在$_{副}$
喂$_{叹}$　喂$_{动}$	站$_{动}$　站$_{名}$
下$_{动}$　下$_{量}$	种（zhǒng）$_{名}$　种（zhòng）$_{动}$
下$_{名}$　下$_{量}$	

学习者在书面表达中使用这些词语，即使他们不能分辨这些词语对中的两个词语的发音、词性和词义的不同，只要能正确写出这个汉字形式，书面上看就是正确的，即从作文语料里看不出学习者能否区分表 4-5 中的发音相似或相同的同字词。如，考生可能会把“衣服都干（gān）了”读成“衣服都干（gàn）了”，但我们不能根据他在作文中写出的“衣服都干了”来判断他是否能够区分“干（gān）”和“干（gàn）”这两个不同的词。这类词语自然不会在作文语料库里以“偏误词语—目标词语”的形式出现，即学习者即使辨别这些 PO 类相似词语有困难，它们也不会以“偏误词语—目标词语”的形式出现在 B 列的 PO 类里。这样，除了以上 69 对单音节词之外，A 列的 83 对 PO 类词语中只有 14 对可能会以“偏误词语—目标词语”的形式出现在 B 列里。

但这 14 对词语中，还有“本$_{代}$—笨$_{形}$”“本$_{副}$—笨$_{形}$”“编$_{动}$—遍$_{量}$”和“编$_{动}$—遍$_{形}$”等 4 对 PO 类单音节词，如果不考虑词性不同，仅从发音和书写形式上看，它们可以算作 2 对 PO 类相似词。这样，A 列里的 PO 类词语中只有 12 对有可能在作文语料里以“偏误词语—目标词语”形式出现。但实际上，A 列里的这 12 对词语中只有 4 对在作文语料中以“偏误词语—目标词语”的形式出现过，如表 4-6 所示：

表 4-6　PO 类偏误词和目标词

偏误词语	目标词语	出现次数	偏误词语	目标词语	出现次数
把	吧	1	即	既	1
渡	度	1	既	即	5
合	盒	1			

表 4-6 中“偏误词—目标词”看上去是 5 对，但“即”和“既”分别以“即$_{偏}$—既$_{目}$”和“既$_{偏}$—即$_{目}$”的形式出现，实为一对 PO 类词，即该表中的

“偏误词语—目标词语”实为 4 对。B 列里的另两对“偏误词语—目标词语”是“往—往往”（出现 1 次）、“注意—主意”（出现 2 次），它们在 A 列 PO 类词语之外。“往”和“往往”音节数不同，归入其他相似词语类也不合适，就暂且放在 PO 类里。“注意—主意”没包括在 A 列 PO 类词语里，是对甲、乙级相似词语进行系联组对的遗漏。至此可见，在作文语料库实际出现的 PO 类“偏误词语—目标词语”在甲、乙级词语范围内的只有 6 对。这 6 对词语中，以“偏误词语—目标词语”或“目标词语—偏误词语”出现次数最多的是“即”和“既”（共 6 次，“即$_{偏}$—既$_{目}$”出现 1 次，“既$_{偏}$—即$_{目}$”出现 5 次），其余 5 对都只出现 1 次或 2 次。

但在作文语料库里也有少量的被标注为用字错误的用例实际上也可归为 PO 类“偏误词语—目标词语”。如：

（5）父母为了孩子们[B门]的未来努力工作，孩子们[B门]应该理解这一点。

（6）我母亲结婚的时候，家人的生活水平很低[B底]，但母亲跟父亲总是努力工作。

以上两例中“[B]”里的被标为别字的“门”“底”也可以看成是偏误用词，相应地，“[B]”前边的“们”“低”就可以分别看成是“门”“底”的目标用词。加上这样的用例，实际在作文语料库中出现的 PO 类“偏误词语—目标词语”的数量要更多一些。

总体来看，在甲、乙级词语范围内系联组对的并且可能在作文语料库里出现的 PO 类词语对和在作文语料中实际出现的 PO 类“偏误词语—目标词语”词语对都为数不多，这说明仅是发音和书写形式相似但在词义或词性方面没有明显相似性的 PO 类词语之间的相似性对学习者在书面表达活动中使用词语的负面影响不大。这也跟 PO 类词语在甲、乙级词语范围内总体数量不多有关。

（五）发音和词义相似（PS）类

在甲、乙级词语范围内系联而得的在发音和词义两方面具有相似性（但在书写形式或词性上有明显不同）的 PS 类词语有 5 对（即“年轻—青年”“实用—适用”“实用—使用”“一直— 一致”“只—止”），其中有 3 对在作文语料库中以“偏误词语—目标词语”形式出现。如表 4-7 所示：

表 4-7　PS 类偏误词语和目标词语

偏误词语	目标词语	出现次数
年轻	青年	1
青年	年轻	5
实用	使用	2
止	只	1

其中,“年轻”和“青年”分别以“年轻$_{偏}$—青年$_{目}$”(1 次)和“青年$_{偏}$—年轻$_{目}$”(5 次)形式出现，实为 1 对。

由于表 4-1 中 A、B 两列词语中的 PS 类词语数量都很少，而且它们在作文语料库中出现次数也不多，因此可以说，这类词语对学习者在书面表达中辨别使用相似词语的影响不大。

(六)发音和词性相似(PG)类

表 4-1 的 A 列词语中有 345 对两两之间在发音和词性方面相似(PG 类),而 B 列里只有 32 个 PG 类“偏误词语—目标词语”词语对，而且这 32 对词语中还有 18 个词语对是 9 个词语对互为偏误词语和目标词语构成的(如表 4-8 所示):

表 4-8　双向误用的 PG 类词语对

偏误词语	目标词语	出现次数	偏误词语	目标词语	出现次数
的	地	420	年纪	年级	1
地	的	97	想	像	3
的	得	60	像	想	1
得	的	57	印象	影响	27
地	得	25	影响	印象	14
得	地	57	于	与	5
叫	教	1	与	于	2
教	叫	1	再	在	1
年级	年纪	1	在	再	4

这样，B 列里的 PG 类词语实际上只有 23 对。其中“印象”和“影响”还没包括在 A 列的 PG 类词语中(因为“印”和“影”韵母不完全相同)。所以单从 A、B 两列的 PG 类词语对数量看，在甲、乙级词语范围内系联组对而得的 PG 类相似词语里，只有约 6% 的词语对在作文语料库里以“偏误词语—目标词语”的形式出现过。B 列里的 23 对 PG 类词语在我们考察的语料里共出现 805 次，但具体词语对的出现次数差异很大，其中“的”和“地”,“的”和“得”,“地”和“得”,“印象”和“影响”等 4 对互为偏误词和目标词的词语对共出现 757 次

（如表 4-9 所示）：

表 4-9 出现次数较多的 4 对双向误用的 PG 类词语对

偏误词语	目标词语	出现次数	偏误词语	目标词语	出现次数	累计次数
的	地	420	地	的	97	517
得	的	57	的	得	60	117
得	地	57	地	得	25	82
印象	影响	27	影响	印象	14	41
累　计						757

在表 4-9 的 4 对词语中，又以“的”和“地”，“的”和“得”，“地”和“得”等 3 对出现次数为多，它们共出现了 716 次，约占全部 23 对 PG 类“偏误词语—目标词语”总出现次数的 89%。可见学习者在进行书面表达中，这 3 对助词在 PG 类相似词语中是最难辨别的，其次是“印象”和“影响”（出现 41 次），“于”和“与”（出现 7 次），“在”和“再”（出现 5 次），“关”和“管”（出现 5 次）等，其他词语对的出现大多是 1 次或 2 次。总体上看，在甲、乙级词语范围内系联而得的在发音和词性方面有相似性（但在书写形式或词义方面不具有明显相似性）的词语对在作文语料里以“偏误词语—目标词语”形式出现的是少数，主要集中在“的”和“地”，“的”和“得”，“地”和“得”等少数几对词语上，而且在这几对词语上（尤其是“的”和“地”）两两混淆误用的情况很严重。

（七）书写形式和词性相似（OG）类

表 4-1 的 A 列里书写形式和词性相似（OG）类词语有 16 对，而 B 列里有 OG 类词语 8 对。单从这两个数据看，B 列里的 OG 类词语对数目占 A 列里相应类别词语对数目的 50%，但实际上，B 列里的 OG 类词语只有 7 对（因为“更”和“便”分别以“更$_{偏}$—便$_{目}$”和“便$_{偏}$—更$_{目}$”两种形式出现，应看作一对），而且“道$_{偏}$—首$_{目}$”（出现 1 次），“人家$_{偏}$—大家$_{目}$”（出现 16 次），“求$_{偏}$—来$_{目}$”（出现 2 次）等 3 对不包括在 A 列的 OG 类词语对里。这样，B 列里的 OG 类词语就只有 4 对（即“更—便”“拾—抬”“语言—语音”“完全—安全”）属于 A 列的 OG 类词语，即在甲、乙级词语范围内系联组对而得的 16 对 OG 类词语中只有 4 对在我们考察的语料里以“偏误词语—目标词语”的形式出现过。

B 列里的 OG 类词语对共出现 26 次，出现次数最多的是“人家$_{偏}$—大家$_{目}$”（共出现 16 次），其他词语对都只出现 1 次或 2 次。A 列里的绝大部分 OG 类词语对在我们考察的语料里未以“偏误词语—目标词语”的形式出现。这也表明，除了个别词语对（如“人家—大家”），学习者在书面表达中辨别相似的 OG 类词语困难不大。

（八）词义和词性相似（SG）类

表 4-1 的 A 列里的词义和词性相似（SG）类词语有 1748 对，B 列里的 SG 类词语则有 1839 对，这类相似词语对在A、B两列的各类相似词语（除了G类）里，数量都是最多的。从数量上看，B 列里的这类词语要多于 A 列里相应类别的词语。这种情况是由多方面原因造成的。首先，B 列里的 SG 类词语中有 376 对词语以“A 偏—B 目”和“B 目—A 偏”两种形式出现，这些以两种形式出现的词语对应该分别记作 1 对。表 4-10 是一些出现次数较多的以两种形式出现的词语对：

表 4-10　出现次数较多的双向误用的 SG 类词语对

偏误词语	目标词语	出现次数	偏误词语	目标词语	出现次数
办法	方法	11	方法	办法	14
不	没	46	没	不	108
不	没有	24	没有	不	68
从	由	18	由	从	16
的	了	38	了	的	60
对	给	89	给	对	16
对于	关于	16	关于	对于	18
而且	和	10	和	而且	11
过	了	18	了	过	17
还	也	18	也	还	28
还	又	11	又	还	11
后来	以后	20	以后	后来	29
会	能	63	能	会	59
会	可以	23	可以	会	39
家	家庭	18	家庭	家	23
经过	通过	10	通过	经过	13
了解	理解	78	理解	了解	43
理由	原因	16	原因	理由	11
两	俩	15	俩	两	20
人	人们	11	人们	人	50
为	为了	25	为了	为	38

将这些以两种形式出现的 SG 类词语分别记作 1 对，那么 B 列的 1839 对 SG

类词语就要减去 188 对，实际在考察语料里出现的 SG 类词语对为 1651 对。这样看来，B 列里的 SG 类词语对数量（1651）就要少于 A 列中相应的 SG 类词语（1748 对）。

其次还应该看到，A、B 两列的 SG 类词语对数量分别为 1748 对和 1651 对，这并不意味着 A 列里的 1748 对词语中有 1651 对词语在考察语料中以“偏误词语—目标词语”形式出现，因为 B 列里 1651 对 SG 类词语中还有一些词语对没包括在 A 列的相应类别词语对里，即我们在甲、乙级词语范围内对 SG 类相似词语进行系联组对时有所遗漏。表 4–11 是在考察语料里出现的但没包含在 A 列 SG 类的部分词语对：

表 4–11　系联组对遗漏的作文语料库中出现的 SG 类词语对（部分）

偏误词语	目标词语	出现次数	偏误词语	目标词语	出现次数
爱	爱护	1	旁边	身边	7
办	做	7	位	个	17
办法	方式	5	想	觉得	28
包	含	1	心	心情	3
保持	保护	14	心情	心	12
当	做	16	做	生产	18

这些在 A 列 SG 类词语中遗漏的词语对在考察语料中出现的次数也有不小的差异。表 4–11 列举的一些词语对，出现次数最多的有 28 次，最少的只有 1 次。

考察A列里的没出现在B列的SG类词语对，其中有一些没以“偏误词语—目标词语”的形式出现在作文语料中，似乎跟这些词语在词义和用法上相似程度太高有一定关系。如，“比如—例如”“宾馆—饭店”“仿佛—好像”“里边—里面”“如果—要是”“上边—上面”“外边—外面”“我们—咱们”“下边—下面”等，这些 SG 类词语对两两之间在词义和用法等方面相似程度很高，如果对用词的准确程度和得体程度要求不是很高，很多时候这些词语对中的词语两两可以换用，这样，它们在作文语料中以“偏误词语—目标词语”形式出现的可能性也就很小。

尽管 A、B 两列 SG 类词语对在数量和具体词语对方面存在一定的差异，但总体来看，在两列的各类相似词语中，SG 类词语对的数量都比其他各类相似词语（除了 G 类）的数量多得多，这类词语在考察语料中以“偏误词语—目标词语”形式出现的次数也多，不少词语对（188 对）中的词语两两发生了双向误用，而且其中有一些词语对的双向误用的两种形式在考察语料中出现次数都较高。这表明 SG 类词语的相似性对学习者在书面表达中辨别使用这类词语具有较为广泛的影响，它们是汉语词汇学习和使用的难点。从汉语教学研究实践看，围绕这类词语的辨析已经出版了大量的词典和参考书，也发表了许多词语辨析的文献，这些工作显然是为了适应对这类词语教与学的实际需要。

（九）发音、书写形式和词义相似（POS）类

表 4-1 的 A 列里的发音、书写形式和词义相似（POS 类）的词语有 32 对，B 列里的 POS 类词语只有 7 对，二者数量相差悬殊。但 A 列里的 32 对 POS 类词语中有 27 对是同字词（如表 4-12 所示）：

表 4-12　甲、乙级词语中 POS 类同字词

白$_{形}$　白$_{副}$	好（hǎo）$_{形}$　好（hào）$_{动}$
包$_{名}$　包$_{动}$	距离$_{名}$　距离$_{介}$
背$_{名}$　背$_{动}$	可以$_{助动}$　可以$_{形}$
差$_{动}$　差$_{形}$	那么$_{代}$　那么$_{连}$
单$_{副}$　单$_{形}$	怕$_{动}$　怕$_{副}$
到底$_{副}$　到底$_{动}$	上$_{名}$　上$_{动}$
点$_{名}$　点$_{动}$	数（shù）$_{名}$　数（shǔ）$_{动}$
点$_{名}$　点$_{量}$	头$_{名}$　头$_{形}$
顶$_{名}$　顶$_{动}$	往$_{动}$　往$_{介}$
多$_{副}$　多$_{数}$	下$_{动}$　下$_{名}$
多$_{形}$　多$_{副}$	正$_{副}$　正$_{形}$
多$_{形}$　多$_{数}$	直$_{形}$　直$_{副}$
好（hǎo）$_{副}$　好（hào）$_{动}$	重$_{形}$　重$_{副}$
好（hǎo）$_{形}$　好（hǎo）$_{副}$	

表 4-12 中各词语对里的词语虽然两两词性不同，有些词语对声调不同，但这些词语两两都是用相同的汉字记写的，从作文语料的书面形式上看不出学习者是否能区别这些词语，因此它们不可能以“偏误词语—目标词语”的形式被标注出来。这样，A 列里的 32 对 POS 类词语中实际上只有 5 对（即“合适—适合”“互相—相互”“年青—青年”“实现—现实”“坐—座”）可能以“偏误词语—目标词

语”的形式出现在考察语料里。事实上，B 列里的 POS 类正是这 5 对词语在考察语料里出现的“A 偏—B 目”或“B 目—A 偏”形式（如表 4-13 所示）：

表 4-13 POS 类偏误词语和目标词语

偏误词语	目标词语	出现次数	偏误词语	目标词语	出现次数
合适	适合	21	年青	青年	2
适合	合适	5	实现	现实	3
互相	相互	4	座	坐	4
相互	互相	1			

表 4-13 中的“合适”和“适合”，“互相”和“相互”在考察的语料中都发生了双向误用，表中的词语对实际上正是 A 列里 POS 类的“合适—适合”“互相—相互”“年青—青年”“实现—现实”“坐—座”等 5 对词语。这 5 对词语中有 4 对是逆序词语，其中互为偏误词语和目标词语的“合适”和“适合”出现次数最多（共 26 次），其他词语对的出现次数相对较少。

总体来看，在考察语料里出现的 POS 类“偏误词语—目标词语”数量不多，主要是几对由相同语素构成的逆序词语。从这类词语对的数量及其在考察语料里以“偏误词语—目标词语”出现的次数来看，POS 类词语的相似性对学习者在书面表达中正确使用这类词语的影响主要集中在少量的词语对上。A 列的 POS 类词语对中的两个词语大部分是同字词，它们两两之间的相似性对学习者在书面表达中使用这些词语的文字形式没有影响。

（十）发音、书写形式和词性相似（POG）类

表 4-1 的 A 列里发音、书写形式和词性相似（POG）类词语有 11 对，其中“倒（dǎo）— 倒（dào）”是同字词，它们不会以“偏误词语—目标词语”的形式出现在作文语料中；“倒（dǎo）— 到”和“倒（dào）— 到”虽然是两对，但如果它们在作文语料中以“偏误词语—目标词语”的形式出现，书面上也看不出“倒（dǎo）”和“倒（dào）”不同，即“倒（dǎo）— 到”和“倒（dào）— 到”在书面上都是“倒—到”的形式。这样，A 列里的 11 对 POG 类词语只有 9 对可能以“偏误词语—目标词语”的形式出现在考察语料里。实际上，从语料中提取的 B 列里 POG 类词语有 10 对，其中有 6 对是由 3 对 POG 类词语的双向误用构成的（如表 4-14 所示）：

表 4-14　双向误用的 POG 类词语对

偏误词语	目标词语	出现次数	偏误词语	目标词语	出现次数
产生	生产	97	卖	买	7
生产	产生	3	哪里	那里	2
买	卖	11	那里	哪里	7

表 4-14 中的 6 个“偏误词语—目标词语”词语对实际上是 3 对词语，这样，B 列的 10 对 POG 类词语就应该是 7 对词语，这 7 对词语全部包含在 A 列的 9 对 POG 类词语范围内。从这 7 对词语的具体情况看，它们集中与 3 对词语有关，即“产生”和“生产”（共出现 100 次），“买”和“卖”（共出现 18 次），“哪”和“那”（包括“哪里”和“那里”，“哪儿”和“那儿”，“哪个”和“那个”，共出现 24 次）。特别值得注意的是，“产生$_{偏}$—生产$_{目}$”出现了 97 次之多，而“生产$_{偏}$—产生$_{目}$”仅出现 3 次。

着眼于 B 列 POG 类词语占 A 列相应类别词语的较高比例（78%），在甲、乙级词语范围内系联所得的 POG 类词语大部分以“偏误词语—目标词语”的形式出现在考察语料中，而且出现次数较多的词语对中的词语都发生了双向误用，据此可以说 POG 类词语之间的相似性对学习者在书面表达中辨别使用这些词语有较大的影响。

（十一）发音、词义和词性相似（PSG）类

表 4-1 中 A 列的发音、词义和词性相似（PSG 类）的词语有 24 对，其中，“报道”和“报导”的词义和用法相同，“成分”和“成份”，“吩咐”和“分付”，“人才”和“人材”等两两是异体词，这 4 对 PSG 类词语两两基本上可以换用，因此它们在语料中不会以“偏误词语—目标词语”的形式被标注出来。除了这 4 对词语，A 列里有 20 对词语有可能以“偏误词语—目标词语”的形式出现在作文语料中。从作文语料的实际情况看，B 列里的 PSG 类词语有 17 对，但其中有 12 对词语发生了双向误用（如表 4-15 所示）：

表 4-15　双向误用的 PSG 类词语对

偏误词语	目标词语	出现次数	偏误词语	目标词语	出现次数
年青	年轻	7	其它	其他	5
年轻	年青	1	他	它	14
其他	其它	1	它	他	6

（续表）

偏误词语	目标词语	出现次数	偏误词语	目标词语	出现次数
他们	它们	5	做	作	5
它们	他们	3	反应	反映	9
作	做	88	反映	反应	6

表 4-15 中的 12 个“偏误词语—目标词语”词语对实际上是 6 对词语。这样，表 4-1 中 B 列的 17 对 PSG 类词语实际上是 11 对词语。从 B 列的 PSG 类词语在考察语料中的出现次数看，不同的词语对（包括双向误用的词语对）出现次数很不均匀，“作”和“做”互为偏误词和目标词共出现 93 次，但“作$_{偏}$—做$_{目}$”出现了 88 次，而“做$_{偏}$—作$_{目}$”只出现了 5 次。还有些词语对，像“年轻$_{偏}$—年青$_{目}$”“其他$_{偏}$—其它$_{目}$”，都只出现 1 次。“作$_{偏}$—做$_{目}$”在考察语料中出现的次数多似乎与这两个词在现代汉语中使用的自由度和出现频率有一定的关系：“做”与其他词语搭配组合的自由度和出现频率要远高于“作”，而“作”作为一个独立的动词，其组合能力较为有限，出现频率也相对较低，而学习者不能准确把握它们在汉语中的自由度和使用频率，因此就很容易在该用“做”的地方却用了“作”。

对照 A、B 两列里的 PSG 类词语可见，有些词语（像“年轻”和“年青”，“其他”和“其它”，“做”和“作”，“反应”和“反映”，“收”和“受”等）对于以汉语为母语的人来说辨别使用也有一些困难，汉语学习者在使用它们时难以辨别以致发生混淆，这不难理解，但像“定”和“订”，“制定”和“制订”这些 PSG 类词语对以汉语为母语者来说，辨别使用同样有一定的困难，但在考察语料中却未发现它们以“偏误词语—目标词语”的形式出现，其中的原因还有待考察。

（十二）书写形式、词义和词性相似（OSG）类

表 4-1 中 A 列的书写形式、词义和词性相似（OSG 类）的词语只有 4 对，其中有 3 对（即“传—转”“小—少”“数学—数字”）以“偏误词语—目标词语”的形式出现在考察语料中。B 列里共有 4 对 OSG 类词语，其中有两对是“少”和“小”互为偏误词和目标词，即“少$_{偏}$—小$_{目}$”（出现 68 次）和“小$_{偏}$—少$_{目}$”（出现 48 次）。这样，B 列里的 OSG 类实际上也就是“传—转”“小—少”“数学—数字”等 3 对词语。从这几对词语在考察语料中的出现次数看，“少”和“小”的出现次数特别突出（共出现 116 次），而且“少$_{偏}$—小$_{目}$”和“小$_{偏}$—少$_{目}$”这两种形式的出现次数都很多，而其他两对词语的出现次数却很少（“转”和“传”

出现 4 次，“数字”和“数学”只出现 1 次）。所以就 OSG 类词语而言，学习者在书面表达中辨别使用这类词语的困难主要集中在“少”和“小”上。

（十三）发音、书写形式、词义和词性相似（POSG）类

表 4-1 中 A 列在发音、书写形式、词义和词性等基本属性方面都具有一定相似性的 POSG 类词语有 11 对，其中，“地方（fang）”和“地方（fāng）”，“吐（tǔ）”和“吐（tù）”，“转（zhuǎn）”和“转（zhuàn）”等 3 对词两两属于同字词，在书面语料中看不出学习者是否能辨别它们的发音和词义，在作文语料中它们不会以“偏误词语—目标词语”的形式被标注。所以 A 列的 11 对 POSG 类词语实际上只有 8 对可能出现在作文语料里。B 列里从考察语料里提取的 POSG 类“偏误词语—目标词语”形式的词语有 10 对，其中，“想象”和“想像”是异体词，不宜看作“偏误词语—目标词语”，“他们”和“她们”互为偏误词语和目标词语，实为 1 对。因此，B 列里实际上有 8 对 POSG 类词语，它们正好是 A 列里有可能以“偏误词语—目标词语”形式出现在作文语料中的那 8 对词语（如表 4-16 所示）：

表 4-16　POSG 类偏误词语和目标词语

偏误词语	目标词语	出现次数	偏误词语	目标词语	出现次数
到达	达到	6	她们	他们	6
分	份	1	她	他	3
工夫	功夫	3	象	像	9
面前	前面	1	展开	开展	1
他们	她们	3			

虽然表 4-1 中 A 列里有可能以“偏误词语—目标词语”形式在学习者作文语料中出现的 POSG 类词语都在考察语料中提取到了实例，但它们的出现次数都不太多，出现次数最多的“象$_{偏}$—像$_{目}$”有 9 次，“到达$_{偏}$—达到$_{目}$”和“她们$_{偏}$—他们$_{目}$”各出现 6 次，其余各词语对的出现次数只有 3 次、1 次不等。

以上分别考察了表 4-1 中 A、B 两列各类相似词语对的对应情况。考察可见，在甲、乙级词语范围内根据词语的相似性系联组对而得的各类相似词语，都在一定程度上以“A$_{偏}$—B$_{目}$”的形式出现在学习者的作文语料中，其中有些词语对发生了双向误用。从这个意义上说，根据词语之间在发音、书写形式、词义或词性等方面的相似性，在一定程度上可以预见相似词语对在学习者进行书面表达时发生混淆误用的可能性。但从 A、B 两列中各类相似词语的对照情况也可以看出，

A 列里根据词语在发音、书写形式、词义或词性等方面的相似性对甲、乙级词语中的各类相似词语进行系联组对所得的词语对，有一些没出现在 B 列词语中；B 列里根据学习者作文语料里的“偏误词语—目标词语”提取的各类相似词语中也有一些没包含在 A 列里相应类别的词语范围内。这表明，在一定的词语范围内根据词语之间的相似性系联组对而得的词语对，与学习者在使用这些常用词语时出现的相似的“偏误词语—目标词语”词语对在数量上很难完全一致，在一定的常用词语范围内系联组对所得的相似词语对可能多于但也可能少于相同词语范围内的“偏误词语—目标词语”形式的相似词语对。从这个意义上说，学习者在书面表达中出现的“偏误词语—目标词语”形式的相似词语对也为我们根据词语之间的相似性系联相似词语对起到验证和补充的作用，也使得将 A、B 两列相应类别的词语对加以对照更具有现实意义。

通过对照还可以看到，各类相似词语在作文语料中以“偏误词语—目标词语”形式出现的比例不尽相同。总体来看，在各类词语中，词义相似类词语（包括 S 类、SG 类、PSG 类、OSG 类、POSG 类等）在作文语料中以“偏误词语—目标词语”形式出现的比例很高；甲、乙级词语范围内发音相似（P 类）的词语对虽然数量不少，但在作文语料中以“偏误词语—目标词语”形式出现的比例较低；书写形式相似的词语（包括 O 类、PO 类、OG 类、POG 类等）中包含了一些书写形式完全相同的词语，它们在作文语料中不会以“偏误词语—目标词语”形式被标注出来，加之书写形式相似的词语（除了书写形式含有形近字的一些合成词）本身数量不多，所以书写形式相似的词语在考察语料中以“偏误词语—目标词语”形式出现的比例也不高。相比之下，词义相似（S 类）与词义和词性相似（SG 类）的词语是学习者在进行书面表达中最容易发生混淆误用的。

第3节　词语的相似性与相似词语混淆误用的可能性

从上一节将表 4-1 中 A、B 两列相应类别相似词语对加以对照的具体情况看，A 列里各类相似词语对大部分在 B 列的相应类别里以“偏误词语—目标词语”形式出现，其中有些出现次数很多，有些出现次数较少；但 A 列里也有些词语在 B 列的相应类别里没有以“偏误词语—目标词语”的形式出现。考虑 B 列里由相似的“偏误词语—目标词语”构成的词语对是从较大规模的学习者作文语料库中提取的，这个语料库在一定程度上代表着学习者在书面表达中使用汉语常用词语的情况，那么根据学习者语料中出现相似的“偏误词语—目标词语”情况，就应该能够在一定程度上推断一般学习者在书面表达中使用常用词语时出现相似的“偏误词语—目标词语”的情况。具体而言，根据 A 列里的词语对在 B 列里是否以“偏误词语—目标词语”形式出现，可以推知一般的汉语学习者在书面表达中使用这些词语时是否可能发生相似词语混淆误用；根据 A 列里的相似词语对在 B 列里以“偏误词语—目标词语”形式出现的规模（即出现的频次），则可以推测一般的汉语学习者在书面表达中使用这些词语时发生相似词语混淆误用的可能性大小，即一对相似词语在考察语料中以“偏误词语—目标词语”的形式出现的次数越多，这对词语在一般学习者书面表达使用中发生混淆误用的可能性就越大，反之，发生误用的可能性就越小。比如，相似词语对“的—地”“二—两”在考察语料中以“偏误词语—目标词语”的形式分别出现 420 次和 158 次，由此可以推测一般学习者进行书面表达在该用“地”“两”时却误用了“的”“二”的可能性很大，而相似词语对“干吗—为什么”“肯定—一定”在考察语料中以“偏误词语—目标词语”的形式只分别出现 1 次和 2 次，由此可以推测一般学习者进行书面表达在该用“为什么”“一定”时却误用了“干吗”“肯定”的可能性很小。汉语教学经验也告诉我们，学生在进行书面表达时经常发生在该用“地”“两”的时候却误用了“的”“二”的情况。根据相似词语在考察语料里的出现情况所作的推测与汉语教学经验相对照，在一定程度上可以检验所作推测的可靠程度。

将根据词语的相似性系联而得的相似词语对与它们在作文语料中以“偏误词语—目标词语”形式出现的可能性联系起来，就要结合相似的“偏误词语—目标词语”词语对在中介语语料中出现的频次或规模来考察并作出推断。本项研究从作文语料库中提取的 7242 对“偏误词语—目标词语”，它们在考察语料中的出现次数从最高的 420 次到最低的 1 次不等，根据这些词语对在作文语料中出现次数的多少推断出现次数极高和极低的词语对在学习者书面表达中发生混淆误用的可能性比较容易：出现次数极高（如 420 次）的词语对发生误用的可能性大，出现次数极低（如 1 次）的词语对发生误用的可能性小。但绝大部分以“偏误词语—目标词语”形式出现的词语对在作文语料库里的出现次数都介于“极高”和“极低”之间，而且它们之间的出现次数多少也相差悬殊（从158次、148次、129次到4次、3次、2次不等），它们在一般学习者进行书面表达时以“偏误词语—目标词语”形式出现的可能性也应该是有所不同的。如何根据“偏误词语—目标词语”词语对在中介语语料中出现的频次来推测它们在一般学习者进行书面表达时以“偏误词语—目标词语”形式出现的可能性的高低，就需要对这些词语对的出现次数进行阶段划分，使得一定的出现次数阶段与词语对在一定程度上以“偏误词语—目标词语”出现的可能性联系起来。抽象地说，划分词语对在考察语料中出现次数的数量阶段（包括分为几个阶段、规定不同阶段的跨距大小等）是相对的，相应地，对各数量阶段上的词语对在一般学习者书面表达中以“偏误词语—目标词语”出现的可能性程度的高低等级划分也是相对的。将词语对在语料库中以“偏误词语—目标词语”出现次数的数量阶段划分越细，就意味着推测词语对在一般学习者书面表达中以“偏误词语—目标词语”出现的可能性程度高低的等级越多，划分等级的主观性和不稳定性也越强。从可操作和实用的角度看，划分词语对在考察语料中出现次数阶段的数量应该适中（比如3至5个阶段），各段的划分应该大致符合教学经验，最好能接受教学实践研究的检验。

根据我们考察的7242个“偏误词语—目标词语”词语对在作文语料库中出现次数的多少并结合一定的教学实践经验，我们将词语对在考察语料中的出现次数分为4个数量阶段，与这4段相应的推测词语对在一般学习者书面表达中以“偏误词语—目标词语”出现的可能性程度高低也分为4个等级，如表4-17所示：

表4-17 “偏误词语—目标词语”出现次数分段及对误用可能性的推测

出现次数段	词语对数量	误用的可能性等级
50次以上	38	极高
49—10次	336	很高
9—3次	1371	一般
2—1次	5497	较低

（一）误用的可能性“极高”的词语对

这种词语对在作文语料库中以“偏误词语—目标词语”形式出现次数都在50次以上，分别属于S类、G类、PG类、SG类、OSG类、POG类和PSG类相似词语。如表4-18所示：

表 4–18　误用的可能性“极高”的词语对

词语对类别	偏误词语	目标词语	出现次数
S 类：4 对	真	很	59
	人们	人	50
	发达	发展	55
	发展	发达	65
G 类：7 对	对	给	89
	才	再	54
	也	都	83
	个	件	50
	间	家	62
	种	个	52
	了	的	60
PG 类：5 对	得	的	57
	得	地	57
	的	得	60
	的	地	420
	地	的	97
SG 类：19 对	没	不	108
	太	很	54
	在	从	64
	上	中	72
	这	那	53
	二	两	158
	会	能	63
	能	会	59
	没有	不	68
	而	而且	148
	爱情	爱	129
	我	我们	59
	取	采取	55
	想	认为	65
	害	危害	67
	发生	产生	108
	了解	理解	78
	以为	认为	86
	经验	经历	87
OSG 类：1 对	少	小	68
POG 类：1 对	产生	生产	97
PSG 类：1 对	作	做	88

从表 4-18 可以看出，这些在考察语料中出现次数很多的 38 个词语对中大部分（25 对，占 66%，分别属于 S 类、SG 类、OSG 类、PSG 类）两两之间在词义方面具有相似性。这些词语对在作文语料库中出现次数很多，据此可推测它们在一般学习者书面表达中以“偏误词语—目标词语”的形式出现的可能性极高，基本符合教学实践经验。但也有个别词语对（如“我$_{偏}$—我们$_{目}$”）需要具体考察分析。单就“我”和“我们”这两个孤立的词来看，二者有单复数之别，为什么会很多次出现“我$_{偏}$—我们$_{目}$”？原来，在原始语料中“我$_{偏}$—我们$_{目}$”出现次数较多主要有两种情况：一是汉语中“我国”“我省”“我校”“我党”等形式中的“我”指称“我们”(《现代汉语词典》)，但在“社会”“人类”“国家”“城市”等名词前通常用“我们”，而学习者却用了“我”，以致出现“我$_{偏}$—我们$_{目}$”的形式。如：

（1）他们是我们 {CC2 我 } 社会的未来。

（2）如果从我来开始做这样的事情的话，我们 {CC2 我 } 的社会会成为文明的国家。

（3）虽然我们 {CC2 我 } 人类在不断地进步，但是我们对自己的身体健康和公众的利益的保护意识越来越弱。

（4）从外国来的客人也被感动以后，向朋友宣传我们 {CC2 我 } 的国家，以后很多外国客人来我们 {CC2 我 } 国家的话，对我国经济发展有好处。

（5）现在我们 {CC2 我 } 国家非常重视这些严重的问题。

（6）我也学习汉语，我的专业就是汉语，我的这个选择很容易理解，因为我住在俄罗斯的东部，离中国的黑龙江省很近，在我们 {CC2 我 } 的城市有很多中国人。

二是在阐述事理时汉语常用“我们”来泛指一般人，但学习者却用了“我”。如：

（7）我个人认为呢，挫折并不是一件坏的事儿，不应该去避免它，应该勇敢地面对，想各种各样的方法来应付，这才能使我们 {CC2 我 } 得到更好的发展。

（8）没有对话的话，我们 {CC 我 } 不能解决代沟问题。

（9）我们必须知道化肥和农药有害于人们的健康，所以我们 {C2 我 } 得想办法让粮食产量能大大提高，但尽量保证对人们的健康没有害处。

（10）要真正达到有效阅读，我们{CC2 我}应该好好分配时间，不能在不适合的时间或情况随便阅读，比如在吵闹的地方阅读是没有效的。

（11）我认为艺术应该是百花齐放的，流行歌曲既然流行，我们{CC2 我}应该去欣赏它，以便更加了解人们为什么喜欢这种音乐。

了解汉语中“我”和“我们”的具体用法并结合作文语料事实，便不难理解“我$_{偏}$—我们$_{目}$”在作文语料中很多次出现的缘由了。

（二）误用的可能性“很高”的词语对

如果将以“偏误词语—目标词语”形式在考察语料中出现 10 次到 49 次作为一段，这一段共有 336 个词语对。从教学实践经验来看，这些词语中的大部分在一般学习者书面表达中发生误用的情况比较常见。如，表 4-19 中的词语对在汉语学习者书面表达中就经常发生误用：

表 4-19　学习者在书面表达中经常误用的部分词语对

偏误词语	目标词语	偏误词语	目标词语	偏误词语	目标词语
爱情	感情	后来	以后	生	出生
办法	方法	会	可以	时间	时候
帮	帮助	或	和	忘	忘记
变	变化	或者	和	危险	危害
变	改变	家	家庭	为	因为
别	不	家庭	家	为了	因为
不	没	间	所	位	个
不	没有	教	教育	无	没
从	在	教师	老师	想	考虑
大	伟大	看	见	向	对
对象	对方	了	过	小	少
而	并	离	离开	要	想
方法	办法	里	中	也	还
国	国家	两	俩	以后	后来
还	更	俩	两	意思	意义
还	也	吗	呢	原因	理由
还	又	目的	目标	再	又
还是	或者	呢	吗	只要	只有
合适	适合	内	中	至	到
和	并	人民	人们	作用	影响

从词语的相似性类别来看，这个数量阶段中的误用可能性程度很高的词语对所属的类别如表 4-20 所示：

表 4-20 误用的可能性“很高”的词语对类别

误用可能性“很高”的词语对类别	词语对数量	出现次数
发音相似（P）	1	19
词义相似（S）	33	560
词性相似（G）	105	1768
发音和词性相似（PG）	3	66
书写形式和词性相似（OG）	1	16
词义和词性相似（SG）	171	3200
发音、书写形式和词义相似（POS）	1	21
发音、书写形式和词性相似（POG）	2	22
发音、词义和词性相似（PSG）	1	14
书写形式、词义和词性相似（OSG）	1	48
其他	17	226
累　计	336	5960

表 4-20 的数据显示，这些很可能在一般学习者书面表达中发生误用的词语对还是主要集中在词义和词性相似（SG）、词性相似（G）和词义相似（S）等类别里，这 3 类词语对数量占 336 对词语的 92%，累计出现次数占 336 对词语总出现次数的 93%。其中有些词语，特别是词性相似（G）类词语（如“大”和“高”，“放”和“扔”，“间”和“所”，“件”和“条”，“上”和“下”等），孤立地看这些词语对，两两之间在词义上都有明显的区别（“上”和“下”更是词义相反），似乎不太可能发生混淆误用，但从这些词语在汉语中的用法和学习者作文语料中的使用情况看，发生混淆误用仍跟词语之间在语法或词义方面具有某种相似性有关。以“大$_{偏}$—高$_{目}$”为例：

（12）一九七五年他参加师范考试并取得了很高{CC 大}的成绩。

（13）在我的国家吸烟者越来越少，因为比以前烟的价钱高{CC 大}，还有可以吸烟的地方也没有。

（14）虽然中文和阿文有很大不同，但是我心中的目标越来越高{CC 大}，研究中国文化这么一个丰富的宝库，一向浮现在我脑子里。

（15）我知道爸爸、妈妈对我的期望很高{CC 大}，我真的很想实现你们的期望。

从作文语料中的“偏误词语—目标词语”具体词语对来看，学习者在使用“大”“高”“强”“多”“好”等几个表积极义的形容词时经常发生误用，这与这些词在搭配上有纠缠而学习者又不能很好地区别这些词的搭配分工有关。虽然在短语层面上，“大”与“成绩”“价钱”可以组合搭配，比如，可以说“取得很大成绩”“花大价钱”，但表示在具体某场考试取得了好成绩时，可以说“取得了很高的成绩”，却不说“取得很大成绩”，如例（12）；表示比较价钱高低时，可以说“……比……价钱高”，却不说“……比……价钱大”，如例（13）。汉语里可以说“目标很大”“目标太大”“目标远大”，但表示要达到一定高度的目标，“目标”就不宜与“大”搭配，如例（14）。汉语里可以说“很大的希望”或“希望很大”，但与“希望”词义和用法相近的“期望”却不能与“大”搭配，如例（15）。所以将这些词语在作文语料中的使用情况与它们在汉语里的词义和用法加以对照，可以发现这些以“偏误词语—目标词语”形式出现的词语之间仍具有一定程度上的语法或词义方面的联系。

在这个数量阶段的336对词语中，还有17对（占该数量段词语对总数5%）属于“其他”类的“偏误词语—目标词语”，它们两两之间的相似性难以确定或没有明显的相似性，如“到$_{动}$—得$_{助}$”“成$_{动}$—得$_{助}$”等。但其中有些词对中的两个词在更大的结构上还是有一定的联系的。以“到$_{偏}$—得$_{目}$”为例：

（16）时间过得{CC到}真快，不知不觉三个小时就过去了。

（17）我的这一个假期，真的过得{CC到}很愉快呢！

（18）这种种的原因，在婚前就应该想得{CC到}清清楚楚。

（19）前几天，我回家回得{CC到}很晚，爸还没有睡觉，等我回来，还教训我。

（20）到了最后，大家玩得{CC到}都不想去上课了！

从结构上说，“到”和“得”都可以用在一些动词后构成“动+‘到’……”（如“日子过到这种地步”“想问题想到头疼”），“动+‘得’……”（如“日子过得不错”“想问题想得睡不着觉”），表示动作行为的结果，从这方面说，上边几个用例中在该用“得”的地方用了“到”也不是毫无根据的，即从汉语事实和这些用例来看，用在动词后的“到”和助词“得”还是有一定的句法、语义联系的。

根据这个数量阶段的“偏误词语—目标词语”之间的相似关系情况可以看

出，词义和词性相似与这类词语发生混淆误用有很大关系。

（三）误用的可能性“一般”的词语对

在我们考察的语料中，甲、乙级词语范围内的“偏误词语—目标词语”的平均出现次数约为 3 次，所以我们权且将“偏误词语—目标词语”词语对在作文语料库中的出现次数从 3 次到 9 次作为一段，这一段的词语对在考察语料中的出现次数等于或多于 7242 对“偏误词语—目标词语”的平均出现次数，我们将这个数量阶段的词语对在一般学习者书面表达中以“偏误词语—目标词语”出现的可能性且视为“一般”。

这个阶段共有词语对 1371 对，它们所属的相似词语类别及各类别词语的出现次数如表 4-21 所示：

表 4-21　误用的可能性“一般”的词语对类别

误用的可能性“一般”的词语对类别	词语对数量	出现次数
发音相似（P）	6	29
词义相似（S）	117	529
词性相似（G）	510	2144
发音和书写形式相似（PO）	1	5
发音和词义相似（PS）	1	5
发音和词性相似（PG）	6	25
词义和词性相似（SG）	506	2396
发音、书写形式和词义相似（POS）	4	16
发音、书写形式和词性相似（POG）	4	20
发音、词义和词性相似（PSG）	9	53
书写形式、词义和词性相似（OSG）	1	4
发音、书写形式、词义和词性相似（POSG）	6	30
其他	200	830
累　计	1371	6086

这个数量阶段的“偏误词语—目标词语”词语对及出现次数较多的还是主要集中在词义相似（S）、词性相似（G）、词义和词性相似（SG）等 3 类上，这 3 类在考察语料中合计出现了 1133 对，占这个阶段词语对总数的 83%，3 类词语总共出现 5069 次，占这一段词语对总出现次数的 83%。可见，这一阶段相似的“偏误词语—目标词语”词语对主要是词义或词性相似。因此可以说，词义或词性相似与这个阶段词语对发生误用有直接关系。尽管这个阶段的词语对出现次

数比上一阶段词语对的平均出现次数少，但从教学经验的角度看，其中仍有不少词语对特别是一些出现次数较多（接近9次）的SG类词语对在一般学习者的书面表达中经常发生误用。如，表4-22中的词语对虽然在作文语料中以“偏误词语—目标词语”形式出现次数不很多，但在教学实践中，学生在书面表达中误用这些词语的情况并不少见：

表4-22　误用的可能性“一般”的词语对示例

偏误词语	目标词语	相似类别	出现次数
象	像	POSG	9
收	受	PSG	7
反应	反映	PSG	9
又	再	SG	7
再	还	SG	7
国家	国	SG	8
充分	充足	SG	8
互相	一起	SG	7
时期	时候	SG	7
效果	效率	SG	7
以后	之后	SG	8
知道	了解	SG	9
表现	表达	SG	8
议论	讨论	SG	7

不过也应当看到，在这个数量阶段的词语对中，S类、G类和SG类词语对的数量和出现次数占这个阶段词语对总数和总出现次数的比例，与上一数量段（误用的可能性“很高”的词语对）相比都有所下降。而两个词语之间缺乏明显相似性的“其他”类词语对的数量和出现次数的比例（分别为15%和14%）却有明显增加。这表明，这个阶段的词语对中的两个词语发生混淆误用，有一定的偶然性。如，下边用例中的“人家$_{偏}$—他们$_{目}$”（G类）、“关系$_{偏}$—有关$_{目}$”（S类）、“发达$_{偏}$—成熟$_{目}$”（SG类）、“对$_{偏}$—有关$_{目}$”（其他类）、“应该$_{偏}$—必然$_{目}$”（其他类）、“兴趣$_{偏}$—兴奋$_{目}$”（其他类）：

（21）他们{CC人家}应该用自己的技术和设备援助别的国家以控制全世界挨饿的人的总数量。

（22）我们通过报纸和新闻常常听到有关{CC关系}吸烟的问题。

（23）随着时代的改变，人的习惯、品德也随着改变，尤其是现代的孩子们，由于年龄小，思想还不成熟{CC发达}，更容易随着时代的变化而变坏。

（24）1993年2月到北京来，到现在在北京京城广告公司里做有关{CC2对}广告设计方面的事。

（25）生长环境不一样，这两代的差别是必然{CC应该}的。

（26）最初几天，我好兴奋{CC兴趣}，穿着新的校服，蹦蹦跳跳地在学校范围内到处走动，嘻嘻哈哈地和同学玩，快乐无比。

以上几个用例中的“偏误词语—目标词语”词语对在考察语料中都只各出现3次，前3例中的词语对分别属于G类、S类、SG类，后3例词语对里的词语两两之间没有明显的相似性，它们在考察语料中的出现次数相对较少，从教学经验看，这类词语对发生误用的情况也不多见。

从总体上看，这个阶段的词语对在一般学习者书面表达中混淆误用的可能性要比上一个数量阶段的词语对中词语发生误用的可能性低一些。

（四）误用的可能性“较低”的词语对

在考察语料中，甲、乙级词语范围内的7242对“偏误词语—目标词语”中有5497对只出现1次或2次（低于平均出现次数3次），平均出现1.3次，据此可以推断这一数量阶段词语对在考察语料中以“偏误词语—目标词语”的形式出现有较大的偶然性，它们在一般学习者书面表达中发生混淆误用的可能性也较低。这些词语对中的偏误词语和目标词语之间的相似关系和出现次数如表4–23所示：

表4–23　误用的可能性“较低”的词语对类别

误用可能性“较低”的词语对类别	词语对数量	出现次数
发音相似（P）	18	24
书写形式相似（O）	16	20
词义相似（S）	351	445
词性相似（G）	2465	3117
发音和书写形式相似（PO）	6	7
发音和词义相似（PS）	3	4
发音和词性相似（PG）	18	23
书写形式和词性相似（OG）	7	10
词义和词性相似（SG）	1141	1522
发音、书写形式和词义相似（POS）	2	3

（续表）

误用可能性“较低”的词语对类别	词语对数量	出现次数
发音、书写形式和词性相似（POG）	3	5
发音、词义和词性相似（PSG）	6	7
书写形式、词义和词性相似（OSG）	1	1
发音、书写形式、词义和词性相似（POSG）	4	4
其他	1456	1786
累　计	5497	6978

从表 4-23 的情况看，这个数量阶段的词语对涉及“偏误词语—目标词语”的全部类别，有明显相似关系的词语对还是主要集中在词义相似（S）、词性相似（G）、词义和词性相似（SG）等类别，这 3 类词语共有 3957 对，占这段词语对总数 5497 对的 72%，3 类词语共出现 5084 次，占这一段词语对出现总数 6978 次的 73%。尽管这些词语对在考察语料中的平均出现次数很少，但其中有些词语对（特别是 SG 类词语对）中的词语具有明显的相似性，从教学经验看，一般学习者在书面表达使用这些词语发生混淆误用的可能性并不一定很低。如，表 4-24 所列的 SG 类“偏误词语—目标词语”，它们在作文语料中出现次数不多，但一般学习者在实际使用这些词语时发生误用的情况却较常见。

表 4-24　语料中出现次数少、实际误用可能性未必很低的词语对示例

偏误词语	目标词语	出现次数	偏误词语	目标词语	出现次数
才	刚	1	见	见面	2
低	矮	1	旧	老	2
短	矮	1	立	站	1
对	向	2	俩	二	1
肥	胖	2	怕	恐怕	2
改	变	1	日	天	2
跟	给	2	睡	睡觉	1
极	最	1	想	要	2
简单	容易	2	坐	骑	1

不过从总体上看，这类在学生实际使用中比较容易发生误用的词语在这一段词语对中数量并不很多。

尽管这个数量段的“偏误词语—目标词语”词语对数量及出现次数仍以 S 类、G 类和 SG 类为主，但这三类词语对的数量和出现次数在这一段全部词语对中所占的比例都比上一段大为减少。相比之下，这一段里的词语对中两个词语不具有明显相似性的“其他”类词语对数量（1456对）却大幅增加，占本阶段5497对词语的26%，这些词语对共出现1786次，占本阶段词语对出现总数（6978）的26%。词语对中两个词语的相似性不明的“其他”类词语对的数量比例大幅增加，也表明这些词语在考察语料中以“偏误词语—目标词语”形式出现的偶然性也有所增加，相应地，这些词语在一般学习者书面表达中发生混淆误用的可能性也随之降低。

从以上就词语对以“偏误词语—目标词语”形式出现的可能性高低情况看，出现次数高低不同的各数量段的词语对中，S类、G类、SG类词语对及其出现次数所占的比例都是最大的，但随着词语对发生误用的可能性降低，这三类词语对在各数量段所占的比例都很大（分别为79%、92%、83%和73%），而各数量段中的偏误词语和目标词语的相似性不明确的“其他”类词语对的数量却逐渐增多（分别为0、5%、15%和26%）。

以上讨论的是根据词语对以“偏误词语—目标词语”形式在作文语料库中的出现情况来推断词语对在一般学习者书面表达中发生误用的可能性。事实上，在考察语料中有些成对的词语发生了双向误用，这种双向误用的词语对中，有些是两种形式的出现次数都较高或较低，有些是一高一低。如果按照前边表4-17根据作文语料中“偏误词语—目标词语”的出现规模来推断相似词语对在使用中发生误用的可能性的暂定方案（出现50次以上误用的可能性为“极高”，49-10次为“很高”，9-3次为“一般”，2-1次为“较低”）来推断双向误用词语对发生误用的可能性，那么，996对双向误用的词语对在一般使用中发生误用的可能性搭配就有10种情况。如表4-25所示（A、B各代表一个词语）：

表4-25　词语对发生双向误用的可能性分析

	“$A_{偏}$—$B_{目}$”的可能性	“$B_{偏}$—$A_{目}$”的可能性
1	极高	极高
2	极高	很高
3	极高	一般
4	极高	较低
5	很高	很高
6	很高	一般
7	很高	较低
8	一般	一般
9	一般	较低
10	较低	较低

这 10 种双向误用的词语对情况分述如下。

（一）"A$_{偏}$—B$_{目}$"和"B$_{偏}$—A$_{目}$"的可能性均极高

996 对双向误用的词语对中，误用形式"A$_{偏}$—B$_{目}$"和"B$_{偏}$—A$_{目}$"发生的可能性均极高的词语对有 4 对（如表 4-26）：

表 4-26　两种误用形式可能性均极高的词语对

偏误词语	目标词语	出现次数	偏误词语	目标词语	出现次数
的	地	420	地	的	97
得	的	57	的	得	60
发达	发展	55	发展	发达	65
会	能	63	能	会	59

表 4-26 中最引人注目的应该是"的""地"和"得"的相互误用（下边表 4-27 显示"地"和"得"的双向误用情况也很严重），"的$_{偏}$—地$_{目}$"的情况尤为严重。现代汉语里这三个结构助词虽然有比较明确的分工，但在汉语史上和实际使用中它们之间的关系十分复杂（吕叔湘 1984，吴长安 2009），以至于以汉语为母语的人在书面表达中使用它们时也常犯难，汉语学习者在使用这些词时难以分辨就在情理之中。

（二）"A$_{偏}$—B$_{目}$"的可能性极高，"B$_{偏}$—A$_{目}$"的可能性很高

这种双向误用的词语对有 15 对。表 4-27 列举 10 对：

表 4-27　一种形式可能性极高、另一种形式可能性很高的词语对示例

偏误词语	目标词语	出现次数	偏误词语	目标词语	出现次数
少	小	68	小	少	48
了解	理解	78	理解	了解	43
得	地	57	地	得	25
对	给	89	给	对	16
没	不	108	不	没	46
也	都	83	都	也	13
没有	不	68	不	没有	24
在	从	64	从	在	39
了	的	60	的	了	38
这	那	53	那	这	44

这种双向误用的词语对，虽然总体上“A$_{偏}$—B$_{目}$”比“B$_{偏}$—A$_{目}$”出现的次数多，但就具体的词语对出现情况而言，两种形式出现次数差异的大小却有不同：有些词语对的两种误用形式出现次数差异悬殊，如“没$_{偏}$—不$_{目}$”“对$_{偏}$—给$_{目}$”分别出现108次、89次，但相应的“不$_{偏}$—没$_{目}$”“给$_{偏}$—对$_{目}$”却只分别出现46次、16次；有些词语对的两种误用形式出现次数差异较小，如，“这$_{偏}$—那$_{目}$”“少$_{偏}$—小$_{目}$”分别出现53次、68次，相应的“那$_{偏}$—这$_{目}$”“小$_{偏}$—少$_{目}$”也分别出现了44次、48次。

（三）“A$_{偏}$—B$_{目}$”的可能性极高，“B$_{偏}$—A$_{目}$”的可能性一般

这种双向误用的词语对有6对（如表4-28）：

表4-28　一种形式可能性极高、另一种形式可能性一般的词语对

偏误词语	目标词语	出现次数	偏误词语	目标词语	出现次数
而	而且	148	而且	而	6
作	做	88	做	作	5
二	两	158	两	二	3
产生	生产	97	生产	产生	3
才	再	54	再	才	3
太	很	54	很	太	6

（四）“A$_{偏}$—B$_{目}$”的可能性极高，“B$_{偏}$—A$_{目}$”的可能性较低

这种双向误用的词语对有7对（如表4-29）：

表4-29　一种形式可能性极高、另一种形式可能性较低的词语对

偏误词语	目标词语	出现次数	偏误词语	目标词语	出现次数
爱情	爱	129	爱	爱情	1
发生	产生	108	产生	发生	1
经验	经历	87	经历	经验	1
害	危害	67	危害	害	1
想	认为	65	认为	想	1
间	家	62	家	间	1
真	很	59	很	真	1

（五）“A$_{偏}$—B$_{目}$”和“B$_{偏}$—A$_{目}$”的可能性均很高

这种双向误用的词语对有39对。表4-30列举10对：

表 4-30　两种误用形式可能性均很高的词语对示例

偏误词语	目标词语	出现次数	偏误词语	目标词语	出现次数
办法	方法	11	方法	办法	14
从	由	18	由	从	16
对于	关于	16	关于	对于	18
过	了	18	了	过	17
后来	以后	20	以后	后来	29
会	可以	23	可以	会	39
家	家庭	18	家庭	家	23
理由	原因	16	原因	理由	11
两	俩	15	俩	两	20
吗	呢	46	呢	吗	24

（六）“A $_{偏}$—B $_{目}$”的可能性很高，“B $_{偏}$—A $_{目}$”的可能性一般

这种双向误用的词语对相对较多，有 92 对。表 4-31 列举 10 对：

表 4-31　一种形式可能性很高、另一种形式可能性一般的词语对示例

偏误词语	目标词语	出现次数	偏误词语	目标词语	出现次数
国	国家	23	国家	国	8
还是	或者	28	或者	还是	7
帮忙	帮助	23	帮助	帮忙	7
那	那么	15	那么	那	6
为了	因为	43	因为	为了	5
合适	适合	21	适合	合适	5
于	在	26	在	于	4
可	可以	25	可以	可	4
教师	老师	22	老师	教师	3
和	以及	14	以及	和	3

（七）“A $_{偏}$—B $_{目}$”的可能性很高，“B $_{偏}$—A $_{目}$”的可能性较低

这种双向误用的词语对有 65 对。表 4-32 列举 10 对：

表 4-32　一种形式可能性很高、另一种形式可能性较低的词语对示例

偏误词语	目标词语	出现次数	偏误词语	目标词语	出现次数
变	改变	12	改变	变	2
帮	帮助	15	帮助	帮	1
意思	意义	11	意义	意思	1

（续表）

偏误词语	目标词语	出现次数	偏误词语	目标词语	出现次数
认识	知道	10	知道	认识	1
要	需要	29	需要	要	1
想	觉得	28	觉得	想	1
必要	必须	21	必须	必要	1
而	并	13	并	而	1
或者	和	11	和	或者	2
然后	后来	11	后来	然后	1

（八）“$A_{偏}$—$B_{目}$”和“$B_{偏}$—$A_{目}$”的可能性均一般

这种双向误用的词语对也比较多，有 103 对。表 4–33 列举 10 对：

表 4–33　两种误用形式可能性均一般的词语对示例

偏误词语	目标词语	出现次数	偏误词语	目标词语	出现次数
可以	能	4	能	可以	9
不	不要	3	不要	不	8
还	再	9	再	还	7
提高	增加	6	增加	提高	7
现代	现在	9	现在	现代	6
反应	反映	9	反映	反应	6
看法	想法	4	想法	看法	6
基本	基础	9	基础	基本	5
成为	形成	5	形成	成为	5
吧	吗	4	吗	吧	5

（九）“$A_{偏}$—$B_{目}$”的可能性一般，“$B_{偏}$—$A_{目}$”的可能性较低

这种双向误用的词语对很多，有 318 对。表 4–34 列举 10 对：

表 4–34　一种形式可能性一般、另一种形式可能性较低的词语对示例

偏误词语	目标词语	出现次数	偏误词语	目标词语	出现次数
规定	制定	9	制定	规定	2
好像	像	8	像	好像	2
互相	一起	7	一起	互相	2
部分	方面	6	方面	部分	2
变	变成	6	变成	变	2
于	与	5	与	于	2

（续表）

偏误词语	目标词语	出现次数	偏误词语	目标词语	出现次数
生	生活	9	生活	生	1
达到	实现	9	实现	达到	1
搞	做	8	做	搞	1
以后	之后	8	之后	以后	1

（十）“$A_{偏}$—$B_{目}$”和“$B_{偏}$—$A_{目}$”的可能性均较低

这种双向误用的词语对最多，有 347 对。表 4-35 列举 10 对：

表 4-35　两种误用形式可能性均较低的词语对示例

偏误词语	目标词语	出现次数	偏误词语	目标词语	出现次数
而且	又	2	又	而且	2
尽管	无论	2	无论	尽管	2
有	又	2	又	有	2
别	另外	2	另外	别	2
年纪	年龄	2	年龄	年纪	2
遭到	遭受	2	遭受	遭到	2
得到	实现	2	实现	得到	1
彻底	完全	2	完全	彻底	1
才	刚	1	刚	才	2
为什么	怎么	1	怎么	为什么	2

根据词语对以“偏误词语—目标词语”的形式在考察语料中的出现情况可以看出，词语误用的严重程度有高低之分，从而可以推断它们在一般学习者书面表达中发生混淆误用的可能性的高低。有些词语对会发生双向误用。从词语对在考察语料中的出现情况看，出现次数越多的词语对，发生双向误用的词语对往往也越多，即发生双向误用的情况越严重，据此推断这些词语在一般使用中越有可能发生双向误用。在出现次数 20 次以上的 133 对词语中，就有 113 对发生了双向误用，在出现 20 次以上的词语对中占 85%。不过，也应当看到，这些发生双向误用的词语对以“$A_{偏}$—$B_{目}$”和“$B_{偏}$—$A_{目}$”的形式在考察语料中有较为平衡的情况（即两种误用形式出现的可能性都极高、很高、一般或较低），但也有多种不平衡的情况（即两种误用形式的出现次数有较大悬殊）。表 4-36 中所列的词语对“$A_{偏}$—$B_{目}$”形式出现的次数较多，而“$B_{偏}$—$A_{目}$”的出现次数就相对较低甚至很低：

表 4-36　双向误用两种形式出现次数不平衡词语对示例

偏误词语	目标词语	出现次数	偏误词语	目标词语	出现次数
二	两	158	两	二	3
而	而且	148	而且	而	6
爱情	爱	129	爱	爱情	1
没	不	108	不	没	46
发生	产生	108	产生	发生	1
作	做	88	做	作	5
经验	经历	87	经历	经验	1
也	都	83	都	也	13
为了	因为	43	因为	为了	5
还是	或者	28	或者	还是	7
想	觉得	28	觉得	想	1
于	在	26	在	于	4
可	可以	25	可以	可	4
必要	必须	21	必须	必要	1
合适	适合	21	适合	合适	5

本项研究考察的作文语料中，共有 7242 对甲、乙级词语范围内的“偏误词语—目标词语”词语对，其中 1992 对词语是 996 对词语以“A $_{偏}$—B $_{目}$”和“B $_{偏}$—A $_{目}$”两种形式构成的，另有 5250 对词语只以“A $_{偏}$—B $_{目}$”形式出现（即单项误用），占 7242 词语对的 73%。出现次数较多的词语对中只以“A $_{偏}$—B $_{目}$”一种形式出现的数量较少。比如，出现次数在 20 次以上的 133 个词语对中只有 20 对词语仅出现了“A $_{偏}$—B $_{目}$”一种形式（如表 4-37 所示）：

表 4-37　出现 20 次以上的单向误用词语对

偏误词语	目标词语	出现次数	偏误词语	目标词语	出现次数
以为	认为	86	做	制定	28
取	采取	55	利益	好处	26
他	他们	46	人家	别人	26
或	和	35	规律	规定	25
愿意	希望	34	该	应该	24
害	害处	33	和	并	24
而	并且	32	经过	经历	22
您	你们	32	认识	了解	22
成	成为	28	看	看见	21
人家	人们	28	而	从而	20

考察语料中相似的“偏误词语—目标词语”词语对出现次数有多有少，词语对双向误用次数也存在差异，如果词语的相似性是这种词语对中的词语之间发生误用的影响因素，那么这种相似性对词语误用的影响相应地也有高低大小之分。至于作文语料中，为什么有些词语对出现了双向误用，有些只出现了单向误用，而且词语对发生误用的次数有多有少，这还有待深入研究。

根据词语在发音、书写形式、词义或词性等方面的相似性，通过对一定范围内的词语进行系联组对，可以得到多种类别的相似词语对。根据词语的相似性，对大规模中介语语料库里的一定范围内的偏误词语和目标词语的相似性进行分析，可以将它们归入一定的相似词语类别。将系联所得的各类相似词语与分析中介语里偏误词语和目标词语所得的各类相似词语进行对比的结果显示，在S类、PS 类、SG 类、POG 类、PSG 类、OSG 类、POSG 类等相似词语类别里，两个词表里的相应类别里的词语对大部分是重合的，即在这些类别里，系联所得的相似词语对大部分在考察语料中以“偏误词语—目标词语”的形式出现过。这个事实表明，根据词语的相似性对相似词语进行系联组对，系联所得的结果对这些词语在一般学习者书面表达中使用这些词语时可能出现误用的情况有一定的预见作用。

从所考察语料中相似的“偏误词语—目标词语”的出现情况看，词语的相似性程度与误用的严重程度的关系比较复杂，二者之间并不是简单的正比关系，即相似程度高的两个词语，它们发生误用的情况并不一定很多，换句话说，很少发生误用的相似词语，它们之间的相似性程度有可能很高。比如，“互相”和“相互”的相似程度很高，在很多地方二者都可以换用，在考察语料中，它们发生误用的情况并不严重，“互相$_{\text{偏}}$—相互$_{\text{目}}$”出现 4 次，而“相互$_{\text{偏}}$—互相$_{\text{目}}$”只出现 1 次。另外像“仅仅$_{\text{偏}}$—仅$_{\text{目}}$”“刚刚$_{\text{偏}}$—刚$_{\text{目}}$”“约$_{\text{偏}}$—大约$_{\text{目}}$”“其他$_{\text{偏}}$—其它$_{\text{目}}$”等两两之间的相似程度都很高，它们在考察语料中都只出现 1 次。这些词语对中的词语两两之间在词义和用法方面相似程度很高，以至在很多场合都可以换用，即在很多场合都是可此可彼，这样，误用的情况自然就少。

来自教学和对学习者使用汉语词语情况考察的经验告诉我们，相似词语的误用有一定的方向性，而且误用的严重程度有高低之分，但仅凭教学经验和对一些学习者使用词语情况的观察，很难较为准确地判断一些词语误用的方向性以及误用的严重程度。而基于大规模中介语语料库，通过对相似的成对的“偏误词语—目标词语”的分析，就能得到一对对相似词语在中介语中的误用的方向性及误用次数，从而得知混淆误用的严重程度，根据词语对在中介语语料中误用的严重程度可以推断具体的相似词语在一般学习者书面表达中发生误用的可能性的高低大小。

将系联所得的相似词语与分析中介语所得的相似的“偏误词语—目标词语”加以对照还可以看到，两列词语对相应类别里的词语仍有不少出入，尤其是P类、G类、O类、PO类、PG类等。即使是重合率很高的S类、SG类词语中，也有一些是在一列词语对中出现但在另一列词语对中没出现的情况。在系联所得的词语对里出现但从中介语分析所得的词语对里没出现的相似词语对，是否表明这些词语对在一般学习者书面表达中不会发生误用，这还需要具体分析。一些在中介语里以“偏误词语—目标词语”形式出现的相似词语却没包括在系联所得的相应的相似词语类别里，这表明仅凭主观经验或对具体词语的观察在一定的词语范围内对相似词语进行人工系联组对难免会发生遗漏。

总之，一方面根据词语之间的相似性将常用词语里的相似词语进行系联组对，一方面基于大规模的、足以代表一般学习者书面使用汉语情况的语料库，对语料里以“偏误词语—目标词语”形式出现的相似词语对进行分析、提取，将两方面所得的词语对加以对照，两方面所得的结果相互印证，这对于了解和认识学习者学习和使用汉语词语受词语相似性的影响状况是必要的，也是一条可行的途径。

第五章　相似词语辨异模式及个案分析

第1节　相似词语辨异模式

一个个具体的词语在发音、书写形式、词义和词性上具有多方面的属性，词语和词语之间的相似性和差异就可能表现在某个或某些属性方面。汉语教和学的实践需要对那些在某（些）方面具有一定相似性的词语，特别是要对那些因为某（些）方面相似而导致混淆误解误用的词语进行辨异，通过辨异使学习者了解词语之间的差异所在，从而达到准确理解和使用的目的。

本书以甲、乙级共 3051 个词语为范围，经系联组对共得到 4058 对各类相似词语对，而通过对动态作文语料库中甲、乙级词语范围内的“偏误词语—目标词语”的分析，共得到 5569 对（7242 对减去 1673 对相似性不太明确的词语对）相似的“偏误词语—目标词语”。这仅仅是在甲、乙级词语范围内，如果着眼于更大的范围，得到的相似词语对数目会更多。单从相似词语对的数量上看，这些词语对的数量都远远超出了目前已经出版的任何一部词语辨析工具书或参考书所收录的词语。而且一般的工具书或参考书都尽量避免将一个词语与另外多个词语一一组对分别加以辨析。但在学习者使用中却出现了大量的以“偏误词语—目标词语”形式出现的一对多或多对一的词语对。如，“提高”作为偏误词，与多个目标词形成词语对（表 5-1）：

表 5-1　作文语料库中与偏误词“提高”对应的多个目标词

偏误词语	目标词语	出现次数	偏误词语	目标词语	出现次数
提高	多	3	提高	进步	1
提高	发展	11	提高	增加	6
提高	改善	4	提高	增长	1
提高	高	31			

“提高”作为目标词，也与多个偏误词形成词语对（表 5-2）：

表 5-2　作文语料库中对应于目标词“提高”的多个偏误词

偏误词语	目标词语	出现次数	偏误词语	目标词语	出现次数
促进	提高	1	高	提高	8
发达	提高	1	加强	提高	4
发展	提高	4	进步	提高	1
改变	提高	2	增加	提高	7
改进	提高	1	增长	提高	3
改善	提高	2	涨	提高	1

实际上，一般的词语辨析的工具书或参考书不可能对这些词语对一一加以辨析，即使对那些以“偏误词语—目标词语”形式出现次数较多的词语对一一辨析，工作量也十分巨大。

虽然在甲、乙级词语范围内系联所得的相似词语对和分析中介语所得的相似词语对数目都已经很庞大，但在教学和学习实践中遇到的甲、乙级范围内的需要辨异的词语对却仍有一些是超出上述两种相似词语表范围的，在甲、乙级词语范围之外的相似词语数量则更多。从这个角度看，即使对一定范围内的词语中的相似词语进行系联组对或分析中介语中的一定范围内的相似词语对，对它们一一加以辨别分析，也很难充分满足教学和学习实践的需要。

从已经出版的面向汉语作为第二语言教学或学习的词语辨析类工具书（包括辨析同义词、近义词、易混词语、相似词语等的工具书）或参考书来看，它们收录词语的范围大多超出甚至远远超出甲、乙级词语的范围，但它们实际收录的词语对或词语组数目多则 2000 余对或组（如，佟慧君、梅立崇主编的《汉语同义词词典》收词语 2168 组），少则 200 余对或组（如，卢福波《对外汉语常用词语对比例释》收词语 254 组）。即使这类工具书收录词语对或组的数目相当，但各自收录的词语对或词语组的具体条目都有或多或少的差异。比如有工具书将“帮”和“帮助”作为一对词语，也有工具书将“帮助”和“帮忙”作为一对，还有工具书可能将“帮助”和“协助”或“援助”作为一对。

从汉语教学和学习实践看，学习者汉语水平高低不同，他们遇到的需要辨别的相似词语也不完全相同，学习者需要辨别的相似词语还常跟他们的母语背景有关（张博等 2008，张博 2013），汉语水平不同或母语背景不同的学习者在辨别一对相似词语时的困难和要求也不尽相同。

这些情况表明，旨在辨析词义或用法相似的词语的工具书不可能穷尽教学或学习实践中需要辨异的词语，不可能充分满足针对不同水平或不同母语背景学习者的教学需要。在这种情况下，汉语教学人员掌握相似词语的辨异方法，按照一定的辨异模式，针对教学中或学生学习中遇到的一对对具体的相似词语进行辨析，就十分必要。

相似词语在发音、书写形式、词义或词性方面具有相似性，同时它们之间的差异也表现在这些方面。辨别相似词语之间的差异可以从发音和书写形式开始。词语的发音和书写形式一般具有明确的规定性，这种规定性在规范的词典里有清楚的记录，所以辨别词语的发音和书写形式只要借助普通词典就能解决。接着可以辨别词语在词义和词性方面的差异。普通词典里虽然也解释词语的意义，有的也标出所属的词类，但仅凭着一般词典对词义的解释和标注的词类，很难清楚地辨别一些成对成组的相似词语的词义和用法的差异所在，况且词典里还有许多词语互相解释或循环解释的现象。如，用“帮助”解释“帮忙”、用“特别”解释“尤其”之类。而这些被解释的词语和解释所用的词语只是词义和词性相似，它们之间存在着一定的差异，学习者根据这样的解释就容易发生相似词语的误用。这就使得在汉语教学和学习过程中对一些相似词语的词义和用法加以辨析显得格外重要，这也是教师和教学研究人员编写出版一些词语辨析类工具书和参考书的重要原因。

相似词语辨异的难点主要在于辨别词语在意义和用法上的差异。词语的意义和用法往往互为表里，词语的意义通过用法体现出来，即一个词语的意义是从使用该词语的语句和语境中分析提炼出来的。所以辨别词语的意义和用法应该从分析含有这些词语的具体语句入手。考察一个词语所在的各种各样的大量的语句，势必要考察该词语与哪些词语组合与搭配。这也是分析词语的语法属性（即词性）、将词语归入一定的词类必须经过的过程。在具体、全面考察相似词语各自在语句中与其他词语的组合、搭配情况的基础上，分析它们在表义和使用场合的差异。在本项研究过程中，我们对约 2000 组（每组含 2 到 4 个词语不等）常见的相似词语进行了辨异分析，将其中约 1000 组分成“初级”和“中级”进行了具体的辨析（方绪军 2012，2013）。基于对一些常见相似词语的辨异实践，我们试将相似词语的辨异过程大致归纳如下（如图 5-1）：

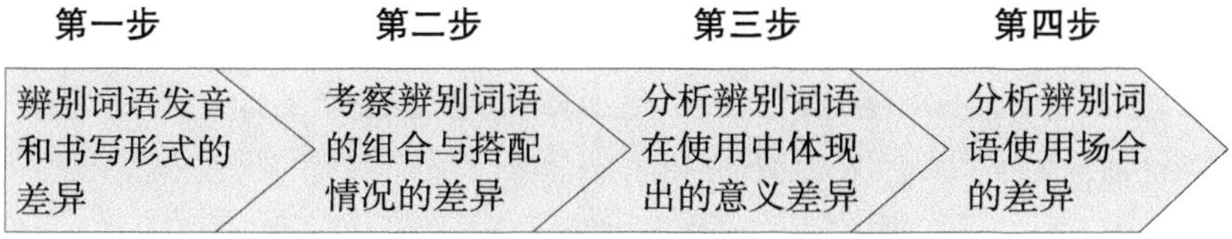

图 5-1　相似词语辨异的基本步骤

但在实际的辨异分析过程中，这几个步骤，特别是第三、四步经常要联系词语的组合与搭配情况，词语的组合、搭配情况不同，往往正是词语的意义和使用场合不同的具体表现，而且第三、四步之间也有密切的联系。第二、三、四步情况比较复杂，下边对这几个步骤作分别说明。

（一）词语组合与搭配功能辨异

词语的组合与搭配功能是指词语与其他词语一起使用以构成更大的语言单位或结构的能力。词的组合功能是词类划分的依据，即属于同一词类的词语在一定程度上具有相同的句法组合功能，所属词类不同的词语其句法组合功能一定有所不同。一些词典或词表已经标注的词语所属词类信息，辨别相似词语的组合功能可以结合它们所属词类异同来进行。

词语的搭配功能通常是指词语在一定的格式或框架中与其他词语一起出现的情况。相互搭配的词语可能形成一定的格式或框架，不一定构成一个短语或句子。如，“帮助”可以用在“在……下”里形成框架“在……的帮助下”，但“帮”和“帮忙”都不能这么用。“由于”可以和“因此”搭配形成“由于……，因此……”，“因为”不这么用。

辨别相似词语的组合与搭配功能可以从考察词语是否属于相同词类入手。

1. 同一词类里相似词语的组合与搭配功能辨异

虽然属于同一词类的词语（如 SG 类词语）在句法组合与搭配功能上有一定的相同之处，但同一词类里的词语个体即使在词义方面相似性程度很高，它们在句法组合与搭配能力上也往往有相异之处。属于同一词类下的不同次类（如动词里分及物动词和不及物动词）的相似词语，它们在句法组合与搭配方面也会有一定的差异。下边分别举例说明[①]。

“部分”和“局部”都是名词，但“部分”可以受形容词、数量词语的修饰

① 本小节词语辨异的举例主要引自方绪军、张新明（2003）和方绪军（2008）。

（如“大部分”“最主要的部分”“第一部分”“三个部分”），也可以修饰一些名词（如“部分地区”）；而“局部”主要充当修饰限制成分（如“局部地区”“局部问题”“局部利益”），一般不受其他词语的修饰。

“中”和“中间”一般被看作名词，但它们在名词中属于不同的次类：“中”是方位词，主要用在一些名词后（如“心中”“手中”“脑海中”“心目中”“黑暗中”“进行中”等）；“中间”则是普通的表示位置的名词，可以作主语（如“场地周围站了不少人，中间是一块空地”）、宾语（如“王老师坐中间，我们坐两边吧”），作定语时后边可以加“的”(如“中间的这位是新校长”)。

“帮助”和“帮忙”都是动词，但“帮助”可以带宾语、补语，可以构成“在……的帮助下”，有重叠形式“帮助帮助”；“帮忙”是个离合词，中间可以插入一些成分（如“帮点忙”“帮个忙”“帮不了忙”“帮了我的大忙”），一般不带宾语、补语，有重叠形式“帮帮忙”。

“游览”和“旅游”虽都是动词，但它们分别属于及物动词和不及物动词：“游览”可以带宾语（如“游览长城”“游览名山大川”）；“旅游”则不带宾语。

“充分”和“充足”都是形容词，但“充分”还常作状语（如“充分说明”“充分理解”“充分调动起来”），“充足”一般不作状语。

“这样”和“这么”都是代词，但“这样”可以作谓语（如“他这人就这样”）、宾语（如“谁也不想把事情搞成这样”），“这么”一般不作谓语、宾语。

“次”“回”和“趟”都是动量词，但“次”可以与“会议”“战争”“机会”等名词配合使用（如“两次会议”“一次战争”“几次事件”“一次机会”），“回”“趟”一般不这么用；“次”和“回”可以与“看”“听”“吃”“说”“讨论”“看见”“遇到”“检查”等配合使用（如“看一次”“听一次”“吃一回”“说过一回”“一回也没遇到过”），而“趟”只能与“来”“去”“走”“送”“跑”等配合使用。

“里”和“中”都是方位词，但“里”可以用在表示机关、单位的名词后边（如“县里”“所里”“部里”“公司里”），“中”不能；“中”可以用在一些动词或形容词后边（如“讨论中”“调查中”“痛苦中”“混乱中”），“里”不能。

“很”和“挺”都是副词，但“很”可以用在不少动词短语的前边（如“很买了一些东西”“很去了几个地方”），还可以作一些形容词的补语（如“早得很”“奇怪得很”），“挺”不能。

“从”和“自从”都是介词，但“从”除了引出时间起点以外，也可以引出处所、范围等的起点，还可以引出动作行为的依据、路径、角度等，“从”可以构成“从……上（面）”“从……里（面）”“从……方面”“从……角度”等；“自从……”一般只表示时间起点，而且常用在句首。

“还是”和“或者”都是连词，但“还是”可以用在表示选择关系的疑问形式中，“或者”可以用在表示选择关系的陈述形式中。选择关系的疑问形式用在陈述句中，仍然要用“还是”（如“开会的时间是星期五还是星期六，现在还没定”），不能用“或者”。

2. 属不同词类的相似词语的组合与搭配功能辨异

相似词语如果属于不同的词类（如S类词语），它们在与其他词语组合与搭配方面必然存在一定的差异。举例说明如下。

“行为”和“行动”，前者是名词，后者可以是动词。“行为”可以构成“言语行为”“犯罪行为”等；“行动”可以构成“抓紧行动”“行动起来”等。

“趣味”和“有趣”，前者是名词，后者是形容词。“趣味”可以构成“艺术趣味”“趣味相同”“低级趣味”“很有趣味”“趣味性”等；“有趣”可以构成“极为有趣”“有趣的故事”“感到有趣”“有趣极了”等。

“刚才”和“刚刚”，前者是名词，后者是副词。“刚才”可以作定语（如“刚才的发言”“刚才的电话”），可以与“跟”“与”“同”“比”“在”等构成介词短语（如“比刚才好一点儿”“就在刚才”）；“刚刚”可以构成“刚刚……就……”（如“他刚刚到家，朋友就来电话了”），可以用在“现在”“上午”“昨天”等时间词语后边（如“他学了一年的汉语，现在刚刚能读一些简单的读物”）。

“适合”和“合适”，前者是动词，后者是形容词。“适合”可以带宾语（如“这里交通方便，风景秀丽，很适合发展旅游业”）；“合适”可以作补语（如“房间布置得很合适”），可以构成“合适的时候”“合适的机会”等。

“匆忙”和“急忙”，前者是形容词，后者是副词。“匆忙”可以作谓语（如“神色匆忙”）、补语（如“来得匆忙”），可以受程度副词修饰（如“十分匆忙”）；“急忙”一般只作状语。

3. 兼类与不兼类的相似词语的组合与搭配功能辨异

有些相似词语对中的词语，其中一个词语是兼属不同词类的。这种词语对中的词语在组合与搭配上也一定存在差异。比如：

“区别”和“差别”都可以是名词，但“区别”还可以是动词，可以带宾语（如“你能区别这两个音吗？”）、带状语（如“这两个词的用法很难区别”）、带补语（如“正确的与错误的要区别开来”）；“差别”只能作名词。

“系统”和“体系”都可以是名词，但“系统”还可以是形容词，可以带状语（如“这套理论已经相当系统了”）、带补语（如“他现在的想法比过去系统得多”），也可以作状语（如“我们系统地学习了教育心理学”）；“体系”只能作名词。

“明白”和“懂得”都可以是动词，但“明白”还可以是形容词，可以构成“明白人”“说得很明白”“明白地告诉你”“明明白白”等；“懂得”只能作动词。

“全”和“都”都可以是副词，但“全”还可以是形容词，可以构成“全世界”“全市”“很全”等；“都”只能作副词。

（二）词义辨异

对在词义方面存在相似性的词语（包括 S 类、SG 类、PSG 类等）的辨异往往涉及词义的轻重、词义范围的大小、词义的概括与具体，有些相似词语在涉及或描述的对象、情态义、情状义等方面存在一定的差异，一些相似的虚词则在各自所表达的语法关系或语法意义上有所不同。

1. 词义的轻重

一些在词义方面存在相似性的名词、动词、形容词，它们在表达程度的高低、深浅，性质的轻重等方面有一定的区别。比如，名词“错误”和“缺点”都可以表示人的言行方面存在的不足之处，但“错误”表示的“不足之处”要比“缺点”严重一些。动词“担心”和“担忧”都可以表示“不放心”的意思，但“担心”表示的“不放心”的程度比“担忧”要轻一些，“担忧”还带有“忧虑”的意思。形容词“悲痛”和“悲伤”都表示“伤心、难过”的意思，但“悲痛”含有“心里极为痛苦”的意思，它表示的“伤心、难过”的程度比“悲伤”更深。

2. 词义范围的大小

一些词义相似的名词、动词、形容词所表示的事物、行为活动或性质的范围有大小之分。比如，名词“力量”和“体力”都可以指“力气、劲儿”，但“力量”的所指范围比“体力”大，“力量”除了指“身体所能发出的力气”之外，还可以指“能做某事的能力”（如“群众的力量”“科研力量”）；而“体力”仅指“身体所能发出的力气”。动词“问”和“打听”都可以表示“探问”，但“问”还可以表示“询问”（如“不懂就问”）、“过问”（如“不闻不问”）、“审讯”（如“问案”），显然“问”表示的行为活动范围比“打听”大。形容词“美”和“美丽”都可以表示“好看”，但“美”还可以表示“令人满意的，好”（如“美酒”）、“得意”（如“听到大家的夸奖，他的心里别提有多美了”），可见“美”表示的性质范围比“美丽”大。

词义范围的大小，在词典里通常表现为词语义项的多少。

3．名词所指的概括与具体

用来指称事物的名词，它们的所指有概括与具体（或抽象与具体）之分。词义概括的名词所指的事物往往是某一类或某个集体，它只能跟表示多数、不定量或类属的量词配合使用（如“一些书本”“许多信件”“这种车辆”“多种纸张”等），一般不能跟个体量词配合使用。词义具体的名词所指的事物是具体的或者表现为具体的个体，它一般可以跟个体量词配合使用（如“一本书”“一辆车”“一封信”“一张纸”等）。词义具体的名词往往也可以指某一类事物或某种事物的集体。

4．动词、形容词涉及或描述对象的不同

一些词义相似的动词表示的动作行为涉及的对象有所不同。比如，动词“请求”和“要求”都可以表示向他人提出愿望，希望得到满足、实现。但“请求”表示礼貌地提出愿望，可以用于下级对上级或同级之间，不用于上级对下级；“要求”表示一般地提出愿望，可以用于上级对下级或同级之间，较少用于下级对上级。

有些词义相似的形容词在形容或描述的对象方面有区别。比如，“肥”和“胖”都可以形容身体含脂肪多（跟“瘦”相反）。但“肥”常用来形容动物（包括动物的肉），也可以形容土地含养分多，还可以形容衣服、鞋等宽大的样子。“肥”若用来形容人的样子，则含有贬义。“胖”则常用来形容人的身体、衣服，有时也形容动物（如“胖胖的熊猫”）。

5．能愿动词情态义的不同

一些词义相似的能愿动词表示的情态意义有区别。如，“该”和“应”都表示“按情理当然是这样或必须是这样”的意思，但“该”还可以表示推测可能的情况（如“现在该有十点半了吧”）。

6．副词情状义的不同

一些词义相似的副词表示的情状意义有区别。如，“暗暗”“默默”和“悄悄”都表示“不引人注意”，但是“暗暗”多表示内在的心理活动不表现出来，“默默”多表示行为动作或事物的状态没有声音，“悄悄”则多表示行为动作、变化没有声音或声音很低。

7．虚词的关系意义或语法意义的不同

虚词的意义主要是其表达的结构关系意义或语法意义。连词、介词和结构助词等表达的是结构关系意义。如，连词“和”表示加合关系，“或”则表示选择关系；用在动词后的介词“向”用来介引动作行为的方向（如“走向未来”“飞向远方”），而动词后的“往”则用来介引动作行为的终点（如“开往北京”“运往香港”）；结构助词“的”可以表示领属关系或属性与事物的关系（如“孩子们的未来”“雄伟的长城”），“地”可以表示情状修饰动作行为的关系（如“轻轻地放下”“勇敢地站出来”），“得”则可以表示对动作行为或性状的补充说明关系（如“跑得很快”“急得直哭”）。

动态助词、语气词等表达的是语法意义。如，用在动词后的“过”和“了”，前者表示经历了某种动作行为活动或状态的意义（如“去过非洲”“没红过脸”）；后者若用在动词和宾语之间可以表示完成了某种动作行为活动或成了某种状态的意义（如“去了非洲”“铁了心”），若用在句尾，则表示出现了新的事态（如“下雨了”“吓坏了”）。

（三）词语的使用场合辨异

词语的使用场合通常包括词语的语体特征、感情色彩和常用程度。辨别相似词语的使用场合是从宏观的角度辨析词语的用法。

1. 词语的语体特征差异

词语使用的语体特征通常是指词语在口语、书面语或中性语体，或在特殊语体（如公文、科技论文、正式信函、文艺作品等）和普通语体等语体中的使用情况。尽管大多数词语可用于中性语体，但也有不少相似词语特别是词义和词性相似的词语，它们在使用场合上有很大区别。比如，“瞧”“溜达”“聊”“巴掌”“价钱”“挺”“干吗”“晓得”多用于口语语体，与它们在词义和词性方面相似的“看”“散步”“谈”“手掌”“价格”“很”“为什么”“知道”则多用于中性语体，“为何”“获悉”则多用于书面语体；“见面”“聪明”“维修”“盐”“天空”“寻找”“明亮”“出生”“严肃”“商量”可用于中性语体，而与它们在词义和词性方面相似的“会晤”“聪颖”“修缮”则多用于书面语体，“氯化钠”“天体”则多用于科学语体，“寻觅”“璀璨”则多用于文艺语体，“诞生”“肃穆”则多用于庄重语体，“商讨”则多用于正式语体。

2. 词语的感情色彩差异

词语的感情色彩通常指词义的褒贬、敬谦等方面的特征。比如，“勾结”“勾通”是贬义词，而与它们概念义相似的“团结”是褒义词，“沟通”则是中性词；“等候”“意见”“作品”“住处”“教育”等是普通用词，而与它们概念义相似的“恭候”“高见”“大作”“府上”“赐教”等则是尊敬用词,“拙见”“拙作”“寒舍”“请教”等则是自谦用词。“贵～”“敝～”“本～”用在一些名词前边（如“贵厂”“敝厂”“本厂”），也有敬词、谦词和一般用词的区别。

3．词语的常用程度差异

词语的常用程度表现为词语在一定范围内使用的汉语（如普通汉语或专门领域使用的汉语）中的出现频率，它在更广泛的意义上体现了词语的使用场合。一些在词义方面或词义和词性方面相似的词语在常用程度上有一定的差异。比如,“方便”“大概”“代表”“带领”“帮助”等，就比相似的“便利”“大致”“代理”“率领”“协助”等更为常用。

在普通汉语中，词语的常用程度与词语的语体特征有一定的关系。中性语体的词语在普通汉语中较为常用，而口语色彩、书面语色彩和特殊语体色彩很浓的词语在普通汉语中的常用程度就相对较低。

以上分不同的步骤和不同的方面讨论了辨别相似词语的基本方法和内容。就一对对具体的相似词语特别是在词性和词义方面相似程度很高的词语而言，要辨别它们之间的差异往往要运用语言学的方法进行大量的用例分析。本章下边几节以一些常见的相似词语为例，具体分析它们在表义和用法上的差异。

第2节　可构成并列式动词的词义相似单音节动词的功能差异[①]

汉语中有些单音节动词词义相似，它们可以并列构成一个合成动词。如，“堵”与“塞”，“比”与“赛”，“购”与“买”，可以分别构成并列式动词“堵塞”“比赛”“购买”。这些单音节动词与由它们构成的双音节动词往往词义相似。对单、双音节动词的功能差异已有过不少研究（李临定 1990，张国宪 1995，谢红华 2000，程娟、许晓华 2004）。比如，在“上下班高峰期，高架道路上也会出现交通堵塞现象”一句中，“堵塞”就不能换用“堵”或“塞”。但并列构成双音节动词的词义相似的单音节动词之间在结构功能上也存在着相当的差异。如，“比”与“赛”的结构能力就有不同：在“今天这两个队要比比高低”“比速

① 本节根据本人《构成并列式动词的近义单音节动词的功能差异》一文（载《白城师专学报》2002 年第 3 期）补充、修改。

度”“比技术”“比谁跑得快”中，“比”不能换用“赛”；在“赛场”“篮球赛”“汽车拉力赛”中，“赛”也不能换用“比”。在中介语语料中也有这种词义相似的可以构成并列式动词的单音节动词误用的现象。表 5-3 是从作文语料库中提取的一些误用的词对：

表 5-3　可构成双音节动词的词义相似的单音节偏误动词和目标动词

偏误词	目标词	偏误词	目标词	偏误词	目标词
取	采	存	活	降	下
立	创	送	寄	要	想
待	等	提	交	挑	选
送	发	喊	叫	想	要
离	分	入	进	当	应
追	赶	见	看	立	站
度	过	存	留	念	想
包	含	欠	缺		
生	活	闻	听		

这些词在词义方面有一定的相似性，但并不等同，在用法上也有一定的差异，所以学习者在使用中才发生了误用。词的结构功能（包括它与其他词语的组合情况、自身形式变化情况等）是一个词的用法的重要方面，学习者掌握词的结构功能尤其是词义相似的词的结构功能差异，是在表达中正确使用这些词的必要条件。本节收集了101组可以构成并列式动词的词义相似的单音节动词①，考察它们在词义相似情况下的功能差异。为说明简便起见，我们把每一对词义相似的单音节动词记为 A—B（A 代表在合成词中位置靠前的一个动词，B 代表靠后的那

① 这 101 组可以构成并列式动词的单音节动词是：爱—好　搬—运　扮—演　伴—随　帮—助　奔—跑　比—赛　并—排　播—种　捕—捉　测—量　测—验　搀—扶　撤—退　到—达　代—替　登—记　等—候　雕—刻　丢—失　斗—争　堵—塞　对—待　躲—避　躲—藏　缝—补　符—合　改—变　跟—随　耕—种　购—买　拐—骗　关—闭　关—押　观—看　呼—叫　花—费　挤—压　记—录　剪—裁　建—造　建—筑　降—落　搅—拌　叫—喊　叫—嚷　浸—泡　具—有　聚—集　看—望　考—试　捆—绑　拉—扯　连—接　搂—抱　描—绘　命—令　漂—浮　飘—扬　拼—搏　拼—凑　抢—夺　去—除　缺—少　容—许　审—判　剩—余　使—用　逃—跑　疼—痛　挑—选　调—换　停—止　投—掷　推—算　推—选　携—带　行—走　需—要　悬—挂　选—择　寻—找　邀—请　摇—摆　摇—晃　游—逛　遭—受　增—长　增—加　增—添　赠—送　粘—贴　招—聘　招—收　折—叠　争—吵　争—斗　争—夺　制—造　追—赶　准—许

个动词）。本节主要考察 A 和 B 在词义相似的情况下，其功能在以下几个方面的差异：结构能力的强弱；重叠；带“了”“着”“过”；带宾语；带补语。

（一）A、B 结构能力的强弱

有些词义相似的A和B结构能力有强弱之分。如，“帮”的结构能力就比“助”强得多。“帮”的使用比较自由，如“帮帮朋友”“帮着干活”“帮了他一次”“帮得上”“帮不了”等。“助”的结构能力要弱得多，它只用于“助……一臂之力”“助人为乐”“自助”等固定格式中或用来构词。

A 和 B 结构能力有强弱之别的，有的是 A 强 B 弱，如，帮—助，比—赛，等—候，对—待，关—押，到—达，丢—失，关—闭，记—录，飘—扬，拼—搏，剩—余，疼—痛，停—止，选—择，招—聘；有的是A弱B强，如，奔—跑，捕—捉，符—合，耕—种，购—买，观—看，具—有，容—许，携—带，需—要，悬—挂，寻—找，游—逛。

结构能力强的单音节动词在《汉语水平词汇与汉字等级大纲》中的等级一般较高（更常用），反之则较低。比如，帮$_{乙}$—助$_{丙}$，比$_{甲}$—赛$_{乙}$，丢$_{甲}$—失$_{丁}$，剩$_{甲}$—余$_{丙}$，疼$_{甲}$—痛$_{乙}$，停$_{甲}$—止$_{乙}$，选$_{乙}$—择$_{超纲词}$，都是A的等级高于B的，A 的结构能力也强于 B。奔$_{丙}$—跑$_{甲}$，符$_{超纲词}$—合$_{乙}$，耕$_{丁}$—种$_{乙}$，购$_{丙}$—买$_{甲}$，观$_{丁}$—看$_{甲}$，具$_{超纲词}$—有$_{甲}$，容$_{丙}$—许$_{乙}$，携$_{超纲词}$—带$_{甲}$，需$_{丙}$—要$_{甲}$，悬$_{丙}$—挂$_{甲}$，寻$_{丙}$—找$_{甲}$，游$_{丙}$—逛$_{乙}$等，其中 A 的等级都低于 B，A 的结构能力也弱于 B。

尽管 A 或 B 的结构能力有强弱之分，但在不少时候，结构能力强的 A 或 B 并不能替换结构能力弱的 B 或 A。不能换用的原因主要有两方面：一方面，结构能力弱的 A 或 B 常用于一些固定格式中，它们的能产性很弱，一般不宜换用与其词义相似的 B 或 A。如，“观”的结构能力弱于“看”，“观”常用于“眼观六路，耳听八方”“听其言，观其行”“坐山观虎斗”“走马观花”“察言观色”等习语或成语中，其中的“观”都不宜换用“看”。另一方面，A 或 B 的结构能力强弱与其出现的语体或使用场合有一定的关系。一般而言，结构能力强的 A 或 B 多用于口语或在口语和书面语中通用，而结构能力较弱的 B 或 A 则多用于书面语或正式场合。语体色彩不同的词的换用通常会引起语句语体色彩的变化，甚至会造成词语与语句色彩的不协调。如，“剩”和“余”，“剩”在口语和书面语中通用，“余”则多用于书面语或正式场合。在“带的两百块钱全花光了，一分没剩”这句中，

“剩”就不宜换用“余”。“游”和“逛”，“游”多用于书面语或比较正式的场合，“逛”则多用于口语。在“诗人年轻的时候，游遍了各地的名山大川”中，“游”如果换用“逛”，语体色彩就发生了很大变化。

（二）A、B 重叠的差异

构成双音节动词 AB 中的有些 A 和 B 都可以重叠。如，躲（出去躲躲）—藏（把东西藏藏），缝（裂开的地方要缝缝）—补（破的地方得补补），改（这种脾气要改改）—变（她也想变变自己的发型），调（咱俩调调位置吧）—换（咱俩换换坐吧）。有些 A、B 构成合成词 AB 时可以重叠为 AABB 的形式，如“缝缝补补”“拉拉扯扯”“摇摇摆摆”“摇摇晃晃”“争争吵吵”。

但也有些A和B，A可以重叠，B一般不能重叠。如，帮（咱们得帮帮他）—助，比（你们再比比吧）—赛，堵（这些漏洞是该堵堵了）—塞，跟（他今天跟跟张，明天跟跟李，结果什么也没学到）—随，关（你临走时别忘了把教室里的灯关关）—闭，关（这种人就得抓起来关关）—押，聚（明天咱们找个地方聚聚吧）—集，拼（再不拼拼就没机会了）—搏，审（他们决定再审审这两个犯人）—判，停（这项工程一年多来做做停停，进展很慢）—止，选（这些书你先选选，不要的就处理掉）—择，等（你再等等）—候。

也有些 A 和 B，与上述情况相反，即 A 一般不能重叠，B 可以重叠。如，奔—跑（他只要看一匹马跑跑，就能知道这马好不好），代—替（他有点儿累了，你替替他吧），登—记（进了多少货，我们得记记），耕—种（养养花，种种草），购—买（这点儿钱你留着买买书吧），拐—骗（这种把戏只能骗骗小孩），观—看（你再看看），呼—喊（你喊喊，看他走了没有），呼—叫（你再叫叫，看里边还有没有人），浸—泡（衣服要先泡泡再洗），行—走（咱们出去走走吧），寻—找（你再去找找），游—逛（出去逛逛）。

还有些A和B一般都不重叠。如，爱—好，伴—随，到—达，对—待，符—合，花—费，耗—费，具—有，缺—少，剩—余，疼—痛，需—要，遭—受。这些单音节动词大多是不表示具体的行为动作的。其中有个别动词在表示某种行为动作时有重叠的用法。如，“花—费”中的“花”在表示“用（钱）”时可以重叠（这些钱你自己留着花花吧，我们不要你的），但在这个义项上，“花”与“费”词义差异较大。“花”与“费”在表示“花费（心血、精力等）”的词义上相似，在这个义项上，它们都不能重叠。

另有少数 A—B 虽然可以表示某种行为，但它们多用于书面语或正式场合，这种 A 和 B 一般也不重叠。如，命—令，容—许，准—许。

（三）A、B 带“了”“着”“过”的差异

就 A 或 B 带“了”“着”“过”的总体情况看，有些 A 和 B 都可以带“了”“着”“过”，如“扮—演”；有些 A 可以带“了”“着”“过”，B 不能，如“选—择”；还有些 A 一般不带“了”“着”“过”，B 可以带，如“观—看”。但也有一些 A 或 B 带“了”“着”“过”的情况不太一致。如，“丢—失”，准—许”，“缺—少”中，A 和 B 都是可以带“了”“过”的，但它们通常都不带“着”；“帮”和“助”都可以带“了”“过”，但只有“帮”可以带“着”，“助”一般不带。以下分别考察 A、B 带“了”“着”“过”的差异。

1. 带“了”的差异

大多数 A 和 B，都可以带“了”。如，搬—运，扮—演，比—赛，播—种，捕—捉，测—量，搀—扶，撤—退，登—记，雕—刻，丢—失，斗—争，堵—塞，堆—积，躲—避，躲—藏，缝—补，改—变。

有些 A 可以带“了”，B 不带“了”。如，到（上海老龄人口差不多已经到了总人口的三分之一）—达（* 上海老龄人口差不多已达了总人口的三分之一）。

有些是 A 一般不带“了”，而 B 可以带。如，代—替（我看他太累了，就替了他一会儿），符—合（好不容易才合了他的心意），观—看（看了一场戏），具—有（有了这个条件就好办了）。

还有些 A 和 B 一般都不带“了”。如，对—待①，命—令。

2. 带“着”的差异

大多数A和B都可以带“着”。如，搬—运，扮—演，比—赛，播—种，捕—捉，测—量，搀—扶，登—记，雕—刻，斗—争，堵—塞，堆—积，躲—避，躲—藏，缝—补，跟—随，关—闭，关—押。

有些 A 可以带“着”，B 一般不带。如，帮（他一直帮着我）—助，审（法官正审着犯人呢）—判，停（停着不动）—止，选（你先选着，选好了拿过来）—择。

也有些 A 一般不带“着”，B 可以带。如，拐—骗（大家一直被他骗着），观—看（看着黑板），奔—跑（一直在外跑着），具—有（这儿有着得天独厚的条件），携—带（带着几本书）。

---

① 在“对了对数字”“对了对名单”中，“对”与“待”不属于词义相似。

还有些 A 和 B 一般都不带“着”。如，到—达，丢—失，对—待，命—令，缺—少，容—许。

3. 带“过”的差异

大多数A和B都可以带“过”。如，搬—运，扮—演，比—赛，播—种，捕—捉，测—量，搀—扶，撤—退，雕—刻，斗—争，堵—塞，堆—积，躲—避，躲—藏，缝—补，改—变，关—闭，关—押。

有些A可以带“过”，B一般不带。如，到（他们都到过非洲）—达，等（他在这儿等过你）—候，跟（他没跟过王教授）—随，选（马教练来这儿选过队员）—择。

也有些 A 一般不带“过”，B 可以带。如，奔—跑（很多短跑名将在这里跑过），符—合（他俩的脾气从来没合过），观—看（这戏我看过），具—有（很多人有过这样的经历），携—带（上课时，他没带过词典）。

还有些 A 和 B 一般都不带“过”。如，伴—随，命—令。

（四）A、B 带宾语的差异

大多数 A 和 B 都可以带宾语，其中大部分可以带名词性词语作宾语。如，扮（扮孔明）—演（演曹操），捕（捕鱼）—捉（捉虫），搀（搀老人）—扶（扶老太太），调（调位子）—换（换座位），捆（捆书）—绑（绑坏蛋）。有少数 A 和 B 带了名词性宾语，后边一般还要加别的动词性词语。如，命（命部队快速前进）—令（令各部队加强防备），容（不容我解释）—许（不许车辆通行）。有些 A 和 B 可以带动词性词语作宾语。如，爱（爱管闲事）—好（好说大话），准（不准迟到）—许（不许乱动）。

有少数A和B，A可以带宾语，B一般不带。如，“比”和“赛”，在表示“进行比赛”的意义上，“比”可以带宾语（比速度、比比谁跑得快），“赛”一般不带宾语；“拼”和“搏”，在表示“拼搏”的意义上，“拼”可以带宾语（拼身体、拼时间），“搏”一般不带宾语。有些 A 和 B，A 带宾语比较自由，B 带宾语却很有限。如，“帮”带宾语要比“助”带宾语自由得多。

也有些 A 和 B，A 一般不带宾语，但 B 可以带。如，“浸”和“泡”，“浸”一般不带宾语，而“泡”可以带宾语（泡衣服、泡方便面）。有些 A 和 B，A 带宾语的情况很有限，B 带宾语却比较自由。如，“观”和“看”，“观”带宾语仅限于某些较为固定的格式（眼观六路，耳听八方；听其言，观其行），相比之下，

"看"带宾语要自由得多。

还有些A和B一般都不带宾语。如，奔—跑，疼—痛[①]。

（五）A、B带补语的差异

下边分别讨论A、B带趋向补语、补语"得……"、动量补语和时量补语的情况。

1．能否带趋向补语

有些A和B都可以带趋向补语。如，搬（搬过来，搬过去）—运（运过来，运过去），搀（搀起来，搀上车）—扶（扶起来、扶上车），改（改过来）—变（变过来），建（建起来）—造（造起来），叫（叫上、叫起来）—喊（喊上、喊起来），抢（抢过去、抢下来）—夺（夺过去、夺下来）。

有些A可以带趋向补语，B一般不带。如，爱（爱上集邮了）—好，帮（帮上、帮起别人来）—助，等（等上三个小时）—候，躲（躲起来、躲过去）—避，跟（跟过去、跟上来）—随，考（考上大学、学生考起老师来了）—试[②]，拼（拼起来、拼下去）—搏，停（停下来）—止，选（选出来、选出）—择。

也有些A一般不带趋向补语，B可以带。如，代—替（替下），耕—种（种下去，种起来），购—买（买下来，买过来），观—看（看下去、看起来），呼—叫（叫起来、叫来警察），去—除（除去），携—带（带上、带来），寻—找（找出来），赠—送（送过去、送来）。

还有些A和B一般都不带趋向补语。如，伴—随，到—达，对—待，具—有，命—令，缺—少，容—许，遭—受，准—许。

2．能否带"得＋补语"

有不少A和B都可以带"得＋补语"。如，搬（搬得很快、搬得很多）—运（运得很快、运得很及时），扮（扮得很像）—演（演得很好），测（测得很精确）—量（量得很准），斗（斗得很凶）—争（争得很厉害），堵（堵得很死）—塞（塞得很紧），捆（捆得很结实）—绑（绑得不太牢）。

有些A可以带"得＋补语"，B一般不带。如，帮（帮得很多、帮得很及时）—助，到（到得早）—达，等（等得不耐烦了）—候，丢（丢得很可惜）—失，

① 在"他家跑了一头牛""妈妈疼儿子"中，"跑""疼"带宾语，但它们与"奔""痛"不属于词义相似。

② 在"没付钱就试起来了"中，"试"与"考"不属于词义相似。

跟（跟得很紧）—随，拼（拼得很凶、拼得很厉害）—搏，停（停得很稳、停得太及时了）—止，选（选得很仔细、选得很对）—择。

也有些 A 一般不带“得 + 补语”，B 可以带。如，奔—跑（跑得很快），登—记（记得很具体），购—买（买得很多），拐—骗（骗得大家都信以为真），观—看（看得眼都直了），呼—叫（叫得人心烦），携—带（带得太多了），寻—找（找得很仔细）。

还有些A和B一般都不带“得+补语”。如，伴—随，对—待，耗—费，具—有，命—令，容—许，准—许。

多数 A 或 B 带趋向补语与带“得 + 补语”的情况是一致的，即不少 A 和 B 可以带趋向补语，它们也都可以带“得 + 补语”（如，搬—运，搀—扶，改—变，建—造）；有些 A 可以带趋向补语，B 一般不带趋向补语，相应地，这些 A 也可以带“得 + 补语”，B 一般也不带“得 + 补语”（如，帮—助，等—候，躲—避，跟—随，拼—搏，停—止）；有些 A 一般不带趋向补语，B 可以带，相应地，这些A一般也不带“得+补语”，B可以带（如，奔—跑，购—买，观—看，呼—叫，携—带，寻—找）；有些A和B一般不带趋向补语，它们一般也都不带“得+补语”（如，伴—随，对—待，具—有，命—令，容—许，遭—受）。只有少数情况是不一致的。如，“到—达”中的“到”一般不带趋向补语，但却可以带“得 + 补语”（到得很及时、到得很晚）。

3. 能否带动量或时量补语

有不少 A 和 B 都可以带动量补语或时量补语。如，搬（搬一趟、搬了一会儿）—运（运一趟、运了半个月），扮（扮过一次）—演（演过一回），比（比一次）—赛（赛一场），测（测一次）—量（量一回），登（登一下）—记（记一下），雕（雕一下）—刻（刻一下），斗（斗了半天）—争（争了好久），躲（躲了好几天）—藏（藏了两个星期）。

有些 A 可以带动量或时量补语，而 B 一般不带。如，帮（帮一下、帮了半天）—助，到（到过一次）—达，等（等一下、等一会）—候，丢（丢过一回）—失，跟（跟过一次、跟了半天）—随，停（停一下、停一会）—止，选（选一次、选半天）—择。

也有些 A 一般不带动量或时量补语，而 B 可以带。如，奔—跑（跑一趟、跑了很长时间），观—看（看一下儿、看一会儿），携—带（带过一回、带一次），寻—找（找一下、找了半天）。

还有些 A 和 B 一般都不带动量或时量补语。如，命—令，容—许。

以上具体考察了可以构成并列式动词的词义相似的单音节动词A和B在重叠、带动态助词“着”“了”“过”、带宾语和带补语等基本功能方面的差异。其实，A 和 B 在词义相似的情况下，其功能差异还不限于这些方面。比如，有些 A 和 B 在带否定词方面存在差异。相当多的单音节动词前边可以加“不”或“没”表示否定，但就词义相似的 A 和 B 而言，却并不总是一致的。如,“具”和“有”,“具”前边可以用“不”但不用“没”,“有”前边可以用“没”但不用“不”;“符”和“合”这一组,“符”前边可以用“不”但不用“没”,“合”前边可以用“不”或“没”。“需”和“要”这一组,“需”前边可以用“不”或“无”,但“要”前边能用“不”却不能用“无”。

通过对可以构成并列式动词的单音节词义相似的动词 A 和 B 基本功能差异的考察，我们认识到：不仅双音节动词与词义相似的单音节动词（如“帮助”和“帮”,“比赛”和“比”）的功能存在着相当的差异，而且单音节动词之间的功能也存在着一定的差异。这种情况说明，双音节动词与词义相似的单音节动词之间的功能差异不是整齐划一的。一个双音节动词 AB 在某项功能上可能与词义相似的 A 一致，但与 B 却可能有差异（如,“爱好”和“爱”都可以带名词作宾语（爱好 / 爱和平、爱好 / 爱体育），但“好”却不能这么用）；或者与词义相似的 B 一致，但与 A 却可能有差异（如,“比赛”和“赛”都可以用在“足球比赛 / 赛”“乒乓球比赛 / 赛”“友谊比赛 / 赛”中，但“比”却不能这么用）。因此，动词的结构功能差异不仅表现在单、双音节动词之间，单音节词义相似的动词之间的功能差异也很值得重视。

第3节　常用逆序词语辨异①

汉语中有许多词语是由两个相同的汉字或语素逆序构成的，如“来往”和

① 本节根据《〈汉语水平词汇大纲〉中的逆序词语》一文（与薄文静合作，载《海外华文教育》2006 年第 1 期）补充、修改。

“往来”，“互相”和“相互”，“到达”和“达到”之类。这种词语可称为逆序词语。

现代汉语里的这种逆序词语有时会给学习者学习和使用这类词语带来一定的困难。在教学过程中，我们常遇到学生在使用“适合”和“合适”，“回来”和“来回”，“面前”和“前面”，“达到”和“到达”，“生产”和“产生”，“彩色”和“色彩”等词语时犯难或出错。比如，有一位日本学生在作文中使用了这么一句话：“* 在日本不愿上学的小学、初中学生人数竟到达了 13 万。”很显然，她是混淆了“到达”和“达到”的用法。还有位初学汉语的学生造了这么一个句子：“* 我要买三张邮票，还要买三封信。”我们很容易看出他是混淆了“（三个）信封”和“（三）封信”，尽管“……封信”不是一个词。学生们将“达到”误用为“到达”、将“（三个）信封”误用为“（三）封信”，还可以从它们之间存在一点意义上的联系来解释。但学习者有时误用逆序词语，我们却很难找到两个词语之间的意义联系。如，2005 年 3 月 4 日中央电视台“新闻会客厅”栏目邀请全国政协新闻发言人做访谈节目，现场观众中有些外国记者，其中有一位韩国记者用中文提问：“中国的农村问题是中国国家的问题。胡锦涛主席提出要建设和谐社会，在这个提……这个提……这个前……这个提前……这个提……这个前提……这个前提目的下，请问这次会议有没有新的政策？”他的问话过程体现了他在选择“提前”还是“前提”上经过了反反复复的考虑。我们很难简单地说“提前”和“前提”在意义上有多大的联系。说话人说话时出现了词语选择困难，最直接的原因可能就是它们都是由“提”和“前”构成的。有趣的是，在我们考察的作文语料中，也有把“前提”误用为“提前”的（见表 5-4）。

在本项研究考察的作文语料中，有不少逆序词语误用的情况。表 5-4 是一些出现误用的词语对：

表 5-4　作文语料库中逆序的偏误词语和目标词语示例

偏误词语	目标词语	偏误词语	目标词语
作工	工作	幼年	年幼
荣光	光荣	出生	生出
定规	规定	余剩	剩余
绍介	介绍	前提	提前
食粮	粮食	成长	长成

现代汉语中的逆序词语对中，有些词语两个都很常用（如“达到”和“到达”），但也有些只有一个是常用的，另一个不太常用，如“介绍”很常用，而

“绍介”并不常用。在汉语教学活动中，尤其要关注那些 AB 和 BA 的形式都很常用的逆序词语。因此，本节以《汉语水平词汇与汉字等级大纲》（2001 年版，以下简称《大纲》）中的词语为考察范围，提取该大纲中的全部逆序词语，并对其进行对比分析。

本节将由 A、B 两个汉字组成的词语 AB 和 BA 称作逆序词语。《大纲》甲、乙、丙、丁级词语中共有逆序词语 51 对（如表 5-5 所示）：

表 5-5 《汉语水平词汇与汉字等级大纲》中的逆序词语

不要$_{甲，副}$—要不$_{丙，连}$	出发$_{甲，动}$—发出$_{乙，动}$
点钟$_{甲，名}$—钟点$_{丁，名}$	法语$_{甲，名}$—语法$_{甲，名}$
工人$_{甲，名}$—人工$_{乙，形}$	故事$_{甲，名}$—事故$_{丙，名}$
合适$_{甲，形}$—适合$_{乙，动}$	互相$_{甲，副}$—相互$_{乙，形}$
回来$_{甲}$①—来回$_{丙，副、名}$	科学$_{甲，名、形}$—学科$_{丙，名}$
女儿$_{甲，名}$—儿女$_{丙，名}$	青年$_{甲，名}$—年青$_{乙，形}$
生产$_{甲，动}$—产生$_{乙，动}$	实现$_{甲，动}$—现实$_{乙，名}$
喜欢$_{甲，动}$—欢喜$_{丙，形}$	语言$_{甲，名}$—言语$_{丁，名}$
彩色$_{乙，名}$—色彩$_{丙，名}$	达到$_{乙}$—到达$_{乙，动}$
代替$_{乙，动}$—替代$_{丁，动}$	度过$_{乙，动}$—过度$_{丁，形}$
对面$_{乙，名}$—面对$_{丙，动}$	感情$_{乙，名}$—情感$_{丁，名}$
国王$_{乙，名}$—王国$_{丁，名}$	开展$_{乙，动}$—展开$_{乙}$
力气$_{乙，名}$—气力$_{丁，名}$	路线$_{乙，名}$—线路$_{丙，名}$
蜜蜂$_{乙，名}$—蜂蜜$_{丁，名}$	面前$_{乙，名}$—前面$_{乙，名}$
提前$_{乙，动}$—前提$_{丁，名}$	乡下$_{乙，名}$—下乡$_{丁}$
兄弟$_{乙，名}$—弟兄$_{丙，名}$	一同$_{乙，副}$—同一$_{丁，形、动}$
中心$_{乙，名}$—心中$_{丁，名}$	担负$_{丙，动}$—负担$_{丙，动、名}$
动机$_{丙，名}$—机动$_{丙，形}$	犯罪$_{丙}$—罪犯$_{丁，名}$
喊叫$_{丙，动}$—叫喊$_{丁，动}$	接连$_{丙，副}$—连接$_{丙，动}$
来往$_{丙，动、名}$—往来$_{丙，动}$	侵入$_{丙，动}$—入侵$_{丁，动}$
孙子$_{丙，名}$—子孙$_{丁，名}$	自私$_{丙，形}$—私自$_{丁，副}$
变质$_{丁}$—质变$_{丁，名}$	称号$_{丁，名}$—号称$_{丁，动}$
光亮$_{丁，形}$—亮光$_{丁，名}$	黄金$_{丁，名}$—金黄$_{丁，形}$
回收$_{丁，动}$—回收$_{丁，动}$	讲演$_{丁，动}$—演讲$_{丁，动}$
来历$_{丁，名}$—历来$_{丁，名}$	期限$_{丁，名}$—限期$_{丁，名、动}$
人生$_{丁，名}$—生人$_{丁，名}$	

① 本表中的“回来、达到、展开、下乡、犯罪、变质”等 6 个离合词在《大纲》中未标词性。

本节分别从发音、构成语素、内部结构、词性、词义、组合搭配等角度对这些逆序词语进行对比分析。

1．发音

根据《大纲》标注的读音，有5组AB和BA中的一个音节发音稍有不同，这种不同主要表现为其中有一个音节在一种形式中读轻声。这5组词语是：

事故（shìgù）— 故事（gùshi）　　喜欢（xǐhuan）— 欢喜（huānxǐ）
力气（lìqi）— 气力（qìli）　　兄弟（xiōngdì）— 弟兄（dìxiong）
孙子（sūnzi）— 子孙（zǐsūn）

除去这5组，其余46组逆序词语中相应汉字或语素的发音相同。

2．构成语素

《大纲》中的逆序词语都是由两个语素构成的，有些逆序词语所含的两个语素是相同的。如，“喜欢”中所含的两个语素“喜”和“欢”与“欢喜”中所含的“喜”和“欢”是相同的语素。这样的逆序词语可以叫同素逆序词语。还有些逆序词语所含的语素是有区别的。如，“法语”和“语法”中，“语”是相同的语素，而“法”是不同的语素。这种逆序词语可以叫异素逆序词语。《大纲》中的逆序词语大部分是同素逆序词语，异素逆序词语只有7对，其中有6对AB和BA中有一个语素不同：

不要—要不（“要”不同：前者表示许可、要求；后者表示要是、如果）
法语—语法（“法”不同：前者表示法国；后者表示规则、规律）
故事—事故（“故”不同：前者表示过去；后者表示意外）
人生—生人（“生”不同：前者表示生存、生活；后者表示陌生的）
孙子—子孙（“子”不同：前者是性别标志，表示男孩，与“孙女”相对；后者表示儿子）
乡下—下乡（“下”不同：前者表示方位；后者表示去、到）

另有“度过”和“过度”中的两个语素都不同：“度”在“度过”中表示经历，在“过度”中表示限度、程度；“过”在“度过”中表示经历，在“过度”中表示超过。

3．内部结构

从构成逆序词语的两个语素之间的结构关系来看，AB 和 BA 结构关系相同的大致有两种情况。

AB 和 BA 都是联合结构的有 21 对：

点钟—钟点	合适—适合	相互—互相	讲演—演讲
生产—产生	喜欢—欢喜	语言—言语	代替—替代
感情—情感	力气—气力	路线—线路	兄弟—弟兄
一同—同一	担负—负担	喊叫—叫喊	接连—连接
来往—往来	侵入—入侵	自私—私自	光亮—亮光
实现—现实			

AB 和 BA 都是偏正结构的有 9 对：

法语—语法	故事—事故	科学—学科	人生—生人
国王—王国	蜜蜂—蜂蜜	面前—前面	黄金—金黄
中心—心中			

51 对逆序词语中，除了以上 30 对结构关系相同之外，其余 21 对结构关系不同：

女儿（偏正）— 儿女（联合）	彩色（偏正）— 色彩（联合）
青年（偏正）— 年青（主谓）	对面（偏正）— 面对（主谓）
动机（偏正）— 机动（主谓）	称号（偏正）— 号称（主谓）
期限（偏正）— 限期（动宾）	罪犯（偏正）— 犯罪（动宾）
乡下（偏正）— 下乡（动宾）	回收（偏正）— 收回（动补）
前提（偏正）— 提前（动补）	到达（联合）— 达到（动补）
出发（联合）— 发出（动补）	来回（联合）— 回来（动补）
开展（联合）— 展开（动补）	度过（联合）— 过度（动宾）
人工（联合）— 工人（偏正）	子孙（联合）— 孙子（缀加）
来历（定中）— 历来（状中）	变质（动宾）— 质变（主谓）

“不要”和“要不”的结构关系也不同：“不要”是偏正（状中）式的，但

“要不”很难归入现有的某种结构关系。

4. 词义

根据《现代汉语词典》的词义解释，我们对 51 对逆序词语的词义作了考察对比。有些词语义项众多，我们仅考察与《大纲》标注词性相对应的义项。比如，“喜欢”和“欢喜”，“欢喜”可以作动词，但《大纲》中仅标形容词，所以我们仅考察其作为形容词的义项。

词义相似度较高的有 9 对：

合适—适合	互相—相互	代替—替代	感情—情感
力气—气力	兄弟—弟兄	喊叫—叫喊	来往—往来
讲演—演讲			

一个词的词义包含另一个词的词义的有 7 对：

女儿—儿女	孙子—子孙	喜欢—欢喜	语言—言语
担负—负担	侵入—入侵	光亮—亮光	路线—线路

“女儿”的意思是“女孩子（对父母而言）”；“儿女”的意思是“①子女。②男女。”“儿女”的第一个义项即男孩子和女孩子，这个义项包含“女儿”的词义。

“孙子”和“子孙”与“女儿”和“儿女”的情况类似。“子孙”是儿子和孙子，泛指后代。“子孙”的词义包含“孙子”的词义。

“喜欢”的意思是“①对人或事物有好感或感兴趣。②愉快，高兴”。“欢喜”的意思是“快乐、高兴”。“喜欢”的词义包含了“欢喜”的词义。

“语言”的意思是“①人类所特有的用来表达意思、交流思想的工具，是一种特殊的社会现象，由语音、词汇和语法构成一定的系统。‘语言’一般包括它的书面形式，但在与‘文字’并举时只指口语。②话语”。“言语”的意思是“说的话”。“说的话”与“语言”的义项②“话语”大致相同，所以说“语言”的词义包含了“言语”的词义。

“担负”的意思是“承当（责任、工作、费用）”。“负担”的意思是“①承当（责任、工作、费用等）。②承受的压力或担当的责任、费用等”。可见，“负担”的词义包含“担负”的词义。

“侵入”的意思是“①用武力强行进入境内。②（外来的或有害的事物）进入内部”。“入侵”的意思是“（敌军）侵入国境”。“入侵”的词义与“侵入”的义项①大抵相同，可以说“侵入”的词义包含“入侵”的词义。

“光亮”的意思是“①明亮。②亮光”。“光亮”的义项②便是“亮光”，可见“光亮”的词义包含“亮光”的词义。

“路线”的意思是“①从一地到另一地所经过的道路（多指规定或选定的）。②思想上、政治上或工作上所遵循的根本途径或基本准则”。“线路”的意思是“电流、运动物体等所经过的路线”。前者包含后者的词义。

两者词义交叉（即两个词只是在某个方面或某个义项上相同，另外还有不同之处，但二者没有包含关系）的有两对：

期限—限期　　开展—展开

“期限”的意思是“限定的一段时间，也指所限时间的最后界线”。“限期”的意思是“①指定日期，不许超过。②指定的不许超过的日期”。“期限”的前一个意思和“限期”的义项②相当，都是指限定的时间，在这个意思上，两者词义有交叉。

“开展”的常用意思是“使从小向大发展；使展开”，其中有“展开”的意思。“展开”还有“张开，铺开”的意思。两者词义有交叉。

词义相关（即AB和BA的词义有某种联系，彼此非包含关系，也很难说有交叉关系）的有13对：

青年—年青　　彩色—色彩　　国王—王国　　蜂蜜—蜜蜂
面前—前面　　下乡—乡下　　罪犯—犯罪　　接连—连接
变质—质变　　金黄—黄金　　达到—到达　　点钟—钟点
对面—面对

“青年”和“年青”都跟人的年纪在十五六岁到二十几岁或三十岁左右的阶段有关，青年都是年青的，年青人都是青年。“彩色”指有多种颜色，“色彩”可泛指颜色。“王国”指以“国王”为国家元首的国家。“蜂蜜”是由“蜜蜂”采集花粉酿成的。“面前”和“前面”在空间位置上都与前方相关。“下乡”就是到“乡下”去。“罪犯”是有“犯罪”行为的人。“接连”指一次接着一次，一个接着一个，“连接”指（事物）互相衔接，与表示事物连接紧凑的“接连”关系密切。“变质”多指事物向坏的方面转变，变质了的事物都已经发生了“质变”。“金黄”就是像“黄金”一般的颜色。“达到”和“到达”都与到某一点有关。“点钟”和“钟点”都与时间单位有关。“对面”是“面对（着）”的那一面。

词义不相关或存在明显差异的有 19 对：

不要—要不　　出发—发出　　法语—语法　　人生—生人
工人—人工　　故事—事故　　回来—来回　　科学—学科
生产—产生　　实现—现实　　度过—过度　　自私—私自
提前—前提　　中心—心中　　动机—机动　　来历—历来
一同—同一　　称号—号称　　回收—收回

这些词两两之间在词义方面缺乏明显的相似性。

5. 词性

根据《大纲》标注的词性（我们将《大纲》未标词性的“回来、达到、展开、下乡、犯罪、变质”等 6 个词语看作动词），可以看出 51 对逆序词语的词性对比情况。

词性相同的有 26 对。其中，AB 和 BA 都是动词的有 9 对：

出发—发出　　生产—产生　　达到—到达　　侵入—入侵
代替—替代　　开展—展开　　喊叫—叫喊　　回收—收回
讲演—演讲

AB 和 BA 都是名词的有 17 对：

点钟—钟点　　法语—语法　　故事—事故　　女儿—儿女
语言—言语　　彩色—色彩　　感情—情感　　国王—王国
力气—气力　　路线—线路　　蜜蜂—蜂蜜　　面前—前面
兄弟—弟兄　　中心—心中　　孙子—子孙　　来历—历来
人生—生人

有 5 对 AB 和 BA 词性部分相同，其中 AB 是兼类词：

科学$_{名、形}$—学科$_{名}$　　负担$_{动、名}$—担负$_{动}$
来往$_{动、名}$—往来$_{动}$　　光亮$_{名、形}$—亮光$_{名}$
限期$_{名、动}$—限期$_{名}$

词性完全不同的，有 20 对：

工人$_{\text{名}}$ — 人工$_{\text{形}}$	青年$_{\text{名}}$ — 年青$_{\text{形}}$
动机$_{\text{名}}$ — 机动$_{\text{形}}$	黄金$_{\text{名}}$ — 金黄$_{\text{形}}$
适合$_{\text{动}}$ — 合适$_{\text{形}}$	喜欢$_{\text{动}}$ — 欢喜$_{\text{形}}$
度过$_{\text{动}}$ — 过度$_{\text{形}}$	实现$_{\text{动}}$ — 现实$_{\text{名}}$
互相$_{\text{副}}$ — 相互$_{\text{形}}$	自私$_{\text{形}}$ — 私自$_{\text{副}}$
对面$_{\text{名}}$ — 面对$_{\text{动}}$	提前$_{\text{动}}$ — 前提$_{\text{名}}$
乡下$_{\text{名}}$ — 下乡$_{\text{动}}$	犯罪$_{\text{动}}$ — 罪犯$_{\text{名}}$
变质$_{\text{动}}$ — 质变$_{\text{名}}$	称号$_{\text{名}}$ — 号称$_{\text{动}}$
接连$_{\text{副}}$ — 连接$_{\text{动}}$	不要$_{\text{副}}$ — 要不$_{\text{连}}$
回来$_{\text{动}}$ — 来回$_{\text{副、名}}$	一同$_{\text{副}}$ —同一$_{\text{形、动}}$

6．词语组合搭配差异

《大纲》中的逆序词语只有“代替—替代”“感情—情感”“喊叫—叫喊”“讲演—演讲”“互相—相互”等少数几对在词义和用法上区别不十分明显，但这些词语在语体风格和个人风格上都有一定的差异。大多数逆序词语在组合搭配上都有一定的差异。那些词义相差较大或属不同词类的词语（如“不要—要不”“出发—发出”“回来—来回”“度过—过度”“自私—私自”“提前—前提”等）之间的组合搭配区别自不待言，就是像“合适—适合”“喜欢—欢喜”“来往—往来”“路线—线路”“担负—负担”之类的词义相似程度较高的词语在组合搭配上也存在相当的差异：“合适”是形容词，不能带宾语；“适合”是动词，可以带宾语（如“适合初学者使用”）。“喜欢”是动词，可以带宾语；“欢喜”是形容词，可以重叠为“欢欢喜喜”。“来往”可以重叠为“来来往往（的行人）”；“往来”不能。“路线”可以构成“路线、方针和政策”“群众路线”；“线路”不能。“担负”可以构成“担负历史责任”“担负使命”；“负担”还可以是名词，可以构成“经济负担”“生活负担”“精神负担”。

以上讨论了《大纲》中出现的一些逆序词语在发音、所含语素、内部结构、词性、词义和组合搭配等方面的异同。学习者在使用这些词语时如果不能区分逆序词语两两之间的异同，就很容易发生混淆误用。

值得注意的是，学习者在使用中出现词语误用有些看上去像是逆序词语误用，但实际上学习者误用的由单音节语素 A 和 B 构成的形式 AB 不是汉语中的词语，而与之相应的目标词语恰巧是由语素 A 和 B 构成的汉语词语 BA。表 5-6 是作文语料库中的一些用例：

表 5-6　作文语料库中由语素 A、B 构成的非汉语词 AB 与目标词 BA 示例

偏误形式（非汉语词语）	目标词语	偏误形式（非汉语词语）	目标词语
* 忙帮	帮忙	* 共公	公共
* 换变	变换	* 决解	解决
* 认承	承认	* 识认	认识
* 序次	次序	* 制限	限制
* 且而	而且	* 响影	影响
* 法方	方法	* 己自	自己

汉语中用以构成合成词的语素大多是不定位的，比如，“认”在“认识”“认得”“认可”“认同”等词语中位置居前，在“承认”“公认”“否认”等词语中位置居后。如果学习者在词语学习和使用中不能准确把握一个不定位语素在一个合成词里的正确位置，就很容易发生语素位置颠倒，从而形成这种看似逆序词语误用的情况。

第4节　相似副词辨异：以“倒”和“却”为例[①]

从本项研究考察的作文语料看，词义相似的副词之间发生误用的现象十分常见。单是词性和词义相似（SG 类）的“偏误词语—目标词语”的词语对中就有 153 对词义相似的副词。表 5-7 是一些以“偏误词语—目标词语”形式出现次数较多的词义相似的副词：

表 5-7　作文语料库中词义相似的“偏误副词—目标副词”示例

偏误副词	目标副词	出现次数	偏误副词	目标副词	出现次数
没	不	108	再	又	47
太	很	54	也	还	28

① 本节根据本人《表示转折的“倒”和“却”》一文（载《语言科学》2004年第5期）补充、修改（用例出处略）。

（续表）

偏误副词	目标副词	出现次数	偏误副词	目标副词	出现次数
还	也	18	往往	常常	11
还	更	15	别	不	10
未	不	11	不	别	9
还	又	11	还	再	9

表 5-7 中这些在学习者书面表达中容易发生误用的副词词对也早已引起语言教学研究人员的注意，已有很多文献对这些词语进行了辨别。但仍有为数众多的词义相似副词的意义和用法需要仔细辨别。本节主要对词义相似的副词“倒”和“却”进行辨异分析。

副词“倒”和“却”都可以用在转折复句的后一分句，表示转折，在不少情况下，二者可以换用，有人甚至认为“在表示转折语气这一点上，两者大体相同”（武克忠 1992）。下边两句话里，“倒”和“却”可以换用：

（1）a 批改作业原是件枯燥无味的事，现在倒成了他的欢乐。

b 平日，挤电车是一种苦刑；今天他却以为这是一种锻炼。

以上两句，a 句的“倒”可以换用“却”，b 句的“却”也可以换用“倒”[①]。我们把表示转折关系的“倒”和“却”所关联的两个部分分别用 p 和 q 来表示，这样，类似例（1）a、b 两句表示转折关系的表达形式就可以分别记为：

p，倒 q （以下简称“倒”式）

p，却 q （以下简称“却”式）

在实际使用当中，还有“倒”式和“却”式在同一段话里连续出现的情况，而且有时其中的“倒”和“却”可以互换使用。如：

（2）然而，世界上还有一个不是自然保护区的“自然保护区”——你说它“是”，倒没有一个政府宣布过，当然也未列入联合国环境规划署的全球自然保护区名册；你说它“不是”，它却真正受到有效的“特殊保护”，成为野生动物的天堂。

（3）她不明白陶阿毛是怎么回事，要她请客，他自己却买了票。主人成了客人，客人倒变成了主人。

① 一般认为，在“倒”和“却”可以互换的情况下，用“倒”更具有口语色彩。

以上两例中的“倒”和“却”都可以互换。

下边的例句中甚至出现了“倒”和“却”连用的形式“倒却”“却倒”“却反倒”：

（4）按说邹励是幸运的，军转办把他安置到省教委。可为国戍边几十年的邹励，倒却有点不安。

（5）这位苏东坡先生虽不搞比较文学研究，却倒能慧眼识真，一搭眼就识破了假冒货色的真伪，也着实扫尽了李赤这个倒霉鬼的兴。

（6）发票抽奖本来是为了鼓励民众购物时积极索要发票，却反倒成了一些商户拒开发票的理由，实在让人费解！

但实际上，表示转折的“倒”和“却”并不总能互换。有些表示转折的“倒”不宜换用“却”。如：

（7）梅佐贤凑趣地捧冯永祥一句：“只要冯先生答应了的事，没有办不到的。”……“哪里的话，哪里的话，”冯永祥照例谦虚两句，接着就露出得意的口吻，“不过，小弟在上海滩上倒确是有点小苗头。”

也有些表示转折的“却”不宜换用“倒”。如：

（8）在表面上，她使媚眼，她歌唱，她开玩笑，而暗地里她却以泪洗面。

关于表示转折的“倒”和“却”的区别，《现代汉语八百词》（吕叔湘主编，2001）认为：“‘倒’后多用表示积极意义的词语，‘却’后不限。”并举例：

（9）这篇文章论点很新，却（*倒）站不住。

但二者的区别并不仅限于此。彭小川（1999）提供过留学生的一个偏误用例，这个用例中，“倒”后边用的就是表示积极意义的词语：

（10）*他学习很刻苦，昨天病了，倒坚持来上课。

这例中“倒”后边的“坚持来上课”应该说是“表示积极意义”的，但句子却站不住。

事实上，“倒”后边也有不少时候用的是表示消极意义的词语。如：

（11）a 十三条人命换来的肥缺，掌握着全学校的财政大权，倒叫胖菊子夺了去！

b 我是好心好意劝你，倒粘到我身上来了，这才是笑话哩。

c 因为是秘密，而且只有他一个人晓得，才有要挟徐义德的力量，如果过早讲出来，倒没有作用了。

d ……这些人任意上她的树，践踏她的土地，而她呢，倒好像一个不相干的讨饭婆子，谁也不会施舍她一个果子。

更值得注意的是，有时在表示积极意义的词语前面却不宜用“倒”，反而适宜用“却”。如：

（12）a 历史无情却又公正！

b 哪怕只有碗那样粗细，它却努力向上发展，高到丈许，两丈，参天耸立，不折不挠，对抗着西北风。

c 老王把工作看得极重，前一段时间生病了，却还坚持上班。

这几句中“却”后边的“公正”“努力向上发展”“还坚持上班”应该说是具有积极意义的，它们前边的“却”都不宜换用“倒”。

可以看出，表示转折的“倒”和“却”之间是有区别的。本节通过考察含“倒”式和“却”式的语句，对表示转折的“倒”和“却”进行比较，具体讨论如下几个问题：“倒”和“却”关联成分的差异；“倒”和“却”表示可逆转折和不可逆转折的差异；“倒”和“却”表示转折的轻重；预设对选用“倒”或“却”的影响。

（一）“倒”和“却”关联成分的差异

“倒”式和“却”式在 p 和 q 连续出现的情况下，它们可以构成复句或句群。但这两种形式中 p 的出现情况、“倒”和“却”所关联成分的语法形式以及“倒”式和“却”式的语法功能存在着相当的差异。

在一定的交际语境中，p 如果为交际双方所共知，那么“倒”式中的 p 可以不出现。比如，下边这句话，用“倒”或“却”都说得通：

（13）这地方虽偏远了些，但风景倒（却）不错。

如果交际双方共同身处在一个偏远但风景很美的地方，我们只要说下边这句话就足够了：

（14）这地方风景倒不错。

但这个没出现p的“倒”式句中的“倒”就不能换用“却”，单说“* 这地方风景却不错”就站不住。

“倒”式句的p和“倒q”在对话中有时并不连续出现，可以被其他话语成分隔开。如：

（15）“这会是彝民在打信号弹吗？”刘伯承仰望着天空，在思考。

“不像是，”聂荣臻说，“他们没有这东西。”

“那么，就是我们的人呼救罗！”

“这倒可能。”

这几轮对话里的“这倒可能”仅是“倒”式句的“倒q”，p应该是前边的“（这）不像是（彝民在打信号弹）”，这里的p和“倒q”中间插入了一些其他话语。这例中的“倒”不能换用“却”。把这里的p和“倒q”连接起来，可以构成一个完整的“倒”式句：

（16）这不像是彝民在打信号弹，倒可能是我们的人在呼救。

在篇章中，“倒”所关联的p和q甚至会离得更远。如：

（17）田大姑这时又昏昏沉沉，连眼睛也不愿睁开。……

（中间隔三大段，内容是田大姑昏迷之后周围其他人的活动情况。——引者注）

……他一闯进来，在大姑的身旁双腿一跪，“哇哇”地哭起娘来了。来的这人正是武男义雄。叫他这一哭闹，田大姑倒又清醒起来了。

这例中“叫他这一哭闹，田大姑倒又清醒起来了”也是“倒q”，p应该是“田大姑昏昏沉沉，连眼睛也不愿睁开”，而这个p和“倒q”中间隔着三个段落。把这例的p和“倒q”连起来，可以说成：

（18）田大姑昏昏沉沉，连眼睛也不愿睁开，叫武男义雄这一哭闹，倒又清醒起来了。

与“倒”式句的情况不同，“却”所关联的p和q一般是连续出现的，而且p是不能隐略的，p和“却q”可以构成复句，也可以是句群，有时还可以构成短语（如，“历史无情却又公正”）。

从“倒”和“却”关联的成分来看，“倒”一般不能关联单个的词或介词短语，但“却”可以关联谓词、副词或介词短语，构成短语。如：

（19）a 熊熊的火光照着人们焦黄却兴奋的面孔。

b（幕阜山）的确像是天外飞来，独自地却又奇特地耸立在长江的南岸。

c 这种差异虽不在质上但却在量上影响到它们作为参照物的资格。

以上“却”在“焦黄却兴奋”中关联着两个形容词，在“独自地却又奇特地”中关联着一个副词和一个形容词，在“虽不在质上但却在量上”中关联着两个介词短语。

“倒”和“却”关联着 p 和 q 所构成形式的语法功能也有不同：一般不用“p 倒 q”的形式充当单句的句法成分；但“p 却 q”有时可以充当单句里的某种句法成分，其中的 p 和 q 一般是动词性词语、形容性词语或介词短语，有时是副词。充当句法成分的“p 却 q”在书面形式上 p 后大多不用逗号。“p 却 q”有充当谓语的，如：

（20）a 四百多个青年人坐在礼堂里却鸦雀无声，……

b 历史无情却又公正！

“p 却 q”也有充当宾语的，如：

（21）a 吴兰珍并不知道沪江纱厂的五毒具体情况，但他表现出来好像知道一些却不愿意告诉姨父。

b 当我意识到，我才二十五岁，又没有器官上的疾病，却如此虚弱的时候，我真有些万念俱灰。

“p 却 q”充当定语的情况比较多，如：

（22）a 二人 1988 年结婚，一起度过了 11 年充满艰辛却又是恩爱和睦的日子。

b 似曾相识却又似是而非的陈设和景物都会折磨人，你千万别去碰它。

c 他看到自己忙碌着却又漫无目的的手只觉得这件事已为期不远。

“p 却 q”还有充当状语的，如前边例（19）b、（19）c 中的“独自地却又奇特地”和“虽不在质上但却在量上”。

从“倒”和“却”的关联成分的差异来看，“倒”所关联的成分之间比较松散，可用于表示语篇层面的转折；而“却”所关联的成分之间则比较紧密，通常用于表示复句内部分句之间或单句中短语甚至词之间的转折。

（二）可逆转折句中的“倒”和“却”

有些由 p 和 q 构成的转折复句“p，q”可以变换成“q，p”，变换前后语句的逻辑意义相同，在语用上存在一定差异，这种复句且称之为可逆转折句；反之，称之为不可逆转折句。

“倒”和“却”都可以用在一些可逆转折句中，但二者所在的可逆转折句的变换情况不同：有些“p，倒 q”可以变换为“倒 q，p”（如，“剧本的内容一般，语言倒很生动”可以变换为“剧本的语言倒很生动，但内容一般”）；但“p，却 q”都不能变换为“* 却 q，p”，只是有些“p，却 q”可以变换为“q，却 p”（如，“一面是欢歌笑语，一面却是哀叹悲泣”可以变换为“一面是哀叹悲泣，一面却是欢歌笑语”）。

表示可逆转折的“p，倒 q”形式中，p 往往表示某种不如意的方面，q 表示另有某种如意的、可取的方面。这种“倒”式句中的“倒”前后一般不用或者不能用“反”“反而”等。如：

（23）a 他虽然不会下围棋，不过别的棋倒还可以。（比较：他别的棋倒还可以，就是不会下围棋。）

b 这衬衫尽管有些贵，做工倒是很细。（比较：这衬衫做工倒是很细，就是有些贵。）

这种可以在“p，倒 q”和“倒 q，p”形式之间进行变换的句子，孤立地看，前者是表示转折的，后者是表示让步的，但通过变换把二者联系起来，就可以看出在这些句子中，“倒”表示让步和表示转折的用法是相通的。相互之间可以进行变换的“p，倒 q”和“倒 q，p”之间的逻辑意义相同，在表达时采用哪种形式，主要受表达重心和语篇前后连贯的影响。

这种能够进行逆向变换的“p，倒 q”，p 往往表示“存在某方面的不足或不如意”，“倒 q”表示“另有某个如意的方面或可取之处”，是对 p 的补缺，全句表示“虽有某个或某些方面的不足或不如意，但也还有另外某个或某些如意的方面或可取之处”。这里的“倒 q”表示的“另有某个或某些如意的方面或可取之处”是表达的重心。如：

（24）生意不大，倒也挺红火的。（比较：生意倒挺红火的，但并不很大。）

（25）《没完没了》情节虽简单，编排得倒还算有戏，不时爆出个小小的出其不意的笑料，全片热闹而又轻松、曲折而又流畅，讲了个有趣味的故事。（比较:《没完没了》编排得倒还算有戏，不时爆出个小小的出其不意的笑料，全片热闹而又轻松、曲折而又流畅，讲了个有趣味的故事，不过情节太简单了。）

以上（24）句里，p先说出不如意之处“生意不大”，接着“倒q”指出如意的方面“（生意）挺红火的”。（25）句里，p先说出不如意或不足之处“情节简单”，接着“倒q”指出如意的方面“编排得还算有戏”，后边的“不时爆出个小小的出其不意的笑料，全片热闹而又轻松、曲折而又流畅，讲了个有趣味的故事”是就这个重心而展开的。

可以进行逆向变换的“倒q，p”中的“倒q”表示先认可某个可取的方面，p接着指出另有不足之处，表达重心是p。如：

（26）住这儿交通倒很方便，可是人声太嘈杂。（比较：住这儿人声太嘈杂，不过交通倒很方便。）

这句中“倒q”表示认可“交通很方便”这个可取的方面，p接着指出不足之处“人声太嘈杂”。句中的“人声太嘈杂”是表达重心。

前后连贯对选择同义的“p，倒q”或“倒q，p”也有重要的影响。下边这段话中的画线部分是“p，倒q”的形式，与上下文的衔接是适当的：

（27）1956年10月，邓小平同志就领导同志分工问题征求聂帅意见，当时有三个方案：一是当北京市长，二是继续主管国防工业和部队装备，三是分管全国科学技术工作。聂帅当即表示："我不想当市长，对科学技术工作我倒很感兴趣。我们国家太落后，也迫切需要开展这方面工作。国防工业与科学技术有密切联系，可能的话，将来兼顾也可以。”

画线部分的前边提到“当北京市长”和“分管全国科学技术工作”，单看跟前文衔接，画线部分用“我不想当市长，对科学技术工作我倒很感兴趣”（“p，倒 q”）或者用“对科学技术工作我倒很感兴趣，但我不想当市长”（“倒 q，p”）都能衔接得上，但画线部分后边的内容是跟科学技术相关的，显然，“对科学技术工作我倒很感兴趣”是表达的重心，所以画线部分用“我不想当市长，对科学技术工作我倒很感兴趣”，不但突出了表达重心，而且跟下文也衔接得更自然、更紧密。如果将画线部分改成“倒 q，p”的形式，尽管逻辑意义相同，但与下文的衔接就不那么顺畅，表达重心的安排也不当。

可以进行互逆变换的“p，却 q”和“q，却 p”，二者的逻辑意义也相同。有些可逆的“却”式句中，p 和 q 表示同时存在两个互相矛盾的方面。如：

（28）a 他听了一面像笑，一面却又像哭。（比较：他听了一面像哭，一面却又像笑。）

b 我既希望快些见到她，却又怕见到她。（比较：我既怕见到她，却又希望快些见到她。）

c 1969 年 7 月 16 日，是普通的一天，却又是难忘的一日。（比较：1969 年 7 月 16 日，是难忘的一日，却又是普通的一天。）

这些“却”式句中的“一面像笑”与“一面又像哭”，“希望快些见到她”与“又怕见到她”，“是普通的一天”与“又是难忘的一日”等，都是两两矛盾的，而这种矛盾又同时存在于同一个人或事物身上。这种句子里，“却”后边常用“又”“也”，“却 q”不限于是否表示某种如意的情况或积极的意义。这种“却”式句中的“却”一般不能换用“倒”。

“却”所在的可逆转折句中，p 和 q 也可以表示同时存在的两难境地或两种不如意的情况，这种句子中的“却”也不宜换用“倒”。如：

（29）a 徐义德考虑到马慕韩在上海棉纱界的地位和势力，不能够和他决裂，却又不能同意他的意见，……（比较：……不能同意他的意见，却又不能够和他决裂，……）

b 这盘菜太咸，那盘菜却又太淡。（比较：那盘菜太淡，这盘菜却又太咸。）

以上几句中，“不能够和他决裂”与“不能同意他的意见”是两难的境地，“这盘菜太咸”与“那盘菜太淡”两两都是不如意的情况。

“却”所在的可逆转折句中，有时 p 和 q 还可以用来分述两个具有一致特征同时又存在相当差异的人或事物，这种句子中的“却”也不宜换用“倒”。如：

（30）两个年轻女子站在一起，执着手，一个如出水芙蓉，一个却艳如桃花，引得路人不时侧目而视。（比较：……一个艳如桃花，一个却如出水芙蓉，……）

这句中的“p，却 q”是分述“两个年轻女子”的差异：“一个如出水芙蓉”，“一个艳如桃花”，句中的“却”不宜换用“倒”。

简言之，“倒”式可逆转折句中，“倒”可以换用“却”（但用“倒”在表达转折语气上比用“却”要轻一些）；但可逆转折句“p，却 q”中的“却”一般不能换用“倒”。

（三）不可逆转折句中的“倒”和“却”

表示不可逆转折的“倒”式句中，多数“倒 q”表示不期望、不如意或消极的意义。这种句子中的“倒”前边（有时在后边）往往可以用“反”。如：

（31）a 他怎么父仇不报，倒去为虎作伥？（比较：他怎么父仇不报，反倒去为虎作伥？）

b 不过，三条牲口才换了那么几块钱，而自己倒落了个外号，他觉得有点不大上算。（比较：三条牲口才换了那么几块钱，而自己反倒落了个外号，……）

以上两句中“倒 q”表示的“（他）去为虎作伥”“自己落了个外号”，都含有人们所不期望的、不如意的或消极的意义。

实际上也确实存在不少“倒”式句，其中“倒”用在副词“反”的后边，有时也用在“反”的前边。由于“反”后边常用“倒”，有些著作（吕叔湘 1980，侯学超 1998，张斌 2001）就把“反倒”作为一个词来处理了。这种“倒”式句中，有些 p 和 q 表示两种相反情况的对比。如：

（32）a 难友们越是这样狂热兴奋，罗世文反倒愈加冷静清醒，……

b 地分包以后，家家日月过顺了，只有禾禾反倒不如人，……

这两句的“难友们狂热兴奋”与“罗世文冷静清醒”、“家家日月过顺了”

与“禾禾不如人”是相反的情况，在句中两两形成对比。

也有些是p表示某种情况，q表示在p情况下出现的异常情况。如：

（33）a 想当年，咱俩都在战场上，反倒不知道害怕。

b 春天快完了，村上倒反来了狼，谁料到？

前一句“咱俩都在战场上”表示一种情况，说话人预想在战场上有厮杀人们一般可能会害怕，但事实是“（咱们）不知道害怕”，与预想相反。后一句“春天快完了”表示一种情况，照《祝福》里祥林嫂预想的正常情况，在“春天快完了”的时候村里是不会来狼的，但实际情况“村上来了狼”与祥林嫂的预想相反。

表示不可逆转折的“倒”式句，句中的“倒”一般可以换用“却”。如：

（34）a 怎么，我在国外还记得校歌，你们在国内倒记不得了？（比较：怎么，我在国外还记得校歌，你们在国内却记不得了？）

b 需用的少数人才未求得，不适用的人倒来了一大片。（比较：需用的少数人才未求得，不适用的人却来了一大片。）

“却”一般不用在“反”的后边，但“却”可以用在“相反”的后边，也可以用在“反”“反而”的前边。这种句子里的“却”可以换用“倒”。如：

（35）a 一个社会没有共同遵守的绝对确定的原则，相反却助长个人的自我满足，那么，这个社会就有解体的危险。

b 整天忙着，因此却反失掉了生命的意义，……

c 80年代初，长治的人均国内生产总值比全国水平高出25%，近年来却反而落后了25%。

在p表示某种如意的情况而q表示某种不如意情况的句子里，一般倾向用“却”，很少用“倒”。下边几句中的“却”不宜换用“倒”：

（36）a 王下（村）有大山，也有许多河流。可长期以来，黎胞们守着河流却没有电，守着山泉却还喝着浑浊的河沟水。

b 我们厂存在的问题很多，他来到我们厂以后确实帮助我们解决了不少问题，但到目前为止，却还没能帮助我们解决所有的问题。

c 这篇文章论点很新，却站不住。

有些“却”式句中，p 表示某种愿望，q 表示某种不如愿的情况，这种句子里的“却”一般也不宜换用“倒”。如：

（37）a 高科技企业渴望借助资本实现产业发展，却又找不到资金，严重制约了我国科技成果产业化的进程。

b 他想对两方面都应付，却又办不到。

这两句中的 p 带有“渴望”“想”等表示愿望或意愿的词，“却 q”都表示某种与愿望或意愿相违背的不如意的情况。

还有些“却”式句是由表示递进、假设关系的复句转化来的，这种句子里的“却”也不宜换用“倒”。如：

（38）a 现代语法学者重视话语的分析，却更重视话语的合成。

b 宏观社会语言学也研究语言变异问题，但它却更关心语言大结构的变异。

如果把这两句中的“却”和别的表示转折的词语去掉，句子就变成表示递进关系的复句了。

（四）“倒”和“却”表示转折的轻重

“倒”和“却”虽然都可以用在转折句中，但二者表示转折语气的轻重是有区别的：“倒”可以表示委婉的转折，这时它表示的转折语气比较轻；“却”可以表示确定的转折，这时它表示的转折语气比较重。如：

（39）娘年纪大了，身子倒还算硬棒，家里大小事体全靠娘一个人维持。

（40）高玉宝今年已 73 岁了，可他的思维却还是那样的敏捷，他的心和我们的战士始终紧紧地连在一起。

上边的两句，虽然“倒”和“却”的后边都用了“还”，但两句中的“还”意义不同：按照《现代汉语八百词》的解释，前一句中的“还（算）”发音较轻，表示“抑的语气”，是“把事情往小里、低里、轻里说”，表示勉强过得去，这与“倒”表示较轻的转折语气是一致的（“倒”的发音也比较轻），“身子倒还算硬棒”表示身子只是勉强过得去，并不一定特别硬棒；后一句中的“还”发音较重，表示“平的语气”或“扬的语气”，表示一点没发生变化，或“把事情往大里、高里、重里说”，这与“却”表示程度较重的转折语气相吻合，“他的思维却还是那样的敏捷”表示他的思维跟以前一样敏捷，一点没衰弱，语气十分肯定。这两句中的“倒”和“却”不宜换用。

“倒”后边常使用表示委婉语气的“也”，这也与“倒”表示较轻的转折相一致。如：

（41）a 夜深了，世界无比的安静。天气很冷，可是空气倒也新鲜。

b 花也不很多，圆圆的排成一个圈，不很精神，倒也整齐。

这两句中“倒”后边的“也”都表示委婉语气[①]，“倒 q”表示在某种不如意的情况下，还有些许好的或如意的方面，说明情况不完全是不如意的。这种“倒 q”常常是表示轻微的好的或如意的方面。有时“倒 q”还含有庆幸的意思。如：

（42）尽管有点悬，倒也没听说有乘客掉下去的，当然就更不存在被车门夹住的事了。

“倒 q”中常使用“有点”“有些”“有几分”“不一定”“似乎”“仿佛”等表示少量、轻微或不十分肯定的意义的词语作状语，这也与“倒”表示转折程度比较轻微、委婉、不十分绝对的情况相一致。如：

（43）a 徐义德经冯永祥这么一点，倒有点不好意思。

b 你的心决定了你的忠奸，倒不一定在乎官职的大小。

c 他虽然已经六十多岁，可是他自己似乎倒不觉得老迈；……

d 他的腿已发僵，可是仍不肯坐下，倒仿佛立着更能多表示一点坚强的气概。

“倒”常用在表示取舍的“与其……，倒不如（宁肯）……”格式中，这也与“倒”表示委婉转折的语气有关：在表示“取”的分句中使用“倒”，表示说话人“取”的态度比较婉转。如果不用“倒”，表示“取”的分句所表示的说话人“取”的态度就比较直接，语气更加明确。如：

（44）a 他以为，与其说这是广告主狡猾行骗，倒不如说是媒体广告从业人

---

① 《现代汉语八百词》认为“也”可以“表示委婉的语气”，如：节目倒也不错。

员的失职所致。(比较：他以为，与其说这是广告主狡猾行骗，不如说是媒体广告从业人员的失职所致。)

b 面对日益成熟的患者，医院与其埋怨这、埋怨那，倒不如扎扎实实从制度上，把一些损害患者的事情降低到最低限度。(比较：面对日益成熟的患者，医院与其埋怨这、埋怨那，不如扎扎实实从制度上，把一些损害患者的事情降低到最低限度。)

c 与其去登鍪山，我倒宁肯去游钓鱼城。(比较：与其去登鍪山，我宁肯去游钓鱼城。)

相比之下，在“与其……，不如……”格式中的“不如”前边用“却”，句子表示说话人“取”的态度就比较直接、坚决。如：

(45) a 你这么跟厂长顶着干，却不如找厂长提提意见。(比较：你这么跟厂长顶着干，倒不如找厂长提提意见。)

b 他们爱祖国的感情，与其说可以赞美，却不如说是令人悲伤的。(比较：他们爱祖国的感情，与其说可以赞美，倒不如说是令人悲伤的。)

这两句中的“却”可以换用“倒”，换用之后，句子表示“取”的语气要婉转一些。

“倒”式句中“倒”的后边一般不用表示程度极高的、绝对的词语，特别是像“极”“极力”“绝”“绝对”“决”“最”“总”“必须”“必然”“死活”之类，相反，“却q”中倒常使用这些词语。如：

(46) a 官兵们消费能力受抑制，创造力却极为活跃。

b 与敦煌、麦积山相比，炳灵寺的面貌要萧条多了。但它的精美与规模却绝不逊色。

c 虽无力抵抗命运的安排，却决不能放弃对知识的追求。

d 她是一个站不起来的人，却最忌讳别人说她是残疾。

e 美国自身人权状况并不佳，却总喜欢充当世界人权法官的角色。

f 专心致志，乐育英才，鞠躬尽瘁，纵使不能题名金榜，却必然铭刻在世道人心。

以上这些句子里的“却”一般不宜换用“倒”。“却q”中除了可以使用这些含有极性意义的副词之外，还可以使用其他一些表示极性意义的词语。如：

（47）a 假如这张脸上曾有过一些美的东西的话，今天却已经荡然无存了。

b 一些在今天看来很简单，已有规律可循的病例，在当时却让他们伤透了脑筋。

这组句子里，前一句“却 q”中的“荡然无存”表示消失的程度极高，后一句的“伤透了脑筋”表示极伤脑筋，这两句中的“却”也不宜换用“倒”。

（五）预设对选用“倒”或“却”的影响

“倒”式句往往要求存在一个跟“倒 q”表示的意义或跟“倒”式句本身意义形成对比的预设（侯学超 1998，彭小川 1999）。“倒”式句预设在语篇中有两种常见的表现方式：一种是，“倒”式句中的 p 和 q 形成对比关系，这时，p 就是“倒 q”的预设。如，“稻谷价格连年下降，种子、农药、肥料的价格倒逐年上涨”，这句话中“倒 q”表示的“种子、农药、肥料的价格倒逐年上涨”要求有“某种东西的价格在下降”之类的意思作为预设，前边的 p 表示的“稻谷价格连年下降”正好符合这个预设要求，它和“倒 q”构成了对比关系。另一种情况是，“倒”式句中的 p 和 q 不构成对比关系，这时，“倒”式句要求的预设往往在“倒”式句之外。如，“春天快完了，村上倒反来了狼”，这句话中的“春天快完了”（p）和“村上倒反来了狼”（倒 q）不构成对比关系，句子要求的预设“春天快完了，村上不应该有狼来”是在“倒”式句之外。

下边我们来分析前边例（10）彭小川（1999）提到的一个不合格句“* 他学习很刻苦，昨天病了，倒坚持来上课”。把这个用例里的“（他）昨天病了，倒坚持来上课（了）”拿出来，孤立地看，是一个合格的“倒”式句，句中“（他）昨天病了”（p）和“（他）倒坚持来上课”（倒 q）不构成对比关系，使用“倒”所要求的预设应该在“倒”式句之外。这个“倒”式句的意思是“他学习刻苦”，它要求存在一个表示“他学习不刻苦”之类意义的对比预设。但在例（10）中，“倒”式句前边却是“他学习很刻苦”，这与后边“倒”式句所要求的预设义相反，二者相矛盾，不符合“倒”式句对预设的要求。相比之下，下边两句话的可接受程度就要高一些：

（48）a 他平时不怎么来上课，（可）昨天病了，倒坚持来上课了。

b 他学习不很刻苦，（可）昨天病了，倒坚持来上课了。

这两句话前边的“他平时不怎么来上课”和“他学习不很刻苦”都可以跟后边的“倒”式句形成对比，符合“倒”式句对预设的要求。

与“倒”式句要求预设的情况不同，“却”式句一般只要满足如下条件就能成立：p与q相对比（如，“外国用火药制造子弹御敌，中国却用它做爆竹”），或者q表示在p的条件或情况下出现的异常情况（如，“这虽说是酒楼，却毫无酒楼气”）（梅立崇 1998）。与“倒”式句不同的是，“却”式句在p和q不构成对比关系的情况下，并不一定要求在句外存在一个与其本身形成对比的预设。所以，下边这句话并不突兀：

（49）他昨天病了，却还坚持来上课。

这句话并不要求存在一个表示“他学习不刻苦”之类意义的对比预设。实际上，在这句话前边不管加上“他学习很刻苦”或者“他学习不很刻苦”之类的话，句子都是成立的：

（50）a 他平时很少缺课，昨天病了，却还坚持来上课呢。

b 他学习很刻苦，昨天病了，却还坚持来上课。

（51）a 他平时不怎么来上课，（可）昨天病了，却坚持来上课了。

b 他学习不很刻苦，（可）昨天病了，却坚持来上课了。

以上两组复句的层次关系不同：（50）组的第二、三分句先构成转折关系，再与第一分句构成并列关系（或解说关系）；（51）组的第二、三分句也是先构成转折关系，它们构成的转折关系又与第一分句构成了另一层转折关系。（50）组两句中，“却”不宜换用“倒”，（51）组两句中，“却”可以换用“倒”。可见，在一个句子中，能否使用“却”一般是受p和q之间是否构成转折关系的限制，“p，却q”对句外环境的要求与“p，倒q”有所不同。

有些“却”式句，“却q”表示在p的情况下出现的异常情况，p和q不构成对比关系，这种句子里的“却”如果换用“倒”，会显得突兀，让人觉得缺少了某种前提。如：

（52）a 他们夫妻的月工资只有六百块，却生活得很好。

b ？他们夫妻的月工资只有六百块，倒生活得很好。

c 有些人拿的工资很高，可是觉得生活很空虚；他们夫妻的月工资只有六百块，倒生活得很好。

以上a句是“却”式句,“他们夫妻的月工资只有六百块”(p)是说工资不高，在这种情况下，一般会觉得生活困难，但实际上出现了异常情况“(他们)却生活得很好”(“却q”)，这句话符合“却”式句的构成条件。b句是把a句中的“却”换成了“倒”，这个“倒”式句没有提供使用“倒”所需要的预设，显得突兀，使人觉得这句话应该是对比着某种情况来说的。c句在b句的前边补出了跟“倒”式句形成对比的预设，句子就比b句顺畅得多。

“倒”式句要求的预设不一定都出现在前边，有时补充出现在“倒”式句的后边。如：

(53)虽然我意识到我今天获得了自由，成了一个“自食其力的劳动者”，但在潜意识下，没有管教和呵叱，对我来说倒不习惯了；我必须跟在一个管我的、领我的人后面。

这例中的“倒q”表示“我不习惯没有管教和呵斥”的意思，这个“倒”式句要求有表示“我习惯有管教和呵斥的生活”之类意思的预设，这个预设是由跟在“倒q”后边的“我必须跟在一个管我的、领我的人后面”来表示的。

就以上分析来看，尽管副词“倒”和“却”都可以用来表示转折，而且在不少情况下可以换用，但二者表示的意义和用法存在着不少差异，这些差异在语法形式、语义和语用等方面都有所体现。在使用中，该用“倒”还是用“却”往往要受多方面条件制约。如，带“倒”和“却”的可逆转折句的变换就涉及语法形式、逻辑语义和语用效果；“倒”式句还有其特定的语用预设要求。

第5节 相似介词辨异：以动词后的“向”和“往”为例[①]

介词的误用在学习者书面表达中发生的比例也很高。在本项研究考察的作文语料中，仅G类和SG类的相似介词就有197对。表5-8中是一些出现次数较多的相似的“偏误介词—目标介词”词语对：

① 本节根据本人《“V向……”和“V往……”》一文(载《语言教学与研究》2004年第1期)补充、修改(用例出处略)。

表 5-8 作文语料库中“偏误介词—目标介词”示例

偏误介词	目标介词	出现次数	偏误介词	目标介词	出现次数
在	从	64	为	因为	18
从	在	39	从	由	18
为了	为	38	给	跟	16
对	在	27	由	从	16
于	在	26	给	对	16
为	为了	25	向	给	15
对于	对	24	为	给	15
在	对	23	对	从	12
向	对	22	以	在	11
对	为	21	对	跟	11
以	从	20	从	跟	11
由	由于	19	对	和	10

本节以动词后的词义相似的介词“向”和“往”为例，讨论相似介词的辨异问题。

介词“向”和“往”都可以用在一些单音节动词的后边，构成“V 向……”和“V 往……”的格式。一般认为，在这两种格式里，“向”和“往”都是表示行为动作的方向的（吕叔湘 1980，侯学超 1998，张斌 2001）。在有些动词（如“通”“奔”“驶”“转”“逃”等）后边，可以用“向”，也可以用“往”。有时“V 向”和“V 往”中的“向”和“往”可以换用。如：

（1）a 举世闻名的古“丝绸之路”就是经过土库曼斯坦通向欧洲的。

b 跨越中亚通往欧洲的“丝绸之路”，是中土两国人民世代友谊的历史见证。

（2）a（他）早点也没吃就踏着沉重的大步奔向红楼后面的图书馆去。

b 他想：“韩老六是决不会奔往那个也有工作队的屯子里去的。”

这两组句子中，“通向”和“通往”，“奔向”和“奔往”可以换用。但也有很多时候，由相同动词构成的“V 向”和“V 往”中的“向”和“往”却不宜换用。如：

（3）a 他的心也随着飞快的小鸟飞向辽阔的天空了。

b 6 月 22 日，马俊仁师徒 6 人谢绝所有的采访，悄然登上飞往巴黎的班机，……

这两句中的“飞向”和“飞往”就不宜换用。

还有些动词后边只能带“向”和“往”中间的一个。如：

（4）一阵狂热的口号声像飓风一样吹向校门里。

（5）这些钱韩（姓。——引者注）即收即汇，大多汇往广西徐春荣个人名下。

这两句中，例（4）的“吹”后边可以带“向”却不能带“往”，例（5）的“汇”后边可以带“往”却不能带“向”。

针对这些情况，本节主要讨论以下三个问题：（一）“V向……”和“V往……”中V的差异；（二）“V向”和“V往”后续成分的差异；（三）“V向”和“V往”与宾语的语义关系的差异。

（一）“V向……”和“V往……”中V的差异

这一小节讨论三个问题：一是既可以带“向”又可以带“往”的动词的特征；二是能带“向”却不能带“往”的动词的特征；三是能带“往”却不能带“向”的动词的特征。

1. 既可以带“向”又可以带“往”的动词，基本上是表示人、动物的身体或交通工具的移动的，如“走”“跑”“奔”“逃”“迈”“赶”“折”“撤”“退”“飞”“驶”“驰”“转”“移”等。

尽管这些动词后边既可以带“向”又可以带“往”，但有的动词后边常带“向”而很少带“往”。如“走”：

（6）a 今日之中国人民，正沿着建设有中国特色社会主义道路大踏步地走向前方。

b 6时58分，一名礼兵扛着国旗，在两名护旗兵的护卫下，健步走向升旗台。

c 一个正在阔步走向世界的伟大民族，应该具有吸收人类创造的一切优秀文化成果的能力。

（7）我决心一人走往N公园，在深夜十四五里远的道路。

例（6）中的“走向”是很常用的，而且它的宾语也多种多样。例（7）中的“走往”却很不常用，而且它的宾语只限于表示处所的词语。也有些动词后边经常带“往”而很少带“向”。如“赶”：

（8）a 听说常昊已回到北京，记者便匆匆赶往中国棋院，但偏偏常昊刚离开。

b 电子工业部从事自控设计的居先生，……一大早顾不上吃早饭就从中关村赶往中国美术馆排队。

c 时间紧，其他地方来不及去了，当日下午五点半即乘车赶往雅安。

（9）话还没说完，吴荪甫已经转身，气冲冲地就赶向那池子边去了。

虽然“赶往”和“赶向”的宾语都限于表示处所的名词性词语，但实际使用中，“赶往”的用例很多，而“赶向”的用例却很少见。

在既可以带“向”又可以带“往”的动词中，“通”与其他动词不同，它表示道路通达的意思，而不是表示位置移动的。“通向”和“通往”都很常用，很多时候可以换用。如：

（10）a 沿着通向北海的大马路，这是北平最幽静最美丽的街道。

b 通往四乡的官道上挤满了驮儿背女的老百姓。

（11）a 我们终于要在没有上帝指引的前提下寻找自己通向未来的道路了。

b 全县 200 余名民兵……取得了大专、中专文凭和通往新世纪的“绿色证书”，……

（12）a 你们寻找诺贝尔式的中国人，……为读者打开了一扇通向科学的大门。

b 他是从人格出发，从心灵的道路上通往文学的，是爱培养了他的品格与美感。

以上三组例句中的“通向”和“通往”带的宾语分别指处所（“北海”和“四乡”）、时间（“未来”和“新世纪”）和抽象事物（“科学”和“文学”）。在例（10）、（11）组中，“通向”和“通往”可以换用。例（12）组中，孤立地看“通向科学”和“通往文学”，其中的“通向”和“通往”也是可以换用的。但一般情况下，“通向……”可以作“门”之类名词的定语，也可以作“道路”之类名词的定语；而“通往……”可以作“道路”之类名词的定语，却不作“门”之类名词的定语。所以例（12）a的“通向”不宜换用“通往”，但（12）b的“通往”却可以换用“通向”。

有些动词在带“向”和带“往”时，词义不同。这种情况与一个动词在同一个义项上既可以带"向"又可以带"往"不同。如：

（13）a 左厢楼下根本没有开向那天井的门。
b 守门员一个大脚把球开向中场。
c 马俊仁率领全队开往青藏高原上的多巴训练基地。

在这组中，"开"分别表示"开通"（a 句）、"发（球）"（b 句）和"（队伍）开拔"（c 句）的意思。这几句中的"V 向"和"V 往"不宜换用。

2. 再看可以带"向"而不宜带"往"的动词。那些表示身体部位或物体发出的带方向性的行为动作但不表示身体或物体整体的位置移动的动词，如"伸""踢""指""努（嘴）""吹""探""扭""擎""扑""撒""洒""开（门）""抽""刺""射""投""扔""推"等，它们后边可以带"向"，但一般不带"往"：

（14）窃贼也把手伸向一些半新不旧的自行车，……
（15）她把嘴努向走在最后面的几个日本兵，……
（16）他把鞭子举得更高，看看第二下就要抽向两个紧挨着的女人身上。
（17）你像利剑，你像匕首，你将写下人民的反抗呼声，你将刺向反动者的咽喉。

以上几句中，例（14）、（15）中的"伸""努"分别表示人的手、嘴向某个方向发出的动作，例（16）、（17）中的"抽""刺"表示手持某物向某个方向发出的动作。

一些表示事物的状态倾向的动词，如"斜""偏""倒（dǎo）""倾""趋"等，它们后边也可以带"向"，但不宜带"往"①：

（18）右岸的公路现在渐渐斜向南方，终于钻进了大片的灰绿色……
（19）湖南路所在地区的居民是南京市中等以上收入阶层的聚居区，购物需求偏向中高档；……

这两句中的"斜""偏"都是表示事物的状态的。

① 其中的"趋""倾"后边常带"向"，习惯上已经把"倾向"和"趋向"看成一个词（动词兼名词）了。

另外，动词“引”在表示使事物朝某个方向发展变化时也可以带“向”，但通常不带“往”。如：

（20）a 这条道路将把中国制造业引向现代化的明天！

b 科学所要发挥的是人的理性力量，而迷信则恰恰要把人们引向完全丧失理性的愚昧盲从境地。

3. 适宜带“往”而不宜带“向”的动词，常表示使人或事物的位置发生转移。如“派”“送”“押”“遣”“调（diào）”“开（车）”“寄”“汇”“发”“输”“运”“带”“拉”“搬”“抬”“售”“卖”“销”“贩”等。其中，“派”“押”“遣”等可以表示使人的位置发生转移，如：

（21）1987 年 4 月，魏可镁被派往日本化学技术研究所作访问研究。

“调”“拉”“抬”“送”等既可以表示使人的位置发生转移，也可以表示使事物的位置发生转移，如：

（22）他们被调往临城外围，配合主力，监视盘踞在那里的蒋匪军。

（23）这些名单被分别送往税务机关、国家内政部等部门掌握。

“寄”“汇”“发”“输”“运”“售”“卖”“销”“贩”等可以表示使事物的位置发生转移，如：

（24）红军在贵州打下遵义，在松坎大败川军时，重庆富豪吓得纷纷把钱汇往上海。

（25）他们不仅要大力开发里海的油气资源，更要在里海海底铺设管线，将这里的油气输往海外。

另外，动词“去”“回”也可以带“往”，但它们一般不带“向”①：

（26）近 2000 人获得今年国家留学基金资助，将去往 48 个国家留学深造。

（27）墨子说停了攻宋之后，原想即刻回往鲁国的，但以为应该换还公输盘借他的衣裳，就只好再到他的寓里去。

① “去”后边带“向”构成“去向”，但它是名词。

（二）“V 向”和“V 往”后续成分的差异

“V 向”和“V 往”后续成分差异主要表现在所带宾语的差异上。

“V 向”的宾语除了表示处所的名词性词语以外，还可以是表示人或事物的名词性词语。如：

（28）a 柳茵把眼睛疑惑地转向李潜。

b 道静又领头高喊了一声，接着奋勇地冲向了水龙。

c 在第四版渐渐改换色彩的时候，山东半岛上轰起了一件大事，社会的视线全移向济南事件。

d 这女孩子的热情、大胆和奔向革命的赤诚深深感动了他。

这组句子里，“V 向”的宾语都不表示处所，句中的“向”都不能换用“往”。“V 往”不能带指人或具体事物的名词性词语作宾语，只有极少数“V 往”（如“通往”）可以带抽象名词作宾语（如例（12）b 句的“通往文学”）。

有些“V 向”的宾语可以是表示某个时间的名词性词语。如：

（29）a 和平的心愿、进步的希望、奔放的热情和绮丽的梦想在这里放飞，它穿越千年，飞向更美好的明天。

b 市委宣传部举行了一场具有象征意义的“穿过时空隧道，奔向 2000 年”的群众性长跑活动。

c 时间一秒秒过去，沸腾的兰山钟院沉寂下来，当时钟指向 23 时 59 分，人们开始倒计时，……

这几句中“V 向”里的“向”都不能换用“往”。只有极少数“V 往”（如“通往”）的宾语可以是表示时间的（如例（11）b 句中的“通往新世纪”）。

还有些“V 向”的宾语可以是形容词性或动词性词语。如：

（30）a 走向富强，走向文明，走向民主，……

b 近来由于泰铢币值趋向稳定，投资者对泰国经济的复苏增强了信心。

（31）a 20 世纪是中华民族从屈辱走向奋进、从沉沦走向崛起的世纪。

b 他们的目光转向了发展旅游业，……

“V 往”的宾语不能是动词或形容词性词语。

"V往"的宾语一般是表示处所的名词性词语。有时，"V往"的宾语似乎是表示方向的，但实际上，它还是表示某地的。如：

（32）第三天，这批伪军就被装上铁闷子车，像囚犯一样，被拉往东北替鬼子做苦工去了。

这句中"拉往"的宾语"东北"，孤立地来看，它是表示方向的，但在这句中，它却是表示"东北地区"的，仍然是表示处所的。

"V向＋处所宾语"和"V往＋处所宾语"这两种形式后边带"来"或"去"的情况也有不同。它们的后边都可以带"去"。如：

（33）轻捷的叫天子忽然从草间直窜向云霄里去了。

（34）高庆山支队就要调往河间去了。

但"V向＋处所宾语"后边还可以带"来"。如：

（35）a 嚷喊扑打的声音，从四面逼向主席台来，胡国光可真是有些危险了。

b 一辆小汽车风驰电掣般奔向北大三院的大门口来，接着停在大门口上。

而"V往＋处所宾语"的后边一般不带"来"。

另外，"V向"的后边有时可以加"了"，但"V往"后边一般不加"了"。如：

（36）a 她的脚步不知不觉奔向了宣武门外，奔向江华的住处——直隶新馆。

b 白兰地或其它什么上等好酒的气味浓浓地冲向了道静的鼻孔。

c 在这一百年当中，中国从屈辱走向了振兴。

（三）"V向"和"V往"与宾语的语义关系的差异

"V向"和"V往"与宾语的语义关系也有重要区别："V向"的宾语主要是表示V的方向的，不一定表示V的终点；"V往"的宾语则不仅表示V的方向，而且一定表示V的终点。

根据"V向＋宾语"格式里V的区别，"V向"与宾语的语义关系主要可以区分为三种情况：

1. 如果V是表示人或物体位置移动的动词，如"跑""逃""迈""赶""逃""撤""退""驰""踱""移"等，这时，"V向＋宾语"格式里的宾语表示V的移动方向。如：

（37）他们跑步一直跑向那小河。

（38）我们的船向前走，两岸的青山在黄昏中，都装成了深黛颜色，连着退向船后梢去。

这两句中的“跑向那小河”和“退向船后梢”分别表示“向那小河的方向跑”和“向船后梢的方向退”。

在这种“V 向 + 宾语”格式里，V 所表示的移动并不一定要到达宾语表示的处所或事物所在的位置，宾语表示的处所或事物所在的位置只是 V 的移动方向的标志。作为方向的标志，宾语可以是表示处所的，也可以是表示人、事物、时间、性状或活动的（如例（28）—（31））。

2．如果 V 是表示身体某部位发出的行为动作、不表示身体或物体整体位置移动的动词，如“伸”“努（嘴）”“探”“抽”“踢”“投”“扔”等，这时，“V 向 + 宾语”格式里的宾语表示 V 的动作方向。这种格式里的“V 向 + 宾语”中的 V 多表示人或动物所发出的具有一定的方向性的动作，但身体本身并不一定移动。这种格式里的宾语可以是表示事物或人的名词性词语。

3．如果 V 是表示某种状态倾向的动词，如“倒（dǎo）”“斜”“偏”“倾”等，这时，“V 向 + 宾语”格式里的宾语表示 V 的倾向。如：

（39）四川的军阀已经纷纷易帜，倒向了北伐军。

这句中的“北伐军”表示“倒”的倾向。

在“V 向 + 宾语”格式里，宾语无论是表示 V 的移动方向、V 的动作方向，还是 V 的状态倾向，都可以概括为“表示 V 的方向”。

表示 V 的方向的“V 向”的宾语，有时也可以表示 V 的终点。如例（2）a 句中的“奔向红楼后面的图书馆”，其中“红楼后面的图书馆”就表示“奔”的方向兼终点。但“V 向”的宾语并不一定都表示 V 的终点，更多的时候它只表示 V 的方向。如例（13）a 句的“开向那天井的门”、例（15）“努向走在最后面的几个日本兵”和例（18）的“斜向南方”中的“那天井”“走在最后面的几个日本兵”和“南方”分别表示“开（门）”“努（嘴）”和“斜”的方向，并不表示终点。

在“V 往 + 宾语”格式里，根据 V 的区别，“V 往”与宾语的语义关系大致可以区分为两种情况：

1. 如果V是表示人或物体的位置移动的，如“逃”“追”“赶”“撤”“退”“驰”等，这时，“V往＋宾语”格式中的宾语不仅表示人或物体的位置移动的方向，而且表示移动的终点。如：

（40）铁路沿线的人民，受不了“国军”的屠杀抢掠，都纷纷逃往解放区。

这句中的“解放区”不仅表示“逃”的方向，而且表示“逃”的终点。

2. 如果V是表示使人或事物的位置发生转移的动词，如“派”“遣”“汇”“发”“输”“带”“搬”“抬”“售”“卖”“贩”等，这时，“V往＋宾语”格式中的宾语不仅表示使人或事物转移的方向，而且表示转移到某处（终点或目的地）。如例（21）“魏可镁被派往日本化学技术研究所作访问研究”中的“日本化学技术研究所”不仅表示“派魏可镁去”的方向，而且表示“派魏可镁去”的目的地。

“V往＋宾语”格式里，宾语表示人或事物自行移动的终点或表示使人或事物转移的终点，都可以概括为“表示位置移动的终点”。

“V向＋宾语”和“V往＋宾语”这两种格式在V表示人或物体位置移动、宾语表示处所时，如果不需要明确区分位置移动的方向与位置移动的终点，这时“V向”与“V往”往往可以换用，如例（1）（2）组。不过，有些动词多带“向”（如“走”），另一些动词多带“往”（如“赶”）。

但在V表示人或物体位置移动的情况下，有时在V后只能用“向”或“往”中间的一个，而不能将二者换用，这跟“V向”和“V往”与各自宾语的语义关系差异有关：“V向”的宾语表示V的方向，所以它可以只表示方向，不必表示处所；而“V往”的宾语要表示V的终点，它必须是表示处所的词语。如：

（41）a 火从北来便逃向南，刀从前来便退向后，……

b 渔船都逃往湖里去了，没跑及的也被鬼子扣住了。

这组句子中，a句的“南”“后”是指示“逃”“退”的方向的，不表示处所，b句的“湖里”是“逃”的终点或目的地，表示处所。这两句中的“逃向”和“逃往”不宜换用，特别是a句“逃向”不能换用“逃往”。

“V向”和“V往”的宾语有时孤立地看是表示方向的，但它们在表示空间范围的确定性上是有区别的。“V向+宾语”中的宾语表示V的方向，因此它的宾语表示的空间范围可以是模糊的、开放的，只要能指示方向就可以了；而“V往+宾语”中的宾语是要表示V的终点的，因此它的宾语表示的空间（地点或处所）范围是相对确定的。如：

（42）石雷放置在一个土坑里，拉线上拴了一根长长的麻绳子，用力将绳子一拉，轰隆一声，石头开了花，飞向四方……

（43）每逢这时，大雁就飞往南方了。

例（42）中“四方”只是表示“飞”的方向，至于飞到哪儿，并不明确。而例（43）中的“南方”不仅表示“飞”的方向，而且表示“飞（到）”的终点，即范围相对明确的“南方地区”。

以上对“V向……”和“V往……”这两种格式在V的选择、后续成分和宾语的句法语义性质作了具体分析。另外，“V向……”和“V往……”对施事的选择也有一些区别。如，“飞向”可以选择“鸟儿”“心”“思绪”等做施事，而“飞往”则要选择“飞机”等做施事。

“V向……”和“V往……”这两种格式的用法区别也显示了用在单音节动词后边的“向”和“往”的区别：“向”在动词后边主要用以引出V的方向；“往”在动词后边主要用以引出V（转移或使转移）的终点，同时也引出V的方向。

第6节 相似语气词辨异：以“罢了”和“而已”为例[①]

从学习者使用的一些语气词来看，相似语气词发生误用的情况也很常见。表5-9是本项研究考察作文语料中以“偏误语气词—目标语气词”形式出现的部分相似语气词词对：

① 本节根据本人《语气词“罢了”与“而已”》一文（载《语言科学》2006年第3期）补充、修改（用例出处略）。

表 5-9　作文语料库中“偏误语气词—目标语气词”示例

偏误语气词	目标语气词	出现次数	偏误语气词	目标语气词	出现次数
了	的	60	呢	吧	5
吗	呢	46	吗	吧	5
的	了	38	吗	啊	4
呢	吗	24	吧	吗	4
吧	呢	9	呀	呢	2

汉语的语气词（也叫语气助词）大多用于句末，表示肯定、疑问、感叹、祈使等语气。语气词的数量不多，但因为其意义更加“空灵”，用法也多与交际功能有关，学习者要能准确理解和使用这类词语往往很困难，要辨别那些在意义和用法方面相似的语气词就更加困难。本节以词义相似的语气词“罢了”和“而已”为例，讨论相似语气词的用法辨异问题。

现代汉语中语气词“罢了”和“而已”时常可以换用，以至于有论著认为它们都有“把事情往小里说”的意味，二者的意思和用法基本相同（吕叔湘 2001）①。一般认为它们的区别仅在于：“罢了”在口语和书面语中通用，“而已”多用于书面语（吕叔湘 2001，侯学超 1998，王还 1999，张斌 2001）。既然二者都可以用于书面语而且又有相同的意思和用法，那么它们至少在书面语中应该是可以换用的。事实似乎也支持这样的推论：我们用一些工具书中提供的例句来替换，句中的“罢了”可以换用“而已”，“而已”也可以换用“罢了”。我们在语料中还能找到“罢了”和“而已”在前后语句中相继出现的用例，而且将其中的“罢了”和“而已”换用似乎也不影响意思的表达。如：

（1）重提这段往事，巴纳德显得十分平静，认为自己不过是比别人多一些勇气罢了，手术本身并无什么高难度，时至今日这种手术更是成为一个普通外科手术而已。

（2）用老话儿，把考第一的称做“状元”，实在是太正常不过了，没什么值得大惊小怪的。……其实，身为“状元”的实利，也无非是上个好大

① 吕叔湘（2001）对“罢了”的解释是：“用在陈述句末尾，表示如此而已，有把事情往小里说的意味。常跟‘不过、只是、无非’等词前后呼应”；对“而已”的解释是：“用在陈述句末尾，有把事情往小里说的意味。常与‘不过、无非、只、仅仅’等呼应。多用于书面，口语多用‘罢了’。”其他一些工具书对“罢了”和“而已”的解释也大抵相同。

学而已。而后又有些大学自诩自己有了多少“状元”，无非标明自己是“状元”学校罢了。

但考察更多的语料和用例可以发现，有些语句中的“罢了”和“而已”似乎不能随意换用。如①：

（3）我出去留学，便剪掉了辫子，这并没有别的奥妙，只为他太不便当罢了。

（4）笔者看过他在各地旅游时所拍的照片，他的交际圈仅限于几个当年的亲密朋友而已。

那么，“罢了”和“而已”除了语体方面的区别以外，在用法上究竟有没有其他区别呢？如果有区别，又是怎样的呢？本节试图通过一定数量的问卷调查和书面语料考察相结合的方法，来讨论这些问题。

（一）问卷调查

针对一些工具书关于“罢了”和“而已”的意思和用法基本相同的认识，我们有必要了解母语为汉语的人们使用“罢了”和“而已”的情况。为此，我们进行了一次调查：设计一份调查表（表5-10）②，分别请69位对外汉语专业的研究生和本科生根据自己的语感，在14个语句中的横线处填入合适的词语：A. 罢了；B. 而已；C. 罢了或而已。调查结果统计如下（表5-10中A、B、C三栏分别表示选择“罢了”“而已”“罢了或而已”的人数；D一栏是原文用词，原调查表上本栏缺）：

表5-10 “罢了”和“而已”使用情况问卷调查表

语　句	A	B	C	D
（5）金先生朋友很多，除了哲学家的教授外，时常来往的，据我所知，有梁思成、林徽因夫妇、沈从文、张奚若……君子之交淡如水，坐定之后，清茶一杯，闲话片刻______。	19	43	7	而已

① 在下边的调查表（表5-10）中（这两句分别是第（13）、（17）句），有61%的人认为例（3）句应该用“罢了”，认为可用“而已”的占23%；有68%的人认为例（4）句应该用“而已”，认为可用“罢了”的占13%。这个结果体现了一定的倾向性。

② 表5-10中的例句分别选自《人民日报》、《北京晚报》、《作家文摘》、《呐喊》（鲁迅）等报刊和作品。为了跟前文例句序号衔接，表中语句的序号作了改动。

（续表）

语 句	A	B	C	D
（6）更早一些，封建时代，因失口而掉脑袋的人不算少。所以先人提出不会说不要紧，没人说你是哑巴，你要会做就是好样的，是实干家，净一张贫嘴管什么用，只会惹祸______。	44	11	14	罢了
（7）其实，全澳各州每年秋季都举办自己的农展会，只不过悉尼的规模为全国之最______，它有很多成功经验确实对我们有一定的启发和借鉴意义。	30	26	13	罢了
（8）炒菜一律用素油，菜里也不加葱、蒜、姜之类的调味作料，味清淡，基本可口______。	18	39	12	而已
（9）月薪千儿八百的小姐们心里有本帐：的士单打，每月好几百，搭不起；拼打，几十块______，毛毛雨。	11	42	16	而已
（10）在他们看来，只要不是非法谋取财物，就不算贪污。即使造成再大的损失，也是工作失误。殊不知，这种极不负责任的“政策贪污”，只不过不像贪污财物那样直接、明显______，其后果和危害甚至比贪污财物还要严重。	40	18	11	罢了
（11）正如有人所说，“批评上级怕打击报复，批评同级怕伤感情，批评下级怕丢选票”，有这么多的顾虑，批评自然也就难以开展，即使批评，也是轻描淡写一番______。	33	17	19	罢了
（12）老字号绝不仅仅是拥有一块年代久远的老牌匾______。	4	64	1	而已
（13）我出去留学，便剪掉了辫子，这并没有别的奥妙，只为他太不便当______。	42	16	11	罢了
（14）按照如今的汇率，美国驻俄大使馆每年所付出的7万卢布，仅相当于13美元______！	4	60	5	而已
（15）奉献就是每天在自己所做的基础上，再多做一点点______。奉献贵在“勿以善小而不为”，贵在坚持！	20	38	11	罢了
（16）“晚生不才，对西学所知甚少，”易君恕有些腼腆，据实答道，“只读过德国人花之安所著《自西徂东》、英国人李提摩太所译《百年一觉》、美国人丁韪良所译《万国公法》等少数几本书，一知半解，仅皮毛______。”	11	43	15	而已
（17）笔者看过他在各地旅游时所拍的照片，他的交际圈仅限于几个当年的亲密朋友______。	9	47	13	而已
（18）此人嘴能说，腿能跑，恒来有了他做销售，营业额增长了好几倍。有一次荣宗敬曾问过他：“禹卿老弟在销货上有什么诀窍？”王禹卿笑笑说：“苦了两条腿______！”	37	22	10	罢了

调查结果显示：第一，人们选用“罢了”或“而已”有一定的倾向性。表

5–10 的 14 个语句中，13 个语句有较多的人选择了与原文一致的用词，其中有 11 个选择结果与原文用词的一致程度超过 54%，第（12）和（14）句选择结果与原文用词的一致程度分别达到了 93% 和 87%，只有第（15）句这一句的倾向性与原文用词不一致。第二，选择“罢了”或“而已”两可结果的是少数。最多的是第（11）句，69 人中有 19 人（约占 28%）认为是两可的，最少的是第（12）句，只有 1 人认为是两可的。

（二）句法环境差异

在进行问卷调查的同时，我们分别检索了北京大学汉语语言学研究中心网站上的现代汉语语料库、《人民日报》（1999—2004 上半年）、《北京晚报》（1997）、《作家文摘》（1997）、《鲁迅全集》、《老舍文集》等报刊和作品，试图考察“罢了”和“而已”在实际使用中的倾向性。

1. “而已”前边常用数量词语

“而已”前边的成分常带有数量词语，这是“而已”区别于“罢了”的一个比较明显的特征。如：

（19）至于企鹅的体长，前面提到的两部工具书中，前者说约 1 米，后者说约 65 厘米。就南非的企鹅而言，其体长充其量不过 50 厘米而已。

（20）历史上，阳江海域发生有文字记载的特大海难就有多次，沉船无数，“南海一号”不过是其中一艘而已。

（21）不过，这车不是白用的，要交押金。押金的数额倒也不大，两块钱而已。

（22）宋法棠到那天派人去看，结果一个人也没有，次日再去察看，发现只有 20 多人而已。

我们从 2003 年《人民日报》中粗略检索得 79 例“而已”句，其中有 19 例是“而已”前边带数量词语的；而在同年的《人民日报》中检索到的 38 例“罢了”句中，只有一例是在“罢了”前边用数量词语（“一点点”）的：

（23）奉献就是每天在自己所做的基础上，再多做一点点罢了。奉献贵在“勿以善小而不为”，贵在坚持！

有意思的是，在我们的调查中，69 人里有 38 人（占 55%）在原文（调查表中的第（15）句）里用“罢了”的地方选用了“而已”，选用“罢了”的只有 20 人（占 29%）。这也从一个侧面表明在“而已”前边使用数量词语有一定的倾向性，这种倾向性与人们的语感倾向性是一致的。

2．“X 而已”作定语

一般认为“罢了”和“而已”都是句末语气词，通常位于句末。但“X 而已”却还可以作定语。如：

（24）居安思危，对电信部门来说，不应再是说说而已的事了。

（25）曼昆把人体器官交易作为一个案例，仅仅是为了证明交易的双赢，是说说而已的“黑板上的经济学”，没有实用意义。

（26）保护举报人合法权益不是一句说说而已的空话，应该更深入地融进执法者的头脑中，落实到具体行动上。

（27）虽说门槛里外都是中国足球联赛的组成部分，甚至有甲 A 与中超不过是“翻牌”而已的说法，但很多人还是要盘算未来在“中超”与甲级联赛价值上形成的“两重天”。

以上例（24）—（26）中的“说说而已（的）”和例（27）中的“甲 A 与中超不过是‘翻牌’而已（的）”都是定语。这种作定语的“X 而已”往往是引用某种说法或观点。如，有人认为“居安思危，对电信部门来说，只是说说而已”，例（24）句引用这种看法，并对其进行否定；有人认为“甲 A 与中超不过是‘翻牌’而已”，例（27）句引用了这种说法。

下边这例中的“玩玩而已”是用在“说……的话”的结构里，也是引用别人的说法：

（28）名人字画，无论好坏，人们都不会太认真，名人本人也可以说是玩玩；如果字画名人也说玩玩而已的话，那一定要玩出成果，要是什么都没有玩出来，岂不是白玩了。

以上用例显示“X 而已”被引用包孕在更大的结构中。相比之下，“X 罢了”在我们考察的语料中却未见有这种用法。

（三）“罢了”和“而已”的表义倾向

虽然“罢了”和“而已”都含有“把事情往小里说”的意味，但细究起来，二者在表义上也有一定的倾向。

“X 罢了”常含有“纯粹或完全属于某种情况，而非其他”的意味。如：

（29）桂永清讲这番话的目的，无非是让杜聿明知道他的丰功伟绩，以便去蒋介石那里报功罢了。

（30）这些事发生在孩子们身上，不能说孩子们虚伪和狡猾，因为他们毕竟还不通世故，或哭或笑，任凭“经验”罢了，况且这种“经验”还是大人惯的。

以上例（29）表示桂永清讲这番话的目的纯粹是为了让杜聿明知道他的丰功伟绩，以便去蒋介石那里报功。例（30）表示孩子做这些事完全是“凭‘经验’”，不能说他们虚伪和狡猾。

有时“X 罢了”除了表示“纯粹或完全属于某种情况，而非其他”之外，还表达说话人对某种情况的不满、轻蔑或否定的主观态度。如：

（31）我想，我眼见你慢慢倒地，怎么会摔坏呢，装腔作势罢了，这真可憎恶。

（32）前几年，还出现过“克林顿莱温斯基”的菜名，实际上是一盘“炖鸡”，只不过取“顿”（炖）和“基”（鸡）的发音罢了，实在无聊。

例（31）表示倒地的人纯粹是装腔作势，并非真的摔坏了，同时也表示对那人的“装腔作势”非常不满。例（32）表示取“克林顿莱温斯基”这样的菜名，除了取“顿”和“基”的发音之外，再也没有别的什么意义了（即“实在无聊”），表达了说话人对这道菜取名的否定态度。

在上文的调查表 5-10 的第 18 个例句中，有人问王禹卿在销货上有什么诀窍，王禹卿只说“苦了两条腿罢了！”他的回答意思就是：他的成功完全是靠两条腿的辛苦，并没有别的什么诀窍。这里用“罢了”是恰当的，调查结果也反映了这种倾向性。

“罢了”的这种表义倾向在我们的调查中也得到了印证。调查表中的第 13 个例句表示“我”剪掉辫子完全或纯粹是因为它太不便当，而不是因为别的什么原因。调查结果是有 41 人（占 59%）选用了“罢了”，这与 17 人（25%）选用“而已”相比，倾向性比较明显。

在表达跟数量多少有关的意义时，说话人如果认为某个数量是很少的，或某个数量所表示的等级或程度是很低的，则倾向用“而已”。这种句子往往意味着在所提到的某个比较小的数量之外，还有更多或更大的相关的数量，即在“而已”前边出现的数量只是某个量级范围里的较低的量。在句法上，“X 而已”中的 X 常带有数量词语。上文例（19）—（22）就体现了“而已”的这种表义倾向。再如：

（33）全市城近郊区中小学有正规运动场——也就是够一个足球场的，不过十来个而已。

（34）周而复先生的家，在一幢十数层高的大楼里。但他住得却不高，五层而已。

（35）目前我国吸引的发达国家跨国公司的投资十分有限。据推算，2002 年跨国公司对我国的投资不到 150 亿美元，平均每个跨国公司只有几千万美元而已。

这些“而已”句都表示某个数量很有限。在前边的调查表 5-10 中，第 9、14 两个例句中空白处前边都带有数量词语，结果选用“而已”的都比较多（分别占 61% 和 87%），这在一定程度上反映了人们认为“而已”有认定数量少的表义倾向。

有些活动、状态、程度或事物本身处于一个序列的某一点，说话人如果认为这一点是很低的，这种情况下也倾向用“而已”。如：

（36）但清朝育婴堂的养恤行为完全侧重于“养”，即养活而已，并没有致力于扶助被养恤者学成自立。

（37）章竹安和余重也许根本称不上朋友，仅认识而已。

作为收养孩子的机构，所从事的活动或许呈“收留—养活—教育”这样一个序列，但例（36）说清朝育婴堂的养恤行为却只限于“养活”，作者用“养活而已”表明仅仅这样是不够的；人与人之间的关系大致可以用“陌生—认识—了解—友好”这样的序列来描述，例（37）说章竹安和余重“仅认识而已”表明他们的关系并不是特别好。

有些“而已”句含有“某种情况是不够的，还应该、可以或可能有别的情况”的意味，这种“别的情况”通常位于某个量级或序列上的较高的位置。例（33）说“全市城近郊区中小学有正规运动场的，不过十来个而已”，意味着十来个运动场是不够的，还应该更多些；例（36）说“清朝育婴堂的养恤行为仅限于养活而已”，意味着育婴堂光是养活孩子是不够的，还应该在教育方面做些工作。“罢了”句一般不具有这种意味，如果将有些句子中的“罢了”换成“而已”，句子就增添了这种意味。上文的调查表第15个例句空白处，人们倾向用“而已”，也许表明人们认为：讲奉献，“（多做）一点点”是很少的，还可以做得更多一些。从这个意义上说，或许原文改用“而已”更适当些。上文例（32）表示那个叫“克林顿莱温斯基”的菜名除了取“顿”和“基”的发音之外，再也没有别的什么意义了，这句话表达了说话人对这种取名方式的否定态度。试将这句中的“罢了”换成“而已”：

（32′）前几年，还出现过“克林顿莱温斯基”的菜名，实际上是一盘“炖鸡”，只不过取“顿”（炖）和“基”（鸡）的发音而已，实在无聊。

这么一换，句子就意味着用“克林顿莱温斯基”做菜名除了取“顿”和“基”的发音之外，还应该有别的可取之处。这与作者要表达的这个菜名很无聊的彻底否定态度是相违背的。

一些含有“不仅（是）X而已”“非X而已”的语句，更是明确表示不仅仅是某种情况，还有别的更丰富的、更重要的或更严重的情况。如：

（38）老字号绝不仅仅是拥有一块年代久远的老牌匾而已。它包容着丰富的内涵：产品质量、经营、管理、服务、信誉、历史、文化等等，是多少代人心血的凝结。

（39）陈万里在1924年出版的《大风集》里首先提出了摄影艺术的个性化和民族化问题，说摄影艺术“不仅须有自我个性的表现、美术上的价值而已；最重要的，在能表示中国艺术的色彩，发扬中国艺术的特点”。

（40）据反映，四川商专在“点招费”的收取和使用上暴露出来的问题绝非仅此而已。

“罢了”和“而已”这两个语气词都常用在句子末尾，可以表示“把事情往小里说”的意味，在实际使用当中，有可以换用的情况。但在相当多的语句中使用“罢了”还是“而已”，具有一定的倾向性。我们所做的问卷调查和语料检索结果都反映了这一点。这种倾向性在句法形式和语气意义方面都有所表现。

通过以上分析可以看出相似语气词“罢了”和“而已”在句法和语义方面的异同，特别是差异之处。在句法形式上，“而已”前边常用数量词语，“X 而已”有时可以作定语。在表达语气意义方面，“罢了”更适合表示“纯粹、完全属于某种情况，而非其他”的意味，有时表达说话人对某种情况不满、轻蔑或否定的主观态度；“而已”更适合表示“认定数量不够或程度、等级很低”的意味。

第六章　结　语

第1节　基本结论

事物之间的相似性对人们认知事物、开展各种活动都有十分重要的影响，语言学习属于一种认知活动，语言使用也是基于对语言的认知，开展语言教学和学习方面的研究，应该高度重视语言学习和使用过程中的那些影响认知的因素。与认知其他事物一样，学习和使用语言同样不可避免地要受到语言系统内部和外部广泛存在的各种相似性的影响。这是本书试图考察词语的相似性对母语非汉语者习得汉语相似词语的影响特别是负面影响的出发点。

词语学习是语言学习活动中的基本内容，学习者要掌握汉语，就必须掌握一定数量的词语，掌握词语的发音、书写形式、词义和词性等方面的属性和特征，在大脑中逐渐形成一个由这些词语构成的，并且每个词语都带有一定的语音、书写形式、词义和语法等方面信息的心理词库，以便在理解和表达时从中提取，进行匹配和使用。汉语教学和学习的经验告诉我们，学习者在理解和表达时从心理词库里提取词语与我们通常从出版印刷的词典或电子词典里查询词语并不完全相同，由于学习者心理词库里记录的词语的属性有所缺失或不够准确，也由于一些词语在发音、书写形式、词义或词性方面有一定的相似性，这些都会给学习者建构大脑词库时准确地登录词语信息或在使用语言时准确地从大脑词库里提取词语造成一定的影响，以致在理解和使用中出现词语混淆误解误用的情况。

使用语言的能力通常分为理解能力和表达能力（或称接收技能和产出技能），具体分为听、说、读、写等几项技能。基于汉语教学和学习的经验和直觉，得出词语的相似性对词语学习和使用有影响（包括积极的和消极的影响）这个结论，应该是没有问题的。需要进一步讨论和研究的是，汉语词语之间的相似性是怎样的（包括类别和规模），对于听、说、读、写等几项不同的言语活动，词语相似性的影响各是怎样的，都有哪些具体表现。

从词语所具有的发音、书写形式、词义和词性等方面属性来看，许多词语之间存在各种各样的相似性，有单方面属性相似的，也有多方面属性相似的。本书以《汉语水平词汇与汉字等级大纲》中的甲、乙级词语为范围，根据词语之间相似性的具体表现，经人工系联组对得到发音相似的、书写形式相似的、词义相似的等 13 类相似词语，共 4058 对。通过这些具体的相似词语对，可以了解汉语常用词语中词语之间相似性的基本面貌：词义和词性相似的（SG 类）、发音相似的（P 类）为数最多（约占 75%），其次是词义相似的（S 类）、发音和词性相似的（PG 类）（这两类约占 19%），其他类别数量较少。我们对不同类别相似词语的相似情况作了具体分析。在分析词语的相似性、将相似词语归入相应的类别时，我们还特别关注了各对相似词语的音节多少、是否含有相同的语素、书写形式是否相同或含有相同的部件等方面。掌握汉语常用词语之间存在的种种相似性的性质和规模，是考察和了解学习者在使用汉语进行理解和表达时受到词语相似性影响的必要准备和前提。

要了解汉语常用词语的相似性对学习者用汉语进行理解和表达的影响，就要分别考察汉语学习者在听、说、读、写等活动中理解和使用词语的情况，尤其是词语理解和使用的偏误情况，分析偏误词语和目标词语的相似性。在分别充分考察学习者听、说、读、写等活动的前提下，分析所得的某方面活动（如听、说、读或写）中的相似的“偏误词语—目标词语”的规模和面貌就在一定程度上反映了词语的相似性对学习者在该方面活动中理解或使用词语的消极影响。但分别考察学习者在听、说、读、写等活动中理解和使用汉语词语的情况并作定量分析，工作量极大。本书着重考察学习者在写的活动（即书面表达）中使用词语的偏误情况，具体以“HSK 动态作文语料库”为基本语料，逐一检索 3051 个甲、乙级词语在该语料库中的使用偏误情况，提取了语料中的甲、乙级词语范围内的偏误词语以及相应的目标词语。语料分析结果显示，在 3051 个甲、乙级词语范围内，有 1806 个词语在所考察的语料中出现了偏误用例，这些偏误词语对应着 2965 条目标词语，其中有 1445 条属于甲、乙级词语，这些词语共结成 7242 个“偏误词语—目标词语”词语对。根据词语在各种属性方面的相似性表现，我们对甲、乙级词语范围内的偏误词语和目标词语逐对进行了相似性分析，考察分析结果如下：

（1）在 7242 个“偏误词语—目标词语”词语对中有约 77% 的词语对（5569

对）中的词语两两之间在发音、书写形式、词义或词性等方面存在相似性，这些具有一定相似性的词语对可分为 14 个类别。在这些不同类别的词语对里，有些是在某个单方面属性上有相似性（如 P 类、O 类、S 类、G 类），有些是在某两个或更多的方面具有相似性（如 PO 类、PG 类、SG 类、PSG 类、POSG 类）。这些相似词语对里，包含相似词语对数量最多的是词性相似的（G 类，3087 对）、词义和词性相似的（SG 类，1837 对）、词义相似的（S 类，505 对）等。这 5569 个具有一定相似性的“偏误词语—目标词语”在所考察的语料中总共出现了 19382 次，出现次数最多的是词义和词性相似的（SG 类，8699 次）、词性相似的（G 类，7479 次）、词义相似的（S 类，1759 次）等。这表明词语在词义或词性方面具有的相似性与书面表达中的词语使用偏误有着密切的联系。

（2）在本项研究考察的作文语料中，1806 个甲、乙级范围内的偏误词语和相应的 1445 条甲、乙级目标词语之间有 1274 个共同词语，但两个词语表中的具体词语之间的对应关系十分复杂。在那些相互间具有一定相似性的“偏误词语—目标词语”词语对中，广泛存在着一对多和多对一的关系（“多”的数量也有很大的差异），一对一的情况并不多见，而且词语对所属的相似类别也有很大差异。这种情况表明，在词语的不同属性方面具有一定相似性的偏误词语和目标词语之间的关系错综复杂，而这种复杂性在一定程度上是词语（包括偏误词语和目标词语）本身在某种（些）属性上的复杂性的反映。比如，一个词语如果有多个义项，这个词语就很容易与更多的词语形成具有某种相似性的“偏误词语—目标词语”词语对。

（3）5569 个相似词语对在考察语料中的出现次数相差悬殊，多的有几十次、一百多次甚至四百多次（“的”为偏误词、“地”为目标词的“的—地”在本项研究考察的语料中共出现 420 次），少的只有几次甚至一次。一对相似的“偏误词语—目标词语”在作文语料里出现次数的多少，在一定程度上反映了学习者在书面表达中将某个“偏误词语”误用为某个“目标词语”的可能性大小。在考察语料中，某些“偏误词语—目标词语”词语对出现了几十次甚至一百多次，这种词语对在一般学习者书面表达中发生误用的可能性就很大，而有些“偏误词语—目标词语”词语对在考察语料中只出现了一次或两次，这种词语对在书面表达中发生误用的可能性就较小，或者说具有一定的偶然性。

（4）就具体的“偏误词语—目标词语”看，有些词语对中的两个词语在语料中只发生了“$A_{\text{偏}}$—$B_{\text{目}}$”（即，将 A 误用为 B）形式的单向误用，有些词语对中的两个词语在语料中则发生了“$A_{\text{偏}}$—$B_{\text{目}}$”（即，将 A 误用为 B）和“$B_{\text{偏}}$—$A_{\text{目}}$”（即，将 B 误用为 A）形式的双向误用。在考察语料中提取的 5569 个“偏误词语—目标词语”相似词语对中，有 3577 对属于单向误用，另有 996 对属于双向误用（以“偏误词语—目标词语”形式出现的是 1992 对）。无论是单向误用还是双向误用，词语对的出现次数都有一定的差异。一些词语对只出现单向误用，而且出现次数较多，这表明学习者使用词语 A 容易将其误用为词语 B，但不会出现相反的情况。另一些词语对却出现了双向误用，而且出现次数较多，这表明学习者在使用中容易将词语 A 误用为词语 B，也容易将词语 B 误用为词语 A。词语的单向误用和双向误用的不同说明对于学习者而言，词语之间的混淆误用有一定的方向性，并不总是相互的。

在一定的词语范围内，根据词语之间具有的各种相似属性，对各种类别的相似词语进行人工系联组对，我们关注的是词语之间在发音、书写形式、词义或词性等方面是否具有相似性以及相似性所属类别，系联组对的过程是我们对词语相似性认识的反映。但这种着眼于词语的相似性系联得到的词语对对学习者在听、说、读、写等活动中使用词语的影响大小却有差异。比如，人工系联组对得到的相似词语对中有不少是发音不同但书写形式相同的同字词语，这些词语在学习者的书面表达中就不会以“偏误词语—目标词语”的形式出现，但它们有可能在口语表达中发生混淆误用。因此，我们将人工系联组对得到的甲、乙级词语范围内的相似词语对（表 4-1 的 A 列）与从作文语料中分析所得的甲、乙级词语范围内的“偏误词语—目标词语”相似词语对（表 4-1 的 B 列）作了对比分析。将通过这两种途径得到的相似词语对进行对比，有助于了解人工系联的相似词语对是否会在学习者书面表达中以“偏误词语—目标词语”的形式出现以及出现的规模，从而有助于了解词语的相似性对学习者在进行书面表达时使用词语的影响。考察两种途径所得词表中相应类别的词语对并作对比分析可见：

（1）两种途径得到的相似词语对中，“词义相似”（S 类）、“发音和词义相似”（PS 类）、“词义和词性相似”（SG 类）、“发音、书写形式和词性相似”（POG 类）、“发音、词义和词性相似”（PSG 类）、“书写形式、词义和词性相似”（OSG 类）、“发音、书写形式、词义和词性相似”（POSG 类）的词语对数量的一致性程度较高，但“发音相似”（P 类）、“书写形式相似”（O 类）、“词性相似”（G 类）、“发音和书写形式相似”（PO 类）、“发音和词性相似”（PG 类）、“发音、书写形式和词义相似”（POS）的词语对数量有一定的差异，有些类别上差异很大。两个词语表（即表 4-1 中的 A、B 两列词语）中相应类别的词语对数量和具体词语的一致性程度高，在一定程度上说明人工系联的相似词语对对学习者书面表达中出现相应的“偏误词语—目标词语”词语对情况的可预测程度高。就两列词语对中几个类别所含词语对数量和具体词语一致性程度较高的情况看，人工系联组对所得的某类相似词语数量越多，这类词语在学习者书面表达中以“偏误词语—目标词语”形式出现的词语对也越多。这突出表现在词义相似类（S）、词义和词性相似类（SG）这两类词语上。两列词语对相应类别的词语对数量和具体词语的一致性低，则说明在这些类别上，人工系联的相似词语对对学习者书面表达中出现相应的“偏误词语—目标词语”词语对情况的可预测程度低。两列词语对中相应类别的词语数量及具体词语对的不一致性也反映了仅着眼于词语之间各方面的相似属性人工系联组对所得的相似词语在学习者书面表达中以“偏误词语—目标词语”形式出现的情况不同。

（2）相比从作文语料中整理所得的“偏误词语—目标词语”相似词语对，尽管人工系联的相似词语对有些遗漏（有一些在作文语料中以“偏误词语—目标词语”形式出现的相似词语对没有包括在人工系联的词语表里），但绝大部分相似的“偏误词语—目标词语”都包含在人工系联的相似词语表里。这表明人工系联所得的相似词语对在一定程度上可以预见某两个相似词语在学习者书面表达中可能会以“偏误词语—目标词语”形式出现。不过，也应当看到，某两个词语在考察语料中以“偏误词语—目标词语”形式出现的次数有很大差异，这种差异与某两个词语在使用中以“偏误词语—目标词语”形式出现的可能性有关：某对词语在语料中以“$A_{\text{偏}}$—$B_{\text{目}}$”出现的次数越多，一般学习者在使用中将 A 误用为 B 的可能性就越大。我们根据具体的“偏误词语—目标词语”相似词语对在考察语料中出现次数的多少并结合教学经验，将具体的“偏误词语—目标词语”相似词语对在一般学习者书面表达中发生误用的可能性高低作了推断，区分了误用的可能性“极高”“很高”“一般”和“较低”等几种情况。双向误用的词语对“$A_{\text{偏}}$—$B_{\text{目}}$”和“$B_{\text{偏}}$—$A_{\text{目}}$”发生的可能性也有高低的区别。在词语教学实践中，自然应该关注那些发生误用的可能性相对较高的词语对。

（3）从两个词语的相似性程度和这两个词语在学习者书面表达中以“偏误

词语—目标词语”形式出现的可能性情况看，偏误发生的可能性并不总是随词语的相似性程度高而增加。相反，有些词语（如，“互相—相互”“上边—上面”“前面—前边”“这里—这儿”）在词义和用法上相似程度很高，在很多场合可以替换使用，这些词语在学习者书面表达中就很少发生误用甚至不会发生误用。

无论是人工系联组对得到的相似词语对还是根据中介语语料分析得到的“偏误词语—目标词语”相似词语对，词语对的数量都十分庞大。而在教学或学习中遇到的不少需要辨异分析的词语有一定的偶然性，实际上很难对如此众多的词语对一一加以辨异分析。而且，在教学和学习中，随着学习者汉语水平和词语学习情况、母语背景等方面的不同，他们对相似词语进行辨异的需要也不尽相同，往往因人而异。比如，面对需要辨异的两个词语，有的学习者需要辨别它们词义方面的异同，有的需要辨别它们组合搭配方面的异同，有的则可能要辨别它们色彩的异同。在这种情况下，就很有必要在辨异分析一定数量的相似词语的基础上，提炼出一套针对各种相似词语的辨异模式。我们在具体分析约 2000 个相似词语对或词语组（三个或三个以上词语）的基础上，提出了针对相似词语的具体情况进行辨异分析的步骤和模式。就一对（组）具体的相似词语（特别是相似程度较高的 S 类、SG 类等）进行辨异，往往涉及词义、组合搭配及语用功能等方面，准确认识一对（组）相似词语在这些方面的差异，并非易事。我们以近义的单音节动词结构功能辨异、常用逆序词语多侧面辨异、副词“倒”和“却”的语义和语用功能辨异、动词后的介词“向”和“往”的句法和语义功能辨异、语气词“罢了”和“而已”的语义辨异等个案分析为例，具体讨论了相似词语尤其是词义和词性相似（SG 类）的词语辨异的内容和方法。

第2节　需进一步研究的方面

语言（包括同一语言内部的和不同语言之间的）单位之间或结构之间的相似性对于语言学习和使用有一定的影响，这已是共识。至于这种影响有多大、影响的方式如何、对不同学习者的影响如何、对在听说读写等活动中理解和使用词语的影响有何差异，要回答诸如此类的问题，就要展开具体的定量和定性分析，尤其需要进行较大规模的定量分析。与本书讨论的内容有关的以下一些方面还需要开展进一步研究。

（1）扩大人工系联相似词语的范围。在一定的词语范围内根据词语之间具有的各方面的相似属性进行人工系联组对，是基于词语本身的属性认识词语相似性的必要步骤。如果这种系联组对达到充分的程度（即对一定范围内的某方面或某些方面具有相似性的词语进行了充分的系联组对，没有遗漏或极少遗漏），在学习者听说读写等活动中出现的相应范围内的“偏误词语—目标词语”相似词语对就应该在系联组对的相似词语范围内。本项研究考察的词语范围限于《汉语水平词汇与汉字等级大纲》中的甲、乙级词语，实际上汉语学习者使用的词语并不限于这个范围。为此，有必要在更大的词语范围内（比如除甲、乙级词语之外，还包括丙、丁级词语，甚至一些超纲词语）对具有某（些）方面相似性的词语进行系联组对。这样，系联组对得到的各类相似词语对数量将更大。

（2）扩大考察中介语中以“偏误词语—目标词语”形式出现的词语对范围。本书着重考察了学习者在书面表达中使用词语出现的偏误词语（限于甲、乙级词语）与相应的目标词语（也限于甲、乙级词语）的相似性。但在考察语料中，以“偏误词语—目标词语”形式出现的词语对并不仅限于甲、乙级词语，还有一些丙、丁级词语甚至超纲词语。因此，考察语料中的偏误词语和目标词语的相似性有必要扩大考察语料中使用词语的范围。由于对中介语中词语使用偏误的认定和对相应的目标词语的确定都有一定的主观性，一对“偏误词语—目标词语”在语料中出现次数太少，这个词语对在实际使用中发生误用就有一定的偶然性。如果考察的语料能够充分代表汉语学习者在书面表达中使用汉语词语的状况，出现次数达到一定数量的“偏误词语—目标词语”相似词语对就相对较多而且比较稳定，据此了解汉语词语的相似性对一般学习者在书面表达中使用词语的影响将更加可靠。

（3）考察不同水平阶段的学习者使用词语受词语相似性影响的情况。本书考察的中介语语料限于参加 HSK（高等）考试考生的作文语料，而参加 HSK（高等）的考生一般已具有中等以上汉语水平，考察这样的语料就很难了解到高低不同水平阶段上的学习者特别是初、中级水平等级上的学习者在使用词语时受到词语相似性影响的情况。因此，要全面了解汉语学习者在学习和使用汉语词语时受到词语相似性影响的情况，就有必要分别考察各不同水平阶段上的汉语学习者理解和使用汉语词语的情况，这就需要建立来自不同水平等级上的汉语学习者中介语语料库。

（4）考察汉语学习者在各种不同场合参与或完成广泛交际任务项目时受词语相似性影响的情况。由于本书考察的语料主要是HSK（高等）考生的作文语料，而作文语料由于受到题材或话题、功能、体裁和作文题规定的交际任务的影响，语言使用包括词语使用就受到了一定的限制。因此，要考察一般汉语学习者使用词语时受到词语相似性的影响，就有必要考察一般学习者在各种不同的交际场合参与或完成各种交际任务时使用词语的情况，从而考察其受到词语相似性影响的情况。

（5）分别考察不同语言文化背景的汉语学习者使用词语受词语相似性影响的情况。本书考察的语料没有区分产出语料的学习者的语言文化背景。事实上，学习者的母语及文化背景不同，如处于汉字文化圈的日、韩学习者和没有汉字文化背景的欧美和非洲学习者，他们在学习和使用汉语时受到词语相似性的影响就有所不同。日语、韩语、越南语等语言中有大量的词语与汉语词语有着千丝万缕的联系，以这些语言为母语的学习者在学习和使用汉语时就会受到这种复杂联系的影响，他们感受到的汉语词语的相似性自然也各有特点。因此，要全面考察汉语学习者在使用词语时受到词语相似性影响的情况，考察的语料就不能仅仅是“以韩国、日本、东南亚一些国家汉语学习者的语料居多”（张宝林 2008b），而是要考察能够较充分地代表各种语言文化背景的汉语学习者使用汉语词语状况的语料，分别考察语言文化背景不同的学习者在使用汉语词语时各自所受到的词语相似性的影响，明确哪些相似词语对各种不同语言文化背景的学习者有普遍影响，哪些相似词语只对特定语言文化背景的学习者有影响。

以上（3）（4）（5）方面的研究都有赖于建立更大规模的语料库，该语料库包含不同水平阶段和不同语言文化背景的学习者产出的、在不同交际场合参与或完成广泛的交际任务项目的语料。崔希亮、张宝林（2011）提出建立的“全球汉语学习者语料库”应该是比较理想的考察语料来源。

（6）分析中介语语料中相似的“偏误词语—目标词语”词语对出现频次差异及误用方向不同的原因。从本书考察的语料中，我们看到不同的“偏误词语—目标词语”相似词语对在语料库中出现的频次差异很大，相似词语误用也有单向误用和双向误用之分，单向误用的词语对出现频次也有差异，双向误用的两种形式“$A_{偏}$—$B_{目}$”和“$B_{偏}$—$A_{目}$”的出现频次情况也很复杂。对于在一定水平等级上的、一定语言文化背景下的汉语学习者，他们使用汉语词语会出现许多相似的“偏误词语—目标词语”，为什么这些词语对中有些出现次数很多，有些出现较少，为什么有些只出现“$A_{偏}$—$B_{目}$”的形式，有些则出现“$A_{偏}$—$B_{目}$”和“$B_{偏}$—$A_{目}$”两种形式，其中的原因还有待作大量的具体研究和分析。

（7）研究词语的相似程度与词语混淆误用的关系。本书通过相似词语以“偏误词语—目标词语”形式在考察语料中的出现次数来推断一对对词语在一般学习者书面表达中发生混淆误用的可能性。研究表明，某两个词语发生混淆误用（包括单向误用和双向误用），在很大程度上与这两个词语之间具有某种相似性有关。那些在考察语料里以“偏误词语—目标词语”形式出现次数较多的词语对，绝大部分在词义（S类）、词性（G类）、词义和词性（SG类）方面有相似性。但词语之间的相似程度过低或过高，两个词语发生混淆误用的可能性都不高。两个词语的相似程度过低以至于没有明显的相似性（如“电脑”和“聪明”,“美好”和“希望”），这样的词语即使发生误用，也很偶然，在中介语语料中出现次数也不会很多。两个词语的相似程度过高以至于在很多场合都能换用（如“上边”和“上面”,“这里”和“这儿”），这样的词语发生混淆误用的可能性自然也很低。那么，词语的相似程度在多高的时候或有何种表现的时候，词语之间有可能发生混淆误用？什么样的学习者会误用这样的词语？要回答这个问题，前提是要找到面向词语教学的计算词语相似程度的合适的方法。目前计算语言学提出的计算词语相似度的方法与结果还很难用来解释词语的相似程度与学习者使用词语时发生混淆误用可能性的关系。如果能够明确词语的相似程度与词语混淆误用可能性的关系，就可以为预测和推断学习者混淆误用相似词语的可能性提供另一条途径。

（8）分别考察学习者在听、说、读等活动中使用词语所受到的词语相似性的影响。本书考察词语的相似性对词语使用的影响，主要关注的是学习者在书面表达（即“写”）活动中受到词语相似性影响的情况。教学和学习实践表明，词语的相似性对学习者在听、说、读等活动中使用词语也有影响。说和写都属于言语产出活动，在词语使用方面有许多共同的特点，但口语表达和书面表达所使用的具体词语毕竟有所不同，受词语相似性的影响也有所不同。比如，在学习者的书面语料中看不出他们能否区分“好（hǎo）”与“好（hào）”，但在口语中学习者能否区别这两个词的发音却能清晰地表现出来。考察词语的相似性对学习者在说的活动中使用词语的影响，也可以采用考察口语语料的方法。这自然要依赖建立大规模的口语语料库。杨翼等（2006）讨论了建立大规模口语语料库的基本框架与工作流程。基于这种口语语料库，可以考察学习者在口语中使用词语受到词语相似性影响的情况。

在听、读活动中，学习者会误听、误读一些词语，对此已经有过不少研究报告（陈绂 1996，杨亦鸣 2003，江新 2008）。这些研究多来自教学实践中对学习者听、读活动的观察或基于一些词语理解或使用的实验设计，比如考察学习者在朗读一段文章时发生词语误读的现象、请学习者判断若干语句中的词语偏误用例，研究结果证明了词语之间的相似性对于学习者在听、读活动中理解词语有一定的影响。但如何考察一般学习者在听、读活动中理解一定范围内的词语（如甲、乙级词语）时受词语相似性的影响，开展较大规模的定量分析，这在研究方法、手段和途径方面都需要探索尝试。

（9）建立面向相似词语辨异的词语知识库，研制词语自动辨异系统。在汉语教学和学习活动中，需要辨异的词语数量巨大，而且需要辨异的具体词语对（组）往往因人而异，即使编纂很大规模的词语辨析工具书或参考书，也很难充分满足教学和学习的需求。在这种情况下，建立旨在进行相似词语辨异的词语知识库、研制词语自动辨异系统就十分必要。在这个词语知识库里，按照一定的结构模式和规范、明确的解释描述语，对一定范围内的每个词语的发音、书写形式、词义、词性、组合搭配规律、内部结构等方面的属性和特征一一详加描述，在词义、词性和组合搭配规律项目上，提供典型的用例，在此基础上借助计算机技术，按照一定的词语辨异模式，研制词语的自动辨异系统，实现对系统收录的一定范围内的任意一对词语的自动辨异。这项工程的工作量浩大，需要从事汉语教学、词典编纂、计算机语言处理等方面的专门人员密切合作才可能实现。

（10）研究相似词语学习和教学的策略。相似词语无疑是汉语学习过程中的一个难点，学习者在学习中会遇到各种各样的相似词语，他们经常会为辨别一些词语的异同感到困惑。对待学习中遇到的相似词语问题，不同的学习者会采用不同的策略，有的学习者对相似词语十分敏感，很重视对比词语的异同，有的则不特别注意。对待相似词语采用怎样的学习策略有益于汉语词语学习，这个问题值得深究。在汉语教学过程中，无论是教材编写、课堂教学、练习安排、测试评估，都会遇到相似词语的问题。在测试和评估中，根据学习者在理解和表达中辨别一些相似词语的情况来考查其正确理解和使用汉语词语的能力，对此人们的意见比较一致。但在教材和教学活动中如何处理相似词语的问题，人们的意见和处理方式却有分歧。从一些汉语教材看，有些教材很重视相似词语的辨异，教材中特别安排了一些词语辨析的内容，练习中也安排了相关的词语辨异的习题。在教学活动中，有些教师很重视辨析相似词语，在课堂上引导学生注意一些相似词语，花不少时间讲解一些词语的异同。但也有人主张在教材和教学活动中不宜过多地辨别相似词语的异同，在教材中尽量不安排相似词语一起出现，在生词教学中也不安排相似词语辨异，只在复习和巩固阶段才安排一定的词语辨别练习。在编写教材时，相似词语的出现该如何安排？在教学活动（包括课堂教学）中，如何处理相似词语？设计、安排词语练习时，是否安排相似词语辨异练习？这些是汉语教学活动面临的现实问题。

参考文献

别晨霞（2009）《基于中介语语料库的形容词产出偏误分析》，上海师范大学硕士学位论文。

薄　冰、赵淑文（2008）《英语相似词语辨析》，北京：商务印书馆国际有限公司。

蔡北国（2010）中介语动作动词混用的调查与分析，《世界汉语教学》第4期。

陈昌来（2000）《现代汉语句子》，上海：华东师范大学出版社。

陈　方（1987）《浅论同素异序双音词的辨析》，《汉语学习》第4期。

陈　绂（1996）谈对外汉语教学中的字词教学，《语言教学与研究》第4期。

程　娟、许晓华（2004）HSK单双音同义动词研究，《世界汉语教学》第4期。

程美珍（1997）《汉语病句辨析九百例》（主编），北京：华语教学出版社。

崔希亮、张宝林（2011）全球汉语学习者语料库建设方案，《语言文字应用》第2期。

戴汝为（1986）模式识别与形象思维学，载钱学森主编《关于思维科学》，上海：上海人民出版社。

丁喜霞（2010）《汉语相似语言学》，北京：语文出版社。

邓守信（1994）《汉英汉语近义词用法词典》，台北：文鹤出版社。

范开泰、张亚军（2000）《现代汉语语法分析》，上海：华东师范大学出版社。

方绪军（2000）《现代汉语实词》，上海：华东师范大学出版社。

方绪军（2008a）《对外汉语词汇教与学》，北京：北京师范大学出版社。

方绪军（2008b）从词语的相似性角度看中介语中形容词使用的偏误现象，第九届国际汉语教学研讨会（北京）论文。载《第九届国际汉语教学研讨会论文选》（2010），高等教育出版社。

方绪军（2012）《汉语相似词语区别与练习　初级》，北京：北京语言大学出版社。

方绪军（2013）《汉语相似词语区别与练习　中级》，北京：北京语言大学出版社。

方绪军、张新明（2003）《HSK近义词区别与练习》（主编），福州：福建人民出版社。
郭桃梅、彭聃龄、卢春明、刘宏艳（2005）汉语词汇产生中的义、音信息提取时间进程的ERP研究，《心理学报》第5期。
国家汉语水平考试委员会办公室考试中心（1992）《汉语水平词汇与汉字等级大纲》，北京：北京语言学院出版社。又：修订本，2001，北京：经济科学出版社。
贺　阳（1992）试论汉语书面语的语气系统，《中国人民大学学报》第5期。
侯学超（1998）《现代汉语虚词词典》，北京：北京大学出版社。
胡明扬（1988）语气助词的语气意义，《汉语学习》第6期。
胡正微（2005）语法场与语法意义——兼论“已经”和“曾经”的语法意义，《语言科学》第2期。
黄国营（1994）句末语气词的层次地位，《语言研究》第1期。
黄祥年（1984）比较句中的“更”和“还”，《语言教学与研究》第2期。
江　新（2007）《对外汉语教学的心理学探索》，北京：教育科学出版社。
江　新（2008）《对外汉语字词与阅读学习研究》，北京：北京语言大学出版社。
景士俊（1995）析“却”，《内蒙古师大学报（哲学社会科学版）》第1期。
李红印（2008）同素近义单双音节词问题，《词汇学理论与应用（四）》，北京：商务印书馆。
李临定（1990）单音节动词和双音节动词，《现代汉语动词》，北京：中国社会科学出版社。
李行健、余志鸿（2009a）《义近字辨误100例》，广州：广东省出版集团、广东人民出版社。
李行健、余志鸿（2009b）《音近字辨误100例》，广州：广东省出版集团、广东人民出版社。
刘富华（1998）HSK词汇大纲中汉日同形词的比较研究与对日本学生的汉语词汇教学，《汉语学习》第6期。
刘乃叔、敖桂华（2003）《近义词使用区别》，北京：北京语言大学出版社。
刘淑娥、佟慧君、常敬宇（1983）《近义词辨析》，北京：北京语言学院出版社。
刘晓颖、郭伏良（2010）对外汉语易混淆词教学中的问题及改进策略，《河北大学学报（哲学社会科学版）》第 4 期。
刘英林、马箭飞（2010）研制《音节和汉字词汇等级划分》 探寻汉语国际教育新思维，《世界汉语教学》第 1 期。
刘宇红、谢亚军（2007）也谈“差不多”和“差点儿”，《湘潭大学学报(哲学社会科学版)》第 1 期。
卢福波（2000）《对外汉语常用词语对比例释》，北京：北京语言大学出版社。
卢思源（1982）《英语相似词语辨异（上、下册）》，福州：福建人民出版社。
陆丙甫（1988）“已经”同“曾经”的区别究竟在哪里，《语言教学与研究》第 4 期。
陆俭明（1980）“还”和“更”，《语言学论丛》第 6 辑。
陆俭明、马 真（1999）《现代汉语虚词散论》，北京：语文出版社。
陆苏静（2009）《从相似性角度看中介语中的程度副词偏误现象》，上海师范大学硕士学位论文。
吕叔湘（1980 / 2001）《现代汉语八百词（增订本）》(主编)，北京：商务印书馆。
吕叔湘（1984）底、地之辨及底字的由来，载《汉语语法论文集（增订本）》，北京：商务印书馆。
马燕华、庄 莹（2002）《汉语近义词词典》，北京：北京大学出版社。
马 真（2003）“已经”和“曾经”的语法意义，《语言科学》第 1 期。
梅立崇（1998）关联副词“却”试析，《语言教学与研究》第 3 期。
倪丽华（2009）《从词语的相似性角度看中介语中的动词偏误问题》，上海师范大学硕士学位论文。
彭小川（1999）论副词“倒”的语篇功能——兼论对外汉语语篇教学，《北京大学学报（哲社版）》第 5 期。
齐沪扬（2002）《语气词与语气系统》，合肥：安徽教育出版社。
曲殿宇（2008）《“已经”和“曾经”的比较研究》，吉林大学硕士学位论文。
沈家煊（1986）“差不多”和“差点儿”，《中国语文》第 6 期。
沈家煊（1999）《不对称和标记论》，南昌：江西教育出版社。
沈家煊（2001）跟副词“还”有关的两个句式，《中国语文》第 6 期。
石 静、邱立坤、王 菲、吴云芳（2011）相似词获取的集成方法，《中国计算语言学研究前沿进展（2009—2011）》，第十一届全国计算语言学学术会议（北京）。
史厚敏（2006）相似性——范畴化的认知基础，《韶关学院学报（社会科学）》第7期。
孙湘生、龚艳霞（1991）《英语易混词汇大全》，北京：机械工业出版社。
孙湘生、龚艳霞（2010）《英语易混淆词汇辨析》，北京：科学出版社。
佟慧君（1982）《如何辨析同素反序词》，《语言教学与研究》第2期。
佟慧君、梅立崇（2002）《汉语同义词词典》（主编），北京：商务印书馆国际有限公司。
万智慧（2011）《“曾经”与“已经”的对比分析研究》，山东师范大学硕士学位论文。
王东海（2002）汉语同义语素编码的参数和规则，《中国语文》第2期。
王　还（1999）《新编汉英虚词词典》（主编），北京：华语教学出版社。
王　还（2005）《汉语近义词典（汉英双解）》（主编），北京：北京语言大学出版社。
王　甦、汪安圣（1992）《认知心理学》，北京：北京大学出版社。
王宇泉（2011）《基于中介语语料库的介词偏误分析》，上海师范大学硕士学位论文。
王韫佳、邓　丹（2009）日本学习者对汉语普通话“相似元音”和“陌生元音”的习得，《世界汉语教学》第2期。
王中芸（2012）《现代汉语动词相似性及偏误分析》，上海师范大学硕士学位论文。
文　炼（2002）蕴涵、预设与句子的理解，《世界汉语教学》第3期。
文全民（2008）“更”和“还”在肯定与否定比较句中的差异，《世界汉语教学》第1期。
吴长安（2009）关于“的”“地”“得”合一的建议，《编辑之友》第7期。
吴为善（2011）《认知语言学与汉语研究》，上海：复旦大学出版社。
武克忠（1992）《汉语常用虚词词典》（主编），杭州：浙江教育出版社。
萧　频（2008）《印尼学生汉语中介语易混淆词研究》，北京语言大学博士学位论文。
谢红华（2000）现代汉语单双音节同义词选择的限制因素，载《第六届国际汉语教学讨论会论文选》，北京：北京大学出版社。
邢福义（2001）《汉语复句研究》，北京：商务印书馆。
邢红兵（2003）留学生偏误合成词的统计分析，《世界汉语教学》第4期。
徐建宏（1999）汉语词汇和韩国语汉字词的对比研究，《辽宁大学学报》第4期。
许　丹（2010）《HSK形近字研究》，四川外语学院硕士学位论文。
杨伯峻（1981）《古汉语虚词》，北京：中华书局。
杨亦鸣、曹　明、沈兴安（2001）国外大脑词库研究概观，《当代语言学》第2期。
杨亦鸣（2003）《语言的神经机制与语言理论研究》，上海：学林出版社。
杨　翼、李绍林、郭颖雯、田清源（2006）建立汉语学习者口语语料库的基本设想，《汉语学习》第3期。
姚莉萍（2003）日语中的汉语词汇，《日语学习与研究》第4期。
袁毓林（1995）词类范畴的家族相似性，《中国社会科学》第1期。
袁毓林（2011）"差点儿"和"差不多"的意义同异之辨，《语言教学与研究》第5期。
苑春法、黄昌宁（1998）基于语素数据库的汉语语素及构词研究，《世界汉语教学》第2期。
张宝林（2008a）基于《HSK动态作文语料库》的外国人汉语词汇学习考察，第九届国际汉语教学研讨会论文，2008年12月，北京。
张宝林（2008b）"外国留学生汉语学习过程语料库"总体设计，《数字化汉语教学进展与深化》，北京：清华大学出版社。
张　斌（2001）《现代汉语虚词词典》(主编)，北京：商务印书馆。
张　博（2007）同义词、近义词、易混淆词：从汉语到中介语的视角转移，《世界汉语教学》第3期。
张　博（2008）第二语言学习者汉语中介语易混淆词及其研究方法，《语言教学与研究》第6期。
张　博（2013）针对性：易混淆词辨析词典的研编要则，《世界汉语教学》第2期。
张　博等（2008）《基于中介语语料库的汉语词汇专题研究》，北京：北京大学出版社。
张　丹（2010）《基于中介语语料库的联合关系连词偏误分析》，上海师范大学硕士学位论文。

张德鑫（1995）谈颠倒词，《汉语学习》第6期。

张光鉴（1986）相似论——探讨相似在科学、技术、思维发展过程中的作用和规律，载钱学森主编《关于思维科学》，上海：上海人民出版社。

张国宪（1995）单双音节动作动词的功能差异，载胡裕树、范晓主编《动词研究》，开封：河南大学出版社。

张　涵（2011）《基于中介语语料库的名词产出偏误分析》，上海师范大学硕士学位论文。

张金桥、吴晓明（2005）词形、词义因素在留学生汉语词汇选择判断中的作用，《世界汉语教学》第1期。

张其昀（2002）现代汉语同素词通考，《语言研究》第1期。

张庆文（2009）谓词性成分的封闭性与“差不多”和“差一点”的语义阐释，《世界汉语教学》第2期。

张谊生（2000a）《现代汉语虚词》，上海：华东师范大学出版社。

张谊生（2000b）《现代汉语副词研究》，上海：学林出版社。

张　妍（2006）《欧美学生汉语中介语易混行为动词、心理动词及其辨析方法研究》，北京语言大学硕士学位论文。

赵金铭（1993）同义句式说略，《世界汉语教学》第1期。

赵　新、李　英（2009）《学汉语近义词词典》，北京：商务印书馆。

中国社会科学院语言研究所词典编辑室（2005）《现代汉语词典》(第五版)，北京：商务印书馆。

周美立（1994）《相似系统论》，北京：科学技术文献出版社。

宗守云（2011）“X比Y还W”的构式意义及其与“X比Y更W”的差异，《华文教学与研究》第4期。

Aitchison, J. (1987) *Words in the Mind: An Introduction to the Mental Lexicon*. Basil Blackwell.

Carpenter, E. (2000)《易混淆词》引言，载 Carpenter《易混淆词》(中文版，顾明华译)，北京：外文出版社。

Jiang, N. (2000) Lexical representation and development in a second language. *Applied Linguistics*, 21/1.

Kocic, A. (2008) The Problem of Synforms (Similar Lexical Forms), *Linguistics and*

Literature, Vol.6, N.1, FACTA Universitatis.

Laufer, B. (1988) The concept of "synforms" (similar lexical forms) in vocabulary acquisition. *Language and Education*, 2(2).

Laufer, B. (1991) *Similar lexical forms in interlanguage.* Tübingen: Gunter Narr Verlag.

Laufer, B. (1997) The lexical plight in second language reading: Words you don' t know, words you think you know, and words you can' t guess, in Coady J. & Huckin T.(eds) *Second Language Vocabulary Acquisition*, Cambridge: Cambridge University Press.

Laufer, B. (2005) Ten best ideas for teaching vocabulary, *The Language Teacher*, July, 2005, Volume 29, Number 7, The Japan Association for Language Teaching.

Meara, P. (1980) Vocabulary acquisition: a neglected aspect of language learning, *Language Teaching and Linguistics*, 13.

Nation，P. (2004) *Teaching and Learning Vocabulary*（英语词汇教与学），北京：外语教学与研究出版社。

Sinclair, J. (2000)《易混淆词》前言，载 Carpenter《易混淆词》（中文版，顾明华译），北京：外文出版社。

Skehan, P. (1998) *A Cognitive Approach to Language Learning*, Oxford: Oxford University Press.

后 记

本书得以出版，要感谢很多师长、领导、同事和朋友的支持和帮助。我的导师上海师大的张斌教授、何伟渔教授、范开泰教授和上海交大的杨惠中教授严肃、真诚的学术态度，一直感染着我。齐沪扬教授任上海师大对外汉语学院院长时提倡教师多从事汉语及教学研究，我还清楚地记得有一天下课回办公室路上遇到他时，他高兴地告诉我国家社科基金项目“外国人习得汉语相似词语的认知研究”获得批准时的情景。在申请这个项目之前，我与同事张新明老师、刘慧清老师、王起澜老师合作编写了HSK近义词区别与练习用书，在他们的稿子上时常可以看到一些由丰富教学经验化成的亮点。后来又与研究生薄文静、郝倩、李珺珺、陈志禄等同学一起编写HSK词语练习用书。吴颖老师几年来在她负责的新疆少数民族双语教师培训班上一直安排用我们编写的书作为词语练习和复习的材料，这对于我们是很大的鼓励。2003年国家汉办批准的工具书项目“对外汉语教学用汉语相似词语辨析800组”为后来申请国家社科基金项目打下了一定的基础。在完成国家社科基金项目期间，研究生别晨霞、陆苏静、倪丽华、张丹、王宇泉、张涵、王中芸等同学基于相关专题完成了各自的硕士学位论文。在与她们的讨论中，我也受到不少启发。

从事汉语相似词语研究十多年来，在与华语教学出版社、北京大学出版社、商务印书馆、北京语言大学出版社的多位编辑先生、女士的交流中，我获益良多。这个项目的结项材料实际上是由本书与已经出版的《汉语相似词语区别与练习 初级》和《汉语相似词语区别与练习 中级》一起构成的。《汉语相似词语区别与练习》分成“初级”和“中级”两本，这是与北京语言大学出版社商定的。这两本书得以及时出版，得益于北语出版社的支持和编辑出版部门投入的大量时间和精力。北语社领导、编辑人员对书稿提出了许多专业性建议和意见，在此真诚表示感谢。

项目结项以后，我根据五位匿名专家的鉴定意见，对书稿作了力所能及的修改。书中引用前辈、时贤的高见已作标注，恕不一一记述。

本人学识和能力有限，书中对学界已有成果的疏忽及错讹之处难免，敬请读者和专家指正。

方绪军
于博茨瓦纳大学人文学院
2013 年 10 月

图书在版编目（CIP）数据

汉语相似词语认知与习得研究 / 方绪军著. — 北京：北京语言大学出版社，2014.2

ISBN 978-7-5619-3772-3

Ⅰ. ①汉… Ⅱ. ①方… Ⅲ. ①汉语－词语－研究 Ⅳ. ①H13

中国版本图书馆 CIP 数据核字（2014）第 028230 号

书　　名：汉语相似词语认知与习得研究
　　　　　HANYU XIANGSI CIYU RENZHI YU XIDE YANJIU

责任印制：姜正周

出版发行：北京语言大学出版社
社　　址：北京市海淀区学院路 15 号　　邮政编码：100083
网　　址：www.blcup.com
电　　话：编 辑 部：010-8230 3647/3592/3395
　　　　　国内发行：010-8230 3650/3591/3648
　　　　　海外发行：010-8230 0309/3365/3080
　　　　　读者服务部：010-8230 3653/3908
　　　　　网上订购：010-8230 3653（国内）/ 3668（海外）service@blcup.com
印　　刷：大恒数码印刷（北京）有限公司
经　　销：全国新华书店

版　　次：2014 年 3 月第 1 版　　2014 年 3 月第 1 次印刷
开　　本：787 毫米 × 1092 毫米　1/16　印张：15.5
字　　数：265 千字
书　　号：ISBN 978-7-5619-3772-3 / H · 14016
定　　价：42.00 元

凡有印装质量问题，本社负责调换。电话：010-82303590

这当然要仔细阅读他的解字步骤，同时要按甲骨文、金文、篆文等的顺序来理解，如果跳过甲骨文、金文而直接读篆文或者隶变后的文字，这样的“认字”就丧失了基础性阅读的功能。

其次，检视性阅读，就是粗略全览，即了解这本谈文字的书的特点何在，他主要谈了哪些字。如《白鱼解字》，其汉字排列从简单的数字开始，接着是山川大地、日月星辰、熠火不熄、草木虫鱼、食物器物、走兽飞禽、建筑织物、人类繁衍。《字看我一生》则把一个人从出生到死相关的文字排列起来，用讲故事的方式来讲文字，用侦探破案的方式来破解文字，这不只是作者的爱好，也使阅读者读起来不觉得枯燥古板。这些大约是其他有关文字学的著述从来不曾做过的，其活泼有趣可知。

再者为分析性阅读。这种阅读方法用在“流沙河认字”（包括本套《流沙河解字全书》及流沙河其他文字学书籍）系列书籍上，就是寻绎出这些文字学书籍的解说方法，如用日常生活来解说汉字，用方言来解文字音韵，《说文解字》的作者许慎总结出的六书造字法是如何贯穿在这些著作里，并且有所发挥与纠偏的，等等。进一步可以从中看出“流沙河认字”系列书籍的文字学阐释及其方法，从哪些人那里有所传承借鉴，如从“甲骨四堂”以及叶玉森、杨树达、于省吾、丁山、康殷、陈独秀等人那里借鉴了什么、舍弃了什么、综合了什么，这实在是相当费力的读书方法，但经此一役，任何读者都会得益匪浅。我之受益也会在所写的系列文章中逐步体现出来。

最后就是主题性阅读。此种方法不仅需要读“流沙河认字”系列，还要读其他书。除了读毕他所有的文字学著作外，我还读了作者其他文集中关于文字的散篇文章。同时为了明了其所阐释的文字在当今有关文字学的书籍中处于一个什么样的“位阶”，我还读了一些在市场上流通比较多的文字学书籍，如日本学者白川静的《汉字百话》《汉字的世界》，以及他所指导的学生小山铁郎所写的《神秘的汉字》等，还有瑞典学者林西莉的《汉字王国》。我还翻看了廖文豪的《汉字树》系列、常秉义的《周易与汉字》等。我同时也阅读了一些专家的著作，如高明的《中国古文字学通论》、杨琳的《汉字形义与文化》《汉语词汇与华夏文化》、许进雄的《文字小讲》《中国古代社会：文字与人类学的透视》等。我还抽读了白冰的《青铜器铭文研究》，周清泉的《文字考古》二、三册的相关内容。这样的主题性阅读可以从文化人类学、汉字与中国文化方面生发出一些看法，就可以将“流沙河认字”系列做个比较整体的观察。

为什么要如此做主题性阅读？除了艾德勒、范多伦二位的提撕指引外，还因读日本学者中野美代子的多部著作，如《中国人的思维模式》《中国的妖怪》《〈西游记〉的秘密（外二种）》《龙居景观：中国人的空间艺术》等，使我对此前本有的主题性阅读方法有更加清醒的洞见。如读《龙居景观：中国人的空间艺术》，想起读人文地理学者段义孚的《空间与地方：经验的视角》，再想起读城市布局专家简·雅各布斯的

《美国大城市的死与生》，复引回中国传统的堪舆之学，使得有些看法有贯通之感。复因研读中西文化中的生与死，特别是《圣经》中的死亡观，就观察到人活着的行为受死亡观念（含中国的阴宅墓葬等）的影响深到一个地步——不谈如何理解死亡，就根本无法谈如何活着。也就是说，我读“流沙河认字”系列，也希望从人类学、社会学的一些视角来做些解读，以便更加理解汉字是如何影响我们的思维与生活的。

那么，“流沙河认字”系列到底有何特色呢？

简单说来，“流沙河认字”系列与其他流行的字书有一个相当大的不同之处，就是博识多趣。一个人博学有其阅历的因素，也是其读书博杂的结果，因此才对所研究的领域理解得比较深透。作者把从多种典籍和各个学者那里传承而来的内容详加申引，虽无注释，却不损其具有的学术性。换言之，就是让你感受到，古今汉字不仅与知识和学问有关，更与我们的生活息息相关。“流沙河认字”系列让我们知道，古文字并不是躺在停尸房里，其所蕴藏的诸多祖先文化及生活信息，依旧在影响着我们今天的生活。当作者对某事物或者人物的看法未能确定，如系悬拟之辞、有猜测之意时，也绝不藏着掖着。至于廖文豪的《汉字树》、常秉义的《周易与汉字》多有适己意的误解之处，前者被有的学者称为文字学中的“武侠小说”与“科幻小说”，后者不时施其玄秘以售其私。至于白川静的文字学著作，有开人心窍处，但也难免有拿着一把锤子，到处看着都是钉子之嫌，具体的评价我会在后续文章中揭橥出来。

流沙河阐释古今汉字所展现的博学除了以上所述外，还体现在他的解读方法上。我对于这一点的深入论证自待后文，但他在《文字侦探》序言（新星出版社 2011 年版）里所说的方法，却是理解“流沙河认字”系列文字学书籍的钥匙，我们对此应该注意。他认为侦破古文字之案，其曲折程度深不可测，比做个一般意义上的侦探更复杂：“必须从典籍里翻查主证，又须从语词里找到旁证，还须从百科知识里觅得印证，更须有胆有识，动摇权威的旧说，自创切实的新解。”所谓典籍里的主证，就是所收录的甲骨文、金文的书籍，以及依据《说文解字》中对小篆的理解，这是最为基础的证据，失却了便游谈无根。旁证就是在其他书籍及关联性词语里，找出相关的证据，来证明甲骨文、金文为何要如此解，以明白此字的本义之源为何，引申衍义又走向了何方。百科知识则包括对日常生活的观察、对现存方音的探寻，因为在这些我们习以为常的生活状态里，必定暗藏文化的雪泥鸿爪乃至“活化石”。“流沙河认字”系列书籍，正是用这三者结合在一起的方法来阐释字词的。

“流沙河认字”系列与市面上关于文字学的书籍能区别开来，除功力与学养外，动机不同也是一大因素。“老实说吧，我写书未想过‘为人民服务’，也未想过为人民币服务，只是图个过瘾罢了。独坐书房，俯身大案桌上，我就是福尔摩斯了。读者看我怎样破案，我便洋洋自得，有巨大成就感。心情一舒畅，就延年益寿，比吃啥补药都强。这样说来，我倒是该感谢亲爱的读者。”（《文字侦探》题解）这序文告知世人，他写作既非取媚于人，也非“为人民币服务”，而是“偶有文章娱小我”，他在写作上自然不会受市场及诸般风气之左右。因此，他对古今汉字的阐释既与“象牙塔”的研究区别开来，又与媚市场之需而拼凑起来的作品完全不同。在对古今汉字的认识与相关知识的传播上，他算得上是有功之人。

众所周知，一支顶尖排球队中，没有出色的二传手是不可想象的，这便是我说流沙河是阐释古今汉字高明的“二传手”的原因。二传手的风头与受人瞩目的程度，都远不如主攻手：记住郎平的人多，但孙晋芳就没那么出名了。在我看来，研究古文字的“甲骨四堂”、胡厚宣、于省吾等学者，应该算是做阐释古文字基础工作的“一传手”了。流沙河对不少古今文字的释读并非都是开创性的，他是站在前人的肩膀上发力，但在不少文字的释读上更出彩、细腻、合理，更容易被人理解，实在是非常出色的二传手。我当然不是说流沙河在他的书中完全没有做过一传手的工作，也不是说他没有直接扣过球，其实出色的二传手经常直接将球打到对方防不胜防的死穴之地，让对方无力补救。打出这种球时，多半就是流沙河在序言中所说的得意之时。如在释读出“妊”字里所含的“壬”字后，他借已经死去的主人公李德九（李三三）之口说出了如下的话：“女人怀孕，大腹沉重，好比男人担挑子，负担同样重。这壬字，哑谜三千年，三三我猜中，真是鬼聪明！”（《字看我一生》）这就好比直接扣到对方无人防守，或者虽有防守却无力抵挡的场地中，仿佛一传、二传扣球一气呵成，为文化赢得了一分。

流沙河十三岁时，国文老师刘兰坡来给他们上课，刘老师手持一炷香上讲台，说："我是燃香而来，望诸君努力。"流沙河也以此自任："数十年萌芽，结了一枚瘪果《流沙河认字》，报答恩师的一炷香。'薪尽火传'这回说到自己身上来了。"（《白鱼解字》序，新星出版社 2013 年版）两年后他在《正字体回家》（新星出版社 2016 年版）序中又发了一回相同的感慨，其时学者杜道生的弟子王旭到流沙河家探望，陈述了杜道生平生事迹及研究文字学的心得，让流沙河生出特别的感言："写书固然一己自娱，但也是薪火的自觉。"薪尽而火却得以传，全赖二传手巧妙有效的组织，使更多的读者集体成为文化的"主攻手"，文脉得以流布不竭。但这样"燃香"的仪式感，与王旭进门见流沙河还行"跪拜古礼"——这是行者自行，非受者要求，据我所知，流沙河收唯一弟子石地的时候也未如此——都容易滋生对文化的偶像崇拜，这是我们热爱文化的人不能不加以警醒的。虽然我们对如此的行者与受者都有一份体谅与理解，但我也不得不说出自己真实的感受。

换言之，我对流沙河予汉字文化认可中时有的偶像化倾向并不赞同。因为世界上任何一种文化都是人造物，其不完美与有限是有目共睹的。即便再令人惊叹，也不应该在骨子里有一种膜拜的倾向，流沙河对汉字的态度有时难免落入这样的窠臼之中——研究中国古今文字不落入这种倾向的，我还没有看到过。研究中国文化，有一种冷静客观的态度，不是一件容易的事。像钱穆一样的学者对在研究中国文化中之求真，没有特别强调，却对研究对象要有温情的敬意，有一种强力的提倡，这是中国文化守成主义者的常态。所有学术都是人不完美的劳作，不应该被供起来，无论对汉字本身还是对汉字的研究，都应如此看待。斯宾格勒在《西方的没落》一书中曾写道："一个人在一块土地上住多久，那块土地就会困扰他多久。"也就是说，这片土地及其中的人发展出来的文化，曾给予我们不少滋养，但也给了我们不少困惑，我们不必掩饰与否认。

这个系列性的书籍之所以用"流沙河认字"名之，一来这是他的书名之一，二来这是他谦谨的做法，三来我对他这些书的理解也只是处于"认字"阶段，对于其中深意，尚需慢慢探索咀嚼，方能在胜义纷披中探得一二自以为是的浅见出来公诸读者。同时，流沙河在阐释古汉字的同时，也延伸讲了不少汉字的演变及历史，以及它在今天的运用，故如此名之，以示非无故也。

【附记】2018年11月7日至9日写于成都，9日修订毕。谨以此顺祝流沙河先生11月11日87岁生日蒙福。文中除第一次称先生外，之后均以名字直称，非不敬也，乃为省冗去繁，特此说明。

从生活中来的文字学

中国文化主张道不远人，这个“道”字在传统汉语处境中并没有绝对真理的意思，但它也明白昭示：人虽有限，但还是能在周遭的生活中看到一些相对真实的东西。既如此，道不远人能到什么地步呢？你能想到的极致，古人都说过了，庄子所谓道在屎溺中。这么污秽的日常物事，庄子也能从中看出些门道来，自是一种不错的功夫。既如此，在描摹日常生活的文字里，来发掘出一些关于汉字密码的窍门，也没有什么值得大惊小怪的。

话虽如此说，研究文字学的多是知识分子，许多人可能终身没有参与过实际劳作，故不容易从日常生活中得出“近取诸身”的例证，来言说文字的奥妙。相当于放弃了一种让人感到亲切的认识汉字，并发现其文化渊源脉络的有效方式。也就是说“此事古难全”：有过劳作经验且善于进行生活观察的人，却没有研究文字演变的能力，反之亦然。从个人有限的“小学”（文字学、训诂学、音韵学等）阅读经验来说，我认为既有比较高深的文字演变研究能力，又能以日常生活中的观察与认知来“近取诸身”，进行细致有趣之佐证，使人憬然大悟者，实在百不得一。

换言之，许多人的学问是越做越深，且以深到识者无多为自得，如果他所做的是真学问的话，固不应该受到责备。因为有许多前沿性的学问的确不是普及得了的，不妨作为“为己”之学，而自得于天地间——至于“为己”之学是否能变化一个人的气质，则不要企望过高，因为这多半是道德自义，为掌控话语权柄者自加光环而已。“今之学者为人”往往受人诟病，除孔子外，荀子在《劝学篇》里也视其是“以为禽犊”的“小人之学”。其实，学问与道德之间并非一定正相关，而且是两个评价标准，如果非得绑架在一起，于二者均有相妨。要言之，我不主张将为己之学与为人之学截然两分，为己自娱，也能娱他利人，二者并非矛盾相斥。为人之学只要不是欺骗读者，不为牟利和有意迎合他人趣味，完全是自己真实研究所得，便是有功于读者。

个人认为，流沙河的文字学研究，是将为己之学与为人之学结合得比较好的实践与例证，做到了既能深入也能浅出。能深入固非易事，但能把艰深古奥的学问讲得有趣生动，更难。为何更难呢？因为一来你需要对学问深入吃透，不能以己之昏昏妄图使别人昭昭；二来你吃透了还要善于为那些不懂的读者着想，要能够从生活中取来证据，举例子、善譬喻，为学问搭桥。这便是我读“流沙河认字”系列书籍，徜徉其间而又深觉有趣的原因。

一

我家楼层相对较高，无有电梯。十多年前，小女放学后很难有玩伴，于是朋友送半岁的大白熊犬给我们，以便给孩子做玩伴。大白熊犬体形超大，但性情温和，闲时与它戏要，发觉它后腿上有飞爪，不明就里。有次到沙河师家闲聊及此，他说你家那“大白熊”严格说来是“犬”，而非一般意义上的“狗”，这说法真让人感到新鲜。于是他就借此从文字学的角度给我们讲了“敬—儆—警”三字之间的承续关系。

他说，《说文解字》中的一种草名曰苟，让自己百思不得其解，并且发觉“与苟字组合的语词，其指义皆和草不相干。得过且过，苟且。偷生忍辱，苟活。逢迎顺从，苟同。随便结交，或随便性交，苟合。只顾眼前，苟安。贪贿不义，苟得。临危滑脱，苟免。钻营爬位，苟进。以上诸词，尝试以狗换苟，……我看倒很合适”(《白鱼解字》)。他因此在甲骨文里面找到一个非草头非句字组成的苟字，认为此字才是最早的狗字。由此字的右边添一只右手拿一根棒即是今天的敬字，走向狗必须拿着一根棍棒，此敬字的本义便是警戒。后来敬字生出他敬之义，自儆之义隐没，于是又造儆做自警用，段玉裁以此释为“与警音义同”。

“篆文儆字人旁立在左边，同其拿棒右手分离，已违象形之旨。立在中间的狗大耳俨然，前腿悬空，后腿直立”，“犬科动物的狼、狐、犬，皆有‘悬蹄’，俗呼飞爪，是其特征，以及无‘悬蹄’的狗，都包括在内。犬是大概念，狗是其中小概念，所以狗虽无‘悬蹄’也可以叫犬”。(《白鱼解字》)在沙河师看来，我的狗虽然温顺，但含有悬蹄，必有野性，要注意保持距离。果不其然，不久我就被我的狗“教科书式”地咬了一回。在讲犬字时，流沙河又重申一番这样的道理：“许慎说，有悬蹄的方可称之为犬。悬蹄，俗呼飞爪，为已退化之蹄爪。无悬蹄的便是狗了，以此区别。推想狗先被人驯养，用来警夜。狗善吠吼，所以名狗。狗吼古音可通。”(《白鱼解字》)

狗善吼，也会因喂养不慎而咬人，但它的通人性还是令我惊讶。后来我家大白熊犬虽然老死了，但它性喜热闹，是个人来疯，让人记忆深刻，不属于下面这种有趣的“狗”：“獨非蜀犬，而是从犬蜀声，指某些不合群的狗。”(《正体字回家》)

属相乃巫术之孑遗，按出生年份推知我的属相是蛇——人属动物，还有比这更混乱荒谬的说法吗？其实人属于“至高者”——因此我对蛇从小就有兴趣了解，当然是出于了解自身的需要。蛇字起源比较晚，上古时多用它字指蛇，《说文解字》无收。《说文解字》谓它为虫：“上古草居患它，故相问无它乎。”蛇的出现一定是后来它字被作为指物代词后才造的——段玉裁认为此为俗字——这一点几乎是文字学者的共识。宋代徐铉在整理、注释《说文解字》时说“今俗作食遮切”。这说明宋代就是直接读今蛇音，但是“俗作”，说明其原来的音不应该读此。但究竟原本应该读什么，只有通过各种方式来构拟、揣测。

文字学者蒋善国根据“也”字和“它”字的甲金篆外形及相关字词的声读，觉得它们“是同一个字分化的异体”，而且“《说文》它字重文作蛇，本音 tā，中古音变成 tuō，它的词义是从‘委它’得来的，‘委它’就是蜿蜒，象蛇行之状，所以蛇以‘它’为名，……后来它音变为 sha，现北方人说‘无变故’或‘尚好’为‘没（音媒）舍（sa）’，‘没舍’就是‘无它’的音变”(《〈说文解字〉讲稿》，语文出版社 1988 年版)。但流沙河的解释与此不同：“它今音 tā而古音 shā。它字为啥不应该加虫旁？因为它字已象蛇形，又加虫旁可能误读为两条蛇。在甲骨文，它与虫极为相似，为了不致互混，所以往往在它头上加止（趾）成跎，意思是千万别踩着了。这个跎是它字异体，同为今之蛇字。卜辞常见问话‘亡跎’或‘不跎’就是问‘没蛇吧’。先民居处草莽，最怕不小心踩着蛇。卜辞问‘没蛇吧’意思是向神灵询问‘不会有祸患吧’。今人互相问候‘没啥吧’就是从‘没蛇吧’承续来的，啥即蛇也。”(《白鱼解字》)

两相对比，我觉得流沙河的解释更符合情理与事实，逻辑上自洽度更高。虽然蒋先生在考虑“它”与“也”字的声读上花了更多的精力［此处未称引，其引《神异经》之“男露其势，女彰其殺（杀）”来说“殺（杀）”字是女阴“也”字的音变，有一定道理］，但我觉得其在“它”字的音变秩序上或有可商。不特此也，我觉得流沙河还有些更为有趣的证明，来说明它古音 shā是有道理的。鉴于蜀人说没啥，就是北方人说的没什么，于是他顺推如下：“蜀人以龙为老大，蛇为老二，称为梭老二。什和么的今音拼成梭声，仍然是蛇。冷兵器的梭镖即蛇矛，斯可证也！语音考古，可补充田野考古之不足，未可忽视。”（《书鱼知小》，凤凰出版社 2003 年版。下同）尤有进者，流沙河还认为英文的 snake，若急读与汉语蛇的音完全相同。“便是蜀人称大蛇为梭棒（本作蛇蟒），同英语的大蛇 serpent 的读音几乎相同。又，倒转来读便成了今人说的蟒蛇一词了。”（《书鱼知小》）看此解释与引申，不知别人感想，我是很得知识上的滋养与愉悦的。

二

我们很难想象“末”字与饮食的关系，因为很多讲文字学的人也就谈到它是树梢嫩枝，有微小之意，便认为完成了任务。的确，若是从释字的角度来看，这并没有错，因为认字释字，就是知道这个字的意思便可以了。至于这个字所代表的日常功用及其相关的扩张性知识，一般的学者或无法提及了。但你若是要增加受众的理解力，单是解释字义就比较抽象，仿佛与我们的生活和历史关系不那么直接。而流沙河教你认字，与其他文字学的讲解者不一样，因为他阅历丰富，且有细致观察生活的精神，还有付诸笔墨的能力。换言之，他的文字学解释，往往是一篇好读的文章——这实在是他作为作家的文字组织与表达能力之体现——从仿“科普”的意义上来看，也意味着对那个字在某种意义上的“字普”。

“先民重视树梢上的新发嫩枝，特造这个末字，因为这是他们每年春季最美味的菜品。华北乡村至今仍以椿芽、榆芽、槐芽等为菜品。你看菜这个字，拿掉草头，下面是采。采是什么？就是采撷树芽作（做）菜。菜者采也，采树芽也，撷木未也。采字上爪下木。爪是指爪，即手，象形。蜀语'脱不了爪爪'也就是脱不了手。爪置木末，正是采撷树梢上的嫩芽，就是采未。嫩芽可口，造出味字。"（《白鱼解字》）一小段文字里不仅让你明了先民造字与他们生活的关系，而且析一字而带出一串相关"当事人"——由未及采、菜、味，可谓顺藤摸瓜，满实满载。如此有趣，谁云枯燥？

我们常吃芋儿，可是我们并不明白，它为何得这样一个名字。"西蜀岷山出产大芋，雅称蹲鸱，其大可知。原始人挖出大芋来，惊喜叫一声吁（哟），所以名芋。芋母周围附生芋儿，若奶孩然，所以又叫芋艿。乃的古文象妇乳形。"（《白鱼解字》）先民看到芋这种作物，吓了一跳，于是"吁（哟）"了一声，便以此为名。倘若把汉字里取名之其名自呼当作说"我在这里"，心怕你不知道；而芋则像蹲伏的鸱，在那里等着你来被吓一跳。在一篇《芋之所以名芋》的文章里，流沙河除说如上名芋的理由外，还称引了《史记·陈涉世家》里"夥颐"，可译成四川人所言之"嘍哟"。其实四川人发惊叹声，何止吁、嘍哟，还有李太白著名的《蜀道难》中的"噫吁嚱"，以至于宋庠谓"蜀人见物惊异，辄曰'噫吁嚱'"（《宋景文公笔记》卷上），看来川人历来惊爪爪（zhuazhua）的，是很有传统的。

说了这么多，流沙河还觉得不过瘾，他像一些古代有名的文字学家，如段玉裁一样，佐之以目验：“从前在本单位的农村种过，是在一片下湿烂泥田里，用猪粪作底肥。天冷了，每日挖一窝，足食四五人。焖芋头宜配以小白菜，利在通便，免致厕上挣出声来。”（《书鱼知小》）其平静中的诙谐，节制里的快意，颇类讲笑话者在别人笑翻了自己依然稳起。在称引了郭璞对鲵（娃娃鱼）的解释之语后，段玉裁说：“此鱼见书传者不下数十处，而人之不信，少见则多怪也。余在雅州亲见之。”（《说文解字注》，凤凰出版社 2015 年版）此种据目验证古物的做法，是如今训诂学中常见的做法。“《说文解字段注》（《说文解字注》）作者清代段玉裁先生不信世间有此鱼，后在四川雅安目睹，方才信了。”（《白鱼解字》）两相对照，流沙河此说不确。流沙河亲种芋儿，但他诚实地说自己尚未见过蹲鸱一样的大芋（叶黄茎紫），他只见过两种芋，一青茎、一紫茎，体型当然无法跟蹲鸱相比，蹲鸱或在蜀中失传。段玉裁是在四川雅安为官目验，而流沙河是被打为另类被役使，在成都凤凰山农场亲种，境遇不一，但破解文字的执着劲儿却是一样的。

四川人特别爱食豌豆尖，可是很多人不知其来历，此先说野豌豆。“伯夷叔齐兄弟俩义不食周粟，作《采薇歌》而饿死。薇，一种蔓生野菜，茎叶似小豆而更加微小，故名。古称山菜，后呼野豌豆，蜀人叫巢菜。今人不识，误为花类，拿来命名女儿。”（《白鱼解字》）此解当然不是流沙河独出的心得，但却很好地整合了陆玑《毛诗草木鸟兽虫鱼疏》和段玉裁《说文解字注》的解释。前者谓：“薇，山菜也，茎叶皆似小豆，蔓生，其味亦如小豆，藿可做羹，亦可生食。”后者在释“薇”字的按语中说：“项安世曰：‘薇，今之野豌豆也。’蜀人谓之大巢菜，按今四川人掐豌豆嫩梢食之，谓之豌豆颠颠。古之采于山者，野生者也。”(《说文解字注》)

段玉裁将野豌豆与吾蜀人工种食的豌豆尖相较，使其说经目验而更见对比之力。流沙河则专作《蜀中豌豆尖说》来详尽申说，掐食的豌豆尖不是一般的豌豆田里长的，而是间种在胡豆田里，使其攀胡豆植株，“直往上冲，高及人腰，得势而葳蕤，故肥嫩好吃。主人存心不让它结豌豆，所以一再采之，直到来年暮春，供应不绝。这点小秘密，成都人多不知，何况北人”(《书鱼知小》)。段玉裁非北人，但段氏也可能不知这种川人喜食的“豌豆颠颠”是何以长成的。正种胡豆，“歪种”（套种）豌豆，既收了胡豆之实，也得了豌豆尖之惠。一举两得，民众之实践性智慧岂可低估？

有一道菜大约不只是在川菜中很有名，而且在其他菜系里也有大致相同的做法，只是调料方面有些差异，那就是糖醋里脊。可这名字一直让较真的流沙河耿耿于怀，总是认为不对劲。他由四九鼎革之初看到一道山西菜名为“醋熘里脊”开始，就感觉“里脊”这个写法不通。后来养猪杀猪，看到猪脊骨下面及左右两边，长得有很嫩的一绺肉，知道那就是“里脊肉”。但不通的“里脊”二字一直存在他心里，直到有一天读朱熹解“旅力方刚”(《诗·小雅·北山》)，认为“旅与膂同”，才解释了他的疑惑(《书鱼知小》)。“繁体作吕，二口之间纵向联系。篆文吕象脊椎之形。我们有脊椎骨二十一块，块块之间纵向联系。简化一刀，砍断联系，不再象形，便不好解说了。吕是最初造的膂字。膂，脊也。菜肴糖醋膂脊，俗误作里。”（《白鱼解字》）因此在流沙河看来，不仅山西的醋熘里脊应该写成醋熘膂脊，而且吕梁山写成吕梁山，是砍掉了其绵延四百公里的脊骨，最好能写成膂梁山，让人一看就明白。我也顺便举一条古证来申说沙河师说法之正确性，清代著名学者钱大昕在《恒言录》卷一“脊樑”条里引用了《朱子语类》的书证后，其按语为：“脊樑为脊吕之转。”（转引自吕友仁《训诂识小录》，上海古籍出版社 2017 年版）

三

早年读段玉裁《说文解字注》，看到其为证某字所得的目验，尤其是与四川有关的物事，特别兴奋，仿佛以今历古，感同身受。近几年读“流沙河认字”系列书籍，就更觉亲切。一来与先生交往三十年，熟知他的人生经历，二来听其谈诗论学，说文解字不少，再来读他的书，更有知识上的享受与人生感悟上的合辙。他在论及“總”简成“总”字不合理之时说，简字总一看就像悤。“顺便看金文悤，从心铳声。心上一枚钢铳子，既可以铳孔，又可以铳除孔中堵塞物，其功能在通之透之。这个金文悤是古代的简化字。简得太难认，若不是当过木匠，我也认不得。”（《正体字回家》）

我们都知道流沙河当木匠的经历，那是他苦厄人生的一部分。可他在有条件研究文字学时，也能将其苦难经历“变废为宝”，为其驱遣所用，此福分实在是他人罕有的。我虽然看到过作家、诗人写自己苦难经历的例证，也看到过艺术家用他们自己所擅长的形式记录自己的历史，但没有看到过一个文字学者，能将自己的痛苦经历拿来阐释文字学嘉惠读者的。尽管他说自己是“尽历沧桑身犹在，重过黄粱梦已无”。

他不仅当过木匠，还在农场喂过猪，真可谓“多能鄙事”。而且这些鄙事之所为，还是在监管下之所为。其喂猪经历，使他后来在解释“斩刍”二字时，让人深感他是创造这二字者的异代知己。“予曾饲猪满圈，终日忙碌。青饲料或用红薯藤或用胡豆苗，随季节而轮换。无论用藤用苗，皆须铡刀铡碎，大锅煮熟，猪才肯吃。铡藤苗时想起偷读《说文解字》，记得许慎解释莝字，仅用‘斩刍’二字，何等简洁。铡草曰莝，从草坐声。亲手莝过，予何幸也。”（《白鱼解字》）段玉裁也不废话，斩刍，谓以铁斩断之刍，并引一句“秣之摧之”（《诗·小雅·鸳鸯》）来略作申说。许慎《说文解字》是在编撰字典，段玉裁的注是在许之体例上申说纠谬，独流沙河不受他们所则效之体例限制，故能抒发情感。

“凡青饲料皆谓之刍，繁体作芻。篆文是两捆草。哈，我到田里割胡豆苗，就是束成两捆挑回来的！造字者若不是像我一样肩挑过青饲料，怎会这样造此芻字！忽然觉得我通古人，肩添气力。同时感受汉字奇妙，心生敬畏。”（《白鱼解字》）我不同意所有的字是哪一个人（比如仓颉）造的说法——将重要的事情集中在一个人身上，最容易形成个人崇拜——这一定是一种漫长的“集体表达”。我们从一些字的竞争历史痕迹——即有的字先造，却被后造的代替，或者先造与后造者并行不悖——或许可以说，所有字的最终确认，都是经过生活本身考验与人们选择的结果。造这个“芻”字的人，当然可能亲历过挑刍之经历，即便不亲历其事，也一定看到过，这正符合“远取诸物，近取诸身”的造字法则。“忽然觉得我通古人”，这是将古人的造字方式验诸自身生活才能得到的特别感受，一般文字学研究者是无福体会这种快乐的，虽然流沙河这样真可谓苦中作乐。

还是回到他对这个芻字的续解：“铡刀的铡《说文解字》没有。字龄太嫩，未能赶上。古有折字，或许就是铡的前身。折字从斤。斤是长柄斧的象形，所以古书上面连称斧斤。斤在这里代表工具，包括铡刀在内。看甲骨文，斤之所及，草断为二，便不妨理解为用铡‘斩芻’。折 zhé 铡 zhá 双声对转，折即铡也。再看金文，断草处有两横象（像）铡槽。铡刀握柄摁下，刀片半入铡槽，草断为二，两旁纷纷落下。折字左旁，明明是草，隶变后误作手，写成所谓提手。一错至今，永无改日。奈何不得，只好随俗。”（《白鱼解字》）像这样的文字，简洁而文采斐然，清晰而富生活情趣，配上他自画的甲金篆诸体字，为师者倘选取来教学生是何等美好的事。

可以这样说，从善于观察生活以今证古这方面来说，“流沙河认字”系列书籍里此类例证不胜枚举。其实这也是一代代研究《说文解字》者的传统，反而今天研究《说文解字》的学者不这样做了，大约与今之学者和实际生活脱节有关。再举流沙河释一“發”字，以概其余：“發字从弓癹声。这个癹字音义同撥，本是稻作专业术语，今已被人遗忘。原来水稻春末插秧，夏初薅秧薙 tì 草，用五齿小钯将稻秧周围野草抓掉。也有不用钯而用浸在水中的脚，左拨一脚，右拨一脚，拨掉野草，蹋入泥泞作肥料的，这就叫癹（撥）。许慎说‘以足蹋夷草’而未交代水稻薅秧事，所以后人不懂。注意癹字篆文上部右脚蹋左，左脚蹋右，正是用脚薅掉野草。”（《字看我一生》）我本农家子，读到这样的解释，回忆自己的乡村经历，对生活、于知识都有豁然贯通之感。这样的知识，它不是死的，而是活的，不像油浮在水面上，而是如鱼得水。

【附记】2019 年 2 月 14 日至 3 月 1 日，风雨春寒中断续写于成都，3 月 1 日改定。

用四川话及其名物破解文字之谜

一般说来，说文解字一类著述，要么流于质木无趣，要么变为“滑者，水之骨”的游谈无根。流沙河的《白鱼解字》（排印本名《流沙河认字》）出版后，比起其他文字学著作读者要多一些，其原因在于他解字的方式与此前不少学者有异。因他的说文解字，既有学者的严谨，亦有作家的有趣，且不犯游谈无根之病。但有一个问题，却也被认真的读者严肃地提出来，即读完《白鱼解字》，似乎寻不着流沙河解说汉字的规律。

近读章季涛的《怎样学习〈说文解字〉》（当代中国出版社2018年版），其《写在前面》一文的作者商参就有一段读《流沙河认字》的感想，值得申说。作者说，他以前觉得解说汉字的书籍枯燥，但《流沙河认字》却激起了他对“说文解字”的兴趣：“读来半是忍俊，半是佩服流沙河先生能将最简单说得最生动，倒是真不容易。学者为文，有理无趣者占了大多数，如此这般有理有趣者，自是难能可贵。但若说遗憾，也是多少有一点，即是乏了规律性的讲解，以致‘鱼’是见到了一些，‘渔’却仍不怎么在行。”

我得承认作者所说基本是事实，但有两点可以补充。其一是，很多学者其实既无理也无趣，无理是不做真学问，无趣是不会写文章；其二是，流沙河“说文解字”的系列书籍，的确很难让人一下子摸索到清晰的解说汉字的规律。为什么呢？这是因为他的解字书一不是字典，不存在系统的部首编排、释字体例等方面的考虑；再者不是一本专门谈许慎《说文解字》的研究著作，这就使得那些一上来就想掌握汉字规律的心急读者，得了几条“鱼”，却不知道怎样继续去“渔”。像章季涛的《怎样学习〈说文解字〉》一书，的确可以让人认识一些规律性的东西，至少他高举黄侃所提倡的玩索《说文解字》之“白文”，注意字素在汉字构造中的活用。但你将这两条记住了，就能在“说文解字”上登堂入室了吗？我想不能那么乐观。

黄侃自己也说过“予如脱离注疏，对周诰句读几无以下笔”(《黄侃手批白文十三经》)，那一般读者玩索《说文解字》之白文，比他这样的国学大师读周诰之白文为何如？——当然，我这里所说的白文一无标点，二无注疏。但《说文解字》之世传本即已有注释而无今之标点——即读徐铉等校定的《说文解字》(世称“大徐本”)，是那些急于求成，没有基本古文修养的人所能做到的吗？注重字素的活用，也得对汉字的形音义有相当了解后才能有真正的体会。换言之，真要教些有规律性的东西，那就得是一个有一定古文根柢的人，否则你把规律讲得再清晰，他也没有能力按你展示的规律来做，记住几条干巴巴的规律又有何用呢？但《白鱼解字》却可以面向更为大众的读者群体，即你有一定的阅读能力，复对汉字有些兴趣，就可以来读他的书。读了他的书，入了门，再读其他更为专业性的书籍，最终才能舍筏登岸，深入堂奥。

其实，读《白鱼解字》一书，你只要稍微注意总结，便能明显地感到其间的一些规律。譬如涉及的字词解说，无非用简单的数字、山川大地、日月星辰、爝火不熄、草木虫鱼、食物器物、走兽飞禽、建筑织物、人类繁衍九个部分就可以基本概括清楚。这与许慎之子许冲在《上〈说文解字〉表》中所言《说文解字》一书之纲目，若合符节。他说许慎作《说文解字》“天地鬼神、山川草木、鸟兽昆虫、杂物奇怪、王制礼仪、世间人事，莫不毕载”。也与世面上被视为“国家视频公开课和慕课课程”——武汉大学教授万献初所开的“《说文解字》与上古社会”，有异曲同工之处：人类繁衍、草木虫鱼、走兽飞禽、大地山川、建筑织物、食物器物、武器交通。当然，与许慎和万献初不一样的是，流沙河并没有直接专谈六书，而是将其遍布在各字词的解说之中，这需要读者自行抽绎提取，对普通读者来说确非方便之举。不过在其间探幽索微的乐趣，却是倍于其他解字之书。

一、四川话里“说文解字”

此文更切合的标题，应该是“用方言及其名物来破解文字之谜”，但因流沙河一生几乎都生活在四川，其所熟悉且多运用的大多是四川话，并施之于他的“说文解字”——用“方言”来解说文字，实在是中国学者说文解字的一个传统。在语言变迁的共时性与历时性中，语言学中的方言研究及方言地理，在中国都是一项悠久的传统，且不说流沙河乡贤扬雄《方言》的开创性，就是许慎在《说文解字》里引方言、俗语也多达174条，其中扬雄《方言》一书被称引多达约三分之一（李楯《我听陆宗达讲〈说文〉》，三联书店2017年版）。而学者马宗霍在《说文解字引方言考》里说许慎引扬雄《方言》达六十余条，实在是一个不小的数目。如许慎释“蜀谓母曰姐”（今仍有少量地方如四川广元、广汉、威远、西昌，重庆黔江等地呼母曰姐，此称呼亦在四川客家话里有保留），清代和邦额《夜谭随录》里用“阿驰”来指称母亲，今湖南方言称祖母为“娭毑”或系其遗音。

古人之解说汉字，既为知形，亦有考音，进而辨义，终于明经。这也就意味着，考音并非目的，方音也只是析字辨义的助手。用这“助手”——方言来进行“说文解字”的代不乏人，如段玉裁《说文解字注》即是如此。学者王耀东曾研究称“段注所引方言材料数量很大，其中《方言》520条，其他古籍262条，活方言101条”。（《〈说文解字注〉所引方言材料考论》，《昆明理工大学学报》社会科学版2010年2月版）其中在101条“活方言”里涉及巴蜀方言的有19条（含与江苏并称的3条），仅次于江浙，可见段在四川南溪、巫山、富顺、汉源为官对他搜集方言材料的影响。流沙河作为川人，运用自己生活的语言来以今证古、以古例今，实属非常自然的事。说自然，那是因为学养与准备、观察与储存，都到了一个水到渠成的地步。其实做学问到一个境界，也需要一点人人眼中皆有、他人笔下少有的境界。

“吾人口语常有鄙俗不堪之词，考证下去，多出古代典籍之内，令人失笑。”（《书鱼知小》）这是流沙河在讲成都助拉“架架车”者为“拉飞蛾儿”，其实是“拉绋维”之音转加儿化的结果后所做出的总结。古人抬棺柩左右的系绳曰绋，亦称挽棺绳。送葬必执绋，此绳为下葬时缒棺用，今之送花圈还以此谓哀挽。在政府大力推广雅音（普通话）的时代，人们觉得方言天然老土，鄙视不习。其实方言所保留的文化，是大一统的雅音所不能代替的。别的不说，做“小学”研究，研习方言就大有用处。若非如此，像流沙河这样研究文字学，就少了用今音证古音的机会，也阻碍了对字词渊源的探索。

“居字从尸古声。尸象人仰卧形，在古文字常与人字混用，是活人，非遗体。遗体字作屍。如今屍字已废，不论死活，都用尸了。居字古为声符。巴蜀民间至今有居读 gū，问：‘你这些年 gū到哪里去了？’”（《白鱼解字》）《说文解字》谓居，蹲也。从尸古者。流沙河谓从尸古声，从段玉裁改。用川音的 gū来为居字的古音作证，是很合适的。且不说众所周知的曹大家（班昭）读为曹大姑——诗经里的“十月纳禾稼”与上句“九月筑场圃”押韵，此“稼”音 gū，与圃押韵（《白鱼解字》）——与居属古音见母字的鸡、贵二字，其反切分别为古奚切、居胃切。按今音鸡已分为细音（j），而贵字则别为洪音（g），但在古代则同属见母字。可从发音规律上证明居读gū，与今四川方音的蹲（gū）音相同。

这个四川话的gū字，其实有两个意思，最接近《说文解字》意思的例句，应该是脚都蹲（gū）麻了。或者一人命令另一个人：你给我蹲（gū）倒！至于流沙河所举之“这些年gū到哪里去了”，则是指藏到哪里去了。蹲下来，与站着的人相比，有隐藏躲藏之意，应算此字在四川方言中的引申义。另外学者蒋宗福将此字考为gū、kū两音，广引诸如《广韵》、张慎仪《蜀方言》、李实《蜀语》、刘省三《跻春台》、唐枢《蜀籁》和民国时期《巴县志》《西昌县志》《戏曲剧本集·五台会兄》等书，将其字定为“跍”以及另外“立”字上面不要一点的生造字，因为在造者看来不立即是蹲、跍（《四川方言词源》，巴蜀书社2014年版）。

现在的城里人，寒冬夜睡或开空调，或有暖水汤瓶，不畏脚冷。倒是乡下留守儿童，父母外出打工，寒冬晚上助爷爷奶奶暖脚，四川人谓之燠（wó）脚。“《诗经·小雅·小明》：‘昔我往矣，日月方奥。’奥在这里义为温暖，字本作燠yù。老翁畏寒，夜卧叫孙儿来燠脚。四川人燠读wó，意为温之暖之。天暖犹着棉袍，蜀人笑问：‘你在燠豆豉吗？’”（《白鱼解字》）对于四川人来讲，此燠（wó）字从读音上都给人温暖之感，但查了几种四川方言词典及相关研究书籍，均漏收。

燠字当然从奥字而来，“这个奥字正是双手持盖子严密盖米饭，免得凉了难以下咽。米饭深藏才能保温。‘深奥’一词由此产生。学问做深沉了，别人谀你‘已窥堂奥’，意思是学术的殿堂上你已走到深处，能看清楚其中的秘密了。黄河流域古人把‘室之西南隅’取名叫奥，是因为那里能避西北风，冬天最温暖，宜尊者居之”（《白鱼解字》）。话说1915年至1916年湖北人陈宧在四川当督军，有些川人很不爽他曾为袁世凯卖力而灭掉二次革命，且来四川钳制西南，就说风凉话讥讽他：一个在房子东北角的人（宧为房子东北角，与奥相对）却想来西南燠脚，这不是黄鼠狼给鸡拜年吗？

米饭虽然要用盖子严密盖住，但米欲蒸煮成饭要先汰洗。“稻米作（做）饭，无论蒸煮，先要用水淘汰泥沙。淘汰一词是从汏米来的。汏字从水大声，右旁本来是大。大古音tài，所以后人又造个太，汏就写成汰了。汰在上海口语发音近打。理发师问‘汰不汰’，意思是洗不洗。外省客误听成‘挞不挞’，急答不。事见侯宝林的相声。”（《白鱼解字》）虽然汰字四川与上海的发音有差异，但其有“洗”之义却并没有改变，且出自侯宝林的相声，可见流沙河对从日常生活来解剖文字这样的做法，是有深入细致的观察与长期积累的，这与一般文字学者就字词本身做文献资料的对勘之研究是颇为不同的。

说完了上海方言中之“汰”，再来展开说四川方言之“汰”。“今人所云太好、太坏、太热、太咸、太平、太古、太子、太空、太阳、太学，本来应该用大字而音tài。例如成都古寺，本为大慈，建于唐代，老成都皆呼为tài慈寺，读的正是大的古音。幼时国文老师讲解四书，‘大学之道’读作‘太学之导’，亦古音也。今人说话，不必满口古音，但须知有古音存在，以利训诂。”（《白鱼解字》）川人见到蹲鸱忍不住呼其为芋（哟），非常惊叹，就是形容一个事物大到让其讶异，也常说这东西好 tài，自然就有“好大”一词所不具备的情感色彩。方言土语里包含着古音信息，这当然算不得什么稀奇的事，但要去发现，的确需要有心有力。没有能力即便再有心也白搭，有能力却无心也是浪费上帝的恩赐，枉费自己的才能。

四川农事中至今仍存的有些说法，其来历甚为久远。“夏季除草，齐鲁叫蓐 nou，有《孟子》的‘深耕易蓐’为证。关中叫薅 hāo，有《诗经·周颂·良耜》的‘既薅荼蓼’为证。薅蓐义同音异，怪哉。说穿了就不怪。同是一个意思，读音演变，形成两字。薅缓读成 hāonāo 二音，nāo 独立又变成 nou，写出来就是蓐。薅字女旁原来是好之省，放在蓐旁作声符的，用来提醒读者这个蓐字读 hāo（好）。同一意思写成两字，是为方言。吾蜀受周秦文化影响，夏季稻田用耙除草叫薅，不叫蓐。”(《白鱼解字》)

可能读者会有疑问，《说文解字》蓐部里就两个字，一是蓐 rù，二是薅 hāo，怎么可能有 nou 音呢？大约是槈 nòu 同耨 nòu，许慎谓：“槈，器也。从木，辱声。”还有一个鎒 nòu 字的或体。段玉裁注释说：“从木者主柄，从金者主刃。”从上古音来看，槈、鎒、耨均属泥母屋部，蓐则属日母屋部，而薅则属晓母幽部（参见郭锡良编著《汉字古音手册》增订本，商务印书馆 2014 年版）。按章太炎上古娘日二母归泥母的定则（当然有人认为泥、日不属于同母，那是另题，不在此讨论），那么槈、鎒、耨与蓐可谓同母同部，故同音或音近。按流沙河的薅字缓读成 hāonāo 二音，意味着分成晓母幽部与泥母幽部，再由 nāo 泥母幽部，变成 nou 泥母屋部。是否如此，在下未敢妄下定论。

换言之，因为地域空间的原因，义同的字最终变成音异而形亦异的两个字，这也是汉字演变过程中一个值得注意的特点。不知山东地区如今的除草是否还叫 nou，但巴蜀地区的薅字还发周秦时代的音而不变。如今四川方言里尚有“薅拨不开”（应付不了的意思）一语可佐证沙河师此释有理，倘与《从生活中来的文字学》里之释撥（拨）字对观，可收互证的效果。

清代学者钱大昕有两个关于上古音韵的著名论断，一是上古无轻唇音，二是上古无舌上音。这两个结论已得到绝大部分研究上古音韵的学者之认可，今用流沙河一些与四川话有关的解释，来证明上古无轻唇音，其说不诬。“乳房，蜀方言叫奶旁 nǎipáng”(《字看我一生》)，川音读的是古音，因为房之声母 f 变成旁 p，这种情形多有。流沙河在谈到鲍鱼是盐渍鱼时(《白鱼解字》)，却没有谈到《说文解字》同一部的鳆鱼，其实上古鳆鱼亦念鲍鱼。“浮水系匏，‘旱鸭子’也不沉，而且省力。浮古音 páo，可知语源于匏。蜀人呼钓具之浮子为 páo 筒，古音犹存。……孵蛋，蜀人谓之抱蛋。”(《白鱼解字》)他还举了孚、罦、桴都是声母 f 却读成 p 或者 b。包括接下来他所谈的暴虎冯河之冯，不读 féng 而读 píng，都是系于钱大昕上古无轻唇音的规律，只是流沙河未将其明言出来。

二、蜀语与名物训诂

名物训诂一般说来，是指对名物的内涵、形貌及其得名的由来进行解释的一种做法。这种做法涉及许多方面，其中就有学者用对所在地名物制度的考察以证其字的。四川水资源丰沛，因此与水有关的名物也不少，兹分说一二，以概其余。比如一条鱼常被四川人说成是一根鱼。在论及疾病时，流沙河说道："篆文丙象鱼尾之形。鱼以尾计，而蜀人以根计，说三根鱼。尾亦根也。"(《字看我一生》) 吾乡论鱼多以条计，偶有以根计者，基本不以尾计。

鱼以条计，流传很广，亦有说焉，请看流沙河的解释（虽然他并没有在此拿来作为条字的训诂）：庄惠濠梁观鱼而产生的辩论很著名，"那一群鱼，书上写明，名叫鲦鱼。鲦的繁体，从鱼攸声。鲦，蜀人叫白条鱼。为啥攸声而音同條（简作条）？不奇怪，條字也是从木攸声呢。攸，长也。攸有 tiáoyáo 二声，分别写出来就成连绵词遥迢和窈窕，皆具长义。鲦鱼瘦长，故名"(《白鱼解字》)。吾乡谓此鲦鱼为白鱼子，王维名篇《山中与裴秀才迪书》里有"当待春中，草木蔓发，春山可望，轻鲦出水"句，亦可佐证也。

水碾在水源及地势能配合得好的地方，在没有机器动力来解决谷之脱壳磨面的时代，是靠自然动力省人力的好工具。由于都江堰水源充沛，自流灌溉，故"西蜀乡村常见水碾。成都地名有水碾河、双水碾、罗家碾。利用落差，水推轮转。轮轴带动楼上石盘滚动于铁槽内，日夜运转，碾稻成米。成本低廉，不添温室气体，非常绿色环保。凡水碾之所在，树木茂密，鸟雀聚集，河水绕流，石桥横架，为旧时难忘之乡村景观”(《白鱼解字》)。如此细致的描摹是为了来说“碾”字在《说文解字》中尚没有，研字是其本字。而“研 yán 是用石研磨他物，例如研药。至于研墨，被墨研磨的石就叫砚 yàn 了。凡物性质不明，往往研碎成末，再考究之。这就叫研究”(《白鱼解字》)。研碎稻谷和麦子曰研亦曰碾，正如段玉裁在释“研”字是石磨物后，又说“手部曰‘摩者，揅也；揅者，摩也’，揅摩以手故从手”。用手摩挲仔细研读，便是“揅”，这也就是清代高官、学者阮元以“揅经室”名其书房名其集的原因。

四川特别是成都茶馆之多，那是相当有名的。学者王笛《茶馆：成都的公共生活和微观世界（1900—1950）》一书是研究成都茶馆的扛鼎之作，不过似乎也没有细到对盖碗茶配件中的茶船有特别深的描摹。即令有，也不可能单独释“茶”而及“船”。茶船又叫茶托，主要功能是用手托时免烫，同时有茶水不小心溢出，也可以承接在茶船里。且看流沙河说四川人为何将如此小的茶托，而以船名之。“受则不分上下，甲骨文是一手递来一舟，另一人伸手接。怪哉，舟船巨物，居然手递！不怪，蜀人上菜品的木盘叫船盘，承茶碗的铜盘叫茶船。《周礼》祭祀用的彝器皆有承盘，古名曰舟。又，另一个更古老的甲骨文递来的不是舟，而是凡（盘）。凡改作舟，取其兼任声符罢了。宴席上递承盘乃常事，取象造字，便于理解。”(《白鱼解字》) 就连外国传教士明义士在《甲骨研究》一书也说：“（甲骨文受）象一人以手付盘盂，一人以手承授之形。”我家渝东南紧邻湘鄂，也有茶船之称，这说明湘鄂方言与四川话在属地交接处有某种程度的相通，从而更可考出茶船这样的名物的内涵及其渊源。

“流沙河认字”系列书籍里，用川音来考证名物的例证实在多到“族繁不及备载”。释鼎而及鼎锅，“蜀人至今呼灶上半球形的深锅曰鼎锅，最得鼎之本义”(《白鱼解字》)，而吾乡大约与沙河师所言略有不同，名之曰鼎罐，放在铁三脚架上，煮饭煮菜用。我们现在常用钱，却不知钱字的来历。“钱字古音 jiǎn，指一种很古老的手耕农具名叫铫 qiǎo，铲形，木柄，很小，蜀中叫铫铫，早被锄取代了，栽花用用而已。”(《字看我一生》)至于说人倒霉坐监，“旧时牢狱门额图画虎头，名曰狴犴（传说似虎）。民间叫猫猫监，蜀人叫班房，不知班乃狴 bì犴 hān 二音拼成。明清两代衙役办公室名班房，非监狱也”(《字看我一生》)。

兄弟关系是人伦关系中最寻常的一种，兄字之来历，恐怕人多不明白。“兄就是象形的诵字。诵是晚出的形声字，从言甬声。兄字大张其口，正在诵说。家庭成员中，父兄有特权，可教训子弟。所以大张其口诵说其诸弟者为兄。考虑到诵用于诵祝、诵书，所以另造訩字。《说文解字》：‘訩，说也。’这个说即口语之‘数落’，上对下用。长官拿腔拿调。下级说：‘他訩人。’訩，简作讻了。如此说来，哥哥称兄，乃是借用动词之诵，并非专为人伦而造。”(《字看我一生》)“訩人”之说，常出川人之口，不过基本无人较其真。汉字有些生僻字、疑难字，或许还不容易糊住你，但简单到你根本不去思想的字，反而你可能根本不明就里，这就是流沙河释兄字给我的直接感受。就像钱大昕著《恒言录》考寻常字词语源，却被章太炎所著的重语根的《新方言》而轻视一样，人多以为寻常语源不必深究，其实这是蔽于陈见。至于流沙河释挛字，就更让我回忆起儿时吾母乡间劳作的辛苦来：“而挛字的真相须看古文，原来是上下两只手捻搓三股丝成线。湖湘旧时农妇捻搓三股麻成线，谓之挛麻。”（《字看我一生》）吾乡僻处渝鄂湘黔交界处，的确如此称呼，在下深佩沙河师的博闻广知。

在所有关于名物来历的解说中，大约很难有与我们对祖先及相关祭祀礼仪的追寻热情相比的。我们当然都是有祖先的，自然应当尊重。但把有局限的祖先拿来崇拜，便难免被这样的偶像崇拜所挟制，跳不出几千年对血缘的过度依赖，使文化泥淖于此而不能自拔，社会受苦太多，并由此家国同构而成专制制度之渊薮。在说完“祭”与“示”字后，流沙河“接着说祖，从示从且。示是祭天杆，代表神，说过了。且 zǔ字象形。象什么形？时髦的说法，象男根形；老实的说法，象神主形。神主，家中享堂上供的祖宗牌，蜀人俗呼先人板板，栗木枣磴制作而成，上刻‘某氏堂上高曾远祖之神位’，字要填金，朔望焚香燃烛祭之”（《字看我一生》）。一般的神主牌即所谓的先人板板，建在几家共用的堂屋里，初一、十五上香以祭，我想很多人都有这样的经历。只是不知道平常很难听的骂人话“× 你先人板板”，这个名物是由此而来的。

作为四川人，当然应该关心四川的简称“蜀”字的来历，以作为此次名物考证的总结。“蜀”字的出现与真实意义，颠覆了我们习以为常的看法：“商周时的山东、江苏、河南、陕西皆有地名曰蜀者。甲骨文蜀多见，无一例指古蜀国者。蜀字象形，即《诗经》之‘蜎蜎者蠋’，野蚕是也。其上确系人眼，谓此虫有人照看也。野蚕结茧不能纺织，但亦有主，因其可作冬夜填絮之用。野蚕尚独，不肯合群，所以无法集中饲养。岷山先民有蚕丛氏驯化之成家蚕。甲骨文以二虫表示已合群了，已改尚独习性，此即家蚕之蚕字矣。可知古时多有地名蜀者，谓其地产野蚕而已，故不止一地一山名蜀也。”（《字看我一生》）蜀字的渊源见证了农业文明由野蚕到家蚕，以及相关丝织业之演化历史。

由于有这样的历史，中原人往往不能区分蠋与蜀二者之间的关系，因为传说蚕之驯化乃蜀王蚕丛所为——当然这种传说只不过是便于搞个人崇拜罢了，驯化一个物种从时间到能力都不可能是个人所能完成的——“远古酋长蚕丛开国，国既然以蜀名，标榜养蚕首功，蜀必定是家蚕。蚕丛即蚕虫，乃复名。单名，中原曰蚕，蜀国曰虫。扬雄《蜀王本纪》用此复名蚕丛，便利中原人士了解。”（《白鱼解字》）作为巴蜀先贤的扬雄，其用上古传说与神话写就的《蜀王本纪》，使邈远不清的巴蜀上古史能够在今天一系列考古发现——三星堆、金沙遗址等之验证下，愈见显豁。

【附记】2019 年 2 月 26 日至 3 月 6 日断续写于成都，3 月 7 日改定。

“其名自呼”与汉字思维

唐代诗人宋之问，在第一次从被贬地岭南返回洛阳后，视察自己的山庄，得名句“野人相问姓，山鸟自呼名”（《陆浑山庄》）。其堪讽诵不输“近乡情更怯，不敢问来人”（《渡汉江》）。“山鸟自呼名”一句直接被元代萨都剌《玉山道中》一诗袭用，揭傒斯《画鸭》也说鸭子“应解自呼名”，爱唱反调的苏轼当然来得更为有趣：“花曾识面香仍好，鸟不知名声自呼。”（《惠州近城数小山类蜀道春与进士许毅野步会意》）但也被其后的赵与时袭用：“花似于人曾识面，鸟如对客自呼名。”（《句》）“自呼名”之所以被一些人写进诗中，殆因与传统中汉字拟音、构词、命名当中的“其名自呼”的历史大有关联。

一

“其名自呼”又名“其名（鸣）自叫”“其名（鸣）自

訆”“其名（鸣）自詨”“其名（鸣）自号”、其音如号（呼）。这种例证在《山海经》中甚多，分布于《东山经》《西山经》《南山经》《北山经》《中山经》等，多达25例，其中最著名的便是“精卫填海”的故事，“有鸟焉，其状如乌：文首、白喙、赤足，名曰精卫，其鸣自詨”。有一个特点必须引起注意，在《山海经》出现的其名自呼多为“其鸣自呼”或“其鸣自詨”“其鸣自号”，此与后来流行的“其名自呼（号、詨）”还是有差异的。

令、命、名、鸣、铭都可谓同源词，其古音除令字是来声耕部，后四者均是明声耕部。即便令字的来声与后四者的明声，也是旁纽叠韵（见周光庆所著《汉语词汇认知·文化机制研究》中《“令命名”族词考论》一文，商务印书馆2012年版），这也就意味着“其鸣自呼”与“其名自呼”虽有差异，却是有很深的渊源的。鸣字是指鸟鸣，后泛指一切出声皆可曰鸣。但《广雅·释诂》直接说，“鸣，名也”，而王念孙的《广雅疏证》由此指出：“名之言鸣与命也。名、鸣、命古亦同声同义。”

那么，上古典籍特别是《山海经》里为何频频记录有“其鸣自呼”的事呢？鸟鸣现象如同其他自然现象一样，引起先民的注意，是因为鸟的叫声、习性等与先民生活有不少的关联，进而有族群以鸟为图腾崇拜。其中最著名的莫过于“天命玄鸟，降而生商”（《诗经·商颂·玄鸟》）。玄鸟即燕子，许慎《说文解字》的说法是：“乙，玄鸟也。齐鲁谓之乙。取其鸣自呼。”这说明在上古对于事物的命名，特别是动物的命名上，“取其鸣自呼”已成为一大规律与传统。这既与许慎说祖先造字命名“远取诸物，近取诸身”的实际做法相合，也反映先民与大自然特别是动植物之间的关系，因为图腾崇拜也是关系之一种。

动物要呼要鸣，是其生物构造之所必然，故其鸣自呼，仿佛是动物作为客体自我表达之必需。也就意味着它那种鸣与呼，是自己区别于别物的方式，因为不同动物的鸣与呼不会绝对相同。通过其鸣其呼来区别这是哪种鸟，这是由于上古先民与动物关系密切，无论是亲近还是恐惧，都必须仔细对待的，故仔细谛听，其顶峰性的关系便是图腾崇拜。若把人与物的关系分为主客关系，那么客体要表达，可谓“其鸣自呼”，而主体要称呼，便可谓“其名自呼”。

但问题在于，无论“其鸣自呼”还是“其名自呼”，都是上古先民认为动物在呼唤自己的名字，或者说动物的叫声就是在告诉我们它的名字。事实上对一些动物的命名，上古先民就是通过它的叫声来构拟出相应的字词，而该字词之声音与叫声相近似。而这些构拟出来的与动物叫声相近似的字词，便成了该动物的名字，这便是“其名自呼”。比如《大戴礼记·夏小正》里就说：“鸠鸣。言始相命也。先鸣而后鸠，何也？鸠者鸣而后知其鸠也。”简言之，为什么把它取名叫鸠呢？因为它的叫声就是鸠。

这种命名方式可谓象声，与象形有异曲同工之妙。象形是按照不同的物体形象，而画成与其相似的样子而造字，算得上是某种意义上的“其形自证”。但所谓自证，也需要人的认识。譬如博学如许慎，他看到“为”字，就解释成了母猴如何如何，其问题出在哪里呢？那是因为他没有见过甲金文字中的“为”，而被小篆形状所误。而象声按照不同的声音，通过对声音的模仿而构词，这样的词通常叫象声词或者拟声词。其中像蛙、布谷、猫、鸭、鸡、鹅等常见动物，都是如此得声而名的。除其名自呼外，还有不能自呼，但依据外物之作用，它就发出相应的声音的字，如彭、康、咣、砰等，当然还有模拟人类的惊呼，如哟、喂、夥颐等，也可以在广义称之为其名自呼。

人类通过万物自鸣其名而为其命名，这当然不是一蹴而就的事，而是反复往来、彼此迁就，以达成最终相对统一的结果。但即便音同，字也不一定完全相同，这就说明音与字之间不存在一一对应。这就使得能指与所指之间，不存在坚固不变的指称关系，出现意义的漂浮、歧义、多义乃至一字所含两义完全不同的情形。如蛇在汉字里的咝咝声，在英文中的 snake，都是其名自证。但有咝咝声的肯定不只有蛇，但蛇的音与这个相扣，故名之其上。能指与所指之间的这种不确定性，被语言学家索绪尔称之为“语言符号具有任意性”，但这事不能完全绝对化，因为其名自呼说明事物本身（所指）与事物的名字（能指）之间毕竟是有一定关系的。

二

现在我们来看“流沙河认字”系列及相关书籍里所涉及

的其名自呼问题。这些书里涉及其名自呼的地方，我做了统计，共有 26 处。按我们前面对其名自呼的解说，大约可以分成三类：一是涉及动物的其名自呼 10 例；二是外物作用于物就能发出相应的声音，而根据声音造出相应字的有 9 例；另有两处涉及人类惊叹的声音。其中关于鐘（钟）、瓮两字重复两处，秋字有四处重复。这里面的阐释，有足资我们理解汉字与我们的生活及思维之成形者，特意拈出来做些申说。

动物的其名自呼问题，不只是涉及构拟音词的问题，还涉及命名原则。给动物命名不外乎视觉、听觉，还有生活习性等方面的考量，我们集中谈听觉及声音对于动物命名的重要性，给人一种听觉于动物命名优先的错觉。事实上，学者李海霞考定了汉语对动物命名取象的优先秩序是视觉（体形、毛色等）优先，而听觉次之（《汉语对动物命名取象的优先规律》,《南京社会科学》2000 年第 10 期）。而“其名自呼”在动物命名的四大原则——近似原则、区别原则、美的原则、简洁原则（李海霞《汉语动物命名原则》,《殷都学刊》2000 年第 2 期）——最类同于“近似原则”。因是近似，人类用字所表达出来的动物声音，不会百分之百一一对应，况且命名时对声音的理解并不一致，用字不一样，再加上语音转变，你要考定“精卫”鸟的声音到底是一种什么样的声音，难度不小。有人以为精卫填海的这种鸟是一种雌性海燕，但这也只是一种揣拟之辞。

在释春夏秋冬之“秋”字时，流沙河认为蟋蟀准时鸣秋，且从今天上海人依旧呼蟋蟀为秋虫开始，得出“甲骨文秋字本义为蟋蟀”的结论：“《说文解字》：‘秋，禾谷熟也。’从火，因为古人以大火（天蝎座阿尔发星）天黑后出现于正南天作为秋季之始。甲骨文秋字本义为蟋蟀。因其鸣声 qiūqiū，古人以为‘其名自呼’，所以此虫名秋。今称蛐蛐，秋蛐双声可对转也。商代人所说的秋季，意思是蟋蟀的季节。”（《白鱼解字》）此说在另一处也有大同小异的表述，不过他在此的“顺便说说”，值得一提：“商代一年只有春秋两季，尚未设置夏冬二季。具体说来，上半年为春季，下半年为秋季。”（《文字侦探》）同于此说的还有于省吾、唐兰、商承祚诸人，但认为商代有四季观念的则有董作宾、夏渌、杨琳诸人，夏渌考出甲骨文春夏秋冬四字，而杨琳则从殷人四方神、四方风与春夏秋冬的关系，来支持商代有四季之说（杨琳《汉语词汇与华夏文化》，语文出版社 1996 年版）。

先民不仅与大自然里的动物争夺资源，而且有长期的依靠、往来，对鸟类他们习见极多，故用“其名自呼”来命其名者不少。“鸱与鸮原非一物。鸱指猛禽鹰类。鸮亦猛禽，故名鸱鸮，见于《诗经·豳风·鸱鸮》。……鸱鸮又作鸱鸺。鸮 xiāo 鸺 xiū双声对转，鸺即鸮也。又名鸺鹠，特指小型鸱鸮，亦即小鸮。鸣声连转，如云‘休留休留’，亦是其名自呼。”（《白鱼解字》）上述短文，颇饶婉转曲折的风致，从而让人得知鸺鹠亦是其名自呼。要知晓此等“其名自呼”并不那么容易，非多种知识如文字学与科学常识的融会贯通不可，此等文字若多选几则纳入课本来课今之年轻人，可收学习博物学与语言之美的多重功效。

一般说来，流沙河解字不是一上来就给你像字典一样刻板地开始。比如说到大家特别是四川人有特殊历史感情的子规，他述及屈原《楚辞》与李白《宣城见杜鹃花》这样的诗句，然后再进入正文：“鶗鴂朱熹注音弟桂。蜀人叫李桂阳的就是这种鸟。李桂阳乃此鸟的叫声，‘其名自呼’。前举子规、杜鹃、鶗鴂以及《说文解字》的宁鴂全是李桂二音的不同写法。”（《白鱼解字》）由此他分别四声鹃（“快点苞谷”“割麦插禾”）与三声鹃（“李桂阳”“你归呀”）的不同，并明及三声鹃才是子规。那“李桂阳”又为何叫子规呢？“子的古音读李。《说文解字》：‘李，果也。从木子声。’是其证明。”（《白鱼解字》）音之系联，义之剖析，于此犁然自现。

更有进者，流沙河阐释其名自呼时，也使用其他辅助手段，来进一步加深读者对汉字的体会与认知。如论及燕子时他说：“三千年前，殷人礼拜燕子，尊称玄鸟。《说文解字》谓齐鲁称燕子曰乙。燕子叫声乙乙，‘其名自呼’。乙的篆文象燕飞之侧视。”（《白鱼解字》）注意到篆文燕子的侧视之形，颇类杜子美之“微风燕子斜”，燕子身轻体小，飞行必须符合空气动力学原理。燕子侧视之形大约因此就变成了常态，因为微风实在也是常有的事。至于说到乌鸦，他也多了些别人容易忽略的细节。“乌鸦复名。乌说其色，鸦状其声。古人感叹乌乎，后来字作呜呼，相当于川话的‘哦 ǒ 嚯 huò’，一点也不深奥。”（《白鱼解字》）而学者李海霞则说：“如‘乌’上古同‘鸦’，均在影母鱼部，均模仿乌鸦叫声，而今天‘乌’的发声一点也不像乌鸦叫了。”（《汉语动物命名原则》）李海霞说的也没错，但也许当初“乌”在其中就有声兼色的作用，那么沙河先生的说法或会更为融贯圆通。

蛤蟆与蟾蜍因外形相似容易滋误，但流沙河简洁地说：“蛤蟆指的是蛙类，包括黑斑蛙、金钱蛙、虎纹蛙、雨蛙多种。鸣声哇哇，所以名蛙，这叫‘其名自呼’。”（《白鱼解字》）那么怎么区分蛤蟆与蟾蜍呢？“蛤蟆鸣，蟾蜍不能鸣”，可谓一语中的。至说及蝇类时，他主说舍蝇（苍蝇）而及其余：“《诗经·小雅·青蝇》：‘营营青蝇，止于樊。’营营正是其飞翔声。蝇无发声器官，以振翅鸣。此害虫之所以名蝇者，亦‘其名自呼’也。”（《白鱼解字》）其间关于蛙、黾、蝇之间关系的著述，实在是关于大腹类昆虫的一篇极有趣的科普小品文。

可怕的动物有小有大，小的如蝗虫，大的如鳄鱼。“为害最烈者为飞蝗，飞则蔽天，落则遍野，田间一切，席卷而空。其来也，鼓翅奋飞，大声喤喤，全村皆闻，十分恐怖。先民以其飞声取名曰蝗，也是‘其名自呼’。可以推想，惶恐一词来自蝗恐。蝗灾恐怖虽成历史，惶恐一词却留下来。”（《白鱼解字》）至于鳄鱼也是“其名自呼”，大约是很多人不曾想到的：“正字龍右旁象龍升天之形，左旁下部从肉（肉食动物），左旁上部是童省作声符，叫作童省声。鳄鱼叫声tóngtóng（童童）。龍亦‘其名自呼’，可旁证远古所谓龍者鳄也。”（《正体字回家》）鳄鱼与龙的关系值得探讨，一种东西先厌恶，无法战胜，后竟喜欢——风字的演变史亦然——如同人质爱上绑匪，其促成的心理机制理当注意。

说到动物的驯化，沙河先生在豕身上花了不少笔墨。“豕是野猪。……豕古音 xī，读音同豨。此乃小野猪尖叫的 xī 声。‘其名自呼’又添一例。野猪生性凶猛，往往迎敌而上，拱翻强手，獠牙致命。”（《白鱼解字》）如此凶猛的野猪是怎么被驯化的呢？流沙河并没有从驯化动物的行为等要素上着墨：“先民怎样驯化野豕，其间种种经验，我们无从得知。但从古文字里能侦悉到最关键的一步，就是手术阉割。彘 zhì 的甲骨文正是用矢镞割豕腹以阉之的写照。豕变温驯后，不能再称豕，名之曰彘。彘，滞也。行动变得迟滞，不再横冲直闯猛蹦跳了。”（《白鱼解字》）文字和音韵学之知识，对于研究古代动植物大有用处，中国动物研究专家郭郛《尔雅注证：中国科学技术文化的历史纪录》（商务印书馆 2013 年版）一书之“释兽”章节里的注释，也说明流沙河所言不谬。

对于鸡的驯化，当然没有豕这样太多着墨的地方：“雏雞叫声 jījī或 xīxī，‘其名自呼’。这里不用奚义，仅借奚声标注雞字读音。奚字象形，本义是抓人的小辫子，被抓者当然是罪人了。不过此事与雞毫无关系。”（《白鱼解字》）但说到其鸣自呼的“鸣”字时，鸡特别是公鸡的主角地位就凸显出来了，“鸣指鸟鸣。公鸡抗议说：‘看甲骨文和金文，明明是我在叫，到了篆文就变成鸟叫了！’从前乡下人无钟表，都是鸡鸣起床。皇宫都设专职鸡人，头戴鸡冠帻，鸣锣报晓呢。鸣字本从鸡，而且是公鸡。造字如此，反映出先民对报时的迫切需要”（《白鱼解字》）。鸡作为家禽在先民生活包括农业社会里的特殊功用，就彰显无遗了。

第二类“其名自呼”是关于外物作用于该物时该物所发出的响声，仿佛是在自呼其名。这类物与上面所说动物或者植物相比，几乎是没有生命的。晚上巡夜，敲梆以警住户小心火烛，以彰时更。“木梆为何名梆？古人诙谐答曰：‘其名自呼。’”接下来流沙河解释木（竹）梆的形制，“木梆声洪而沉，竹梆声清而亮。竹在英文为 bamboo”。讲了中外竹木梆的“其名自呼”，还没有完，更牵涉山中“有鸟啼声啵啵，如和尚念经敲木鱼。友人惊喜说：‘听，知更鸟。’……知更就是专主打更事者，蜀人呼打更匠。推想起来，古代打更不用铜锣，而用竹梆，有知更鸟作证”。至此，你以为包袱抖尽，但流沙河意犹未尽，言及《说文解字》无梆而有柝，击柝如同敲梆，两木相击，亦是其名自呼（《流沙河近作》，安徽教育出版社 2006 年版）。

“磬为什么名磬？答曰：其声 qìngqìng，所以名磬。此亦‘其名自呼’。罄和磬有关系吗？答曰，有。铜磬腹内必空，盛物就敲不响。所以缶（陶钵）内无存物谓之罄。”（《白鱼解字》）与磬同属外物敲响的鐘（钟）与鏞（镛）呢？“《尔雅》说‘大鐘谓之鏞。’鏞大，其声低沉。鐘小，其声高亢。鐘发出 zhōng 声，‘其名自呼’，这是高亢的阴平声。鏞发出 yóng 声，也是‘其名自呼’，这是低沉的阳平声。四川人鏞和庸都读 yóng，不同于标准音 yōng。川音更古老些。”（《白鱼解字》）“鐘被撞响，其声 zhōng 而悠长，嗡嗡久之。”（《正体字回家》）这便是典型的外力作用于该物体而使该物体“其名自呼”。

外物撞击嗡嗡有声的不只是有鐘，而且有瓮。“公字本义乃是瓮缸。公乃瓮字古写。甲骨文公两种写法，一从口字，一从方形，皆象瓮口之形。耳朵凑近瓮口，便能听见嗡嗡之声。公古音瓮。瓮名来自嗡嗡之声，古人所谓‘其名自呼’是也。瓮口上面两撇表示发声。可知‘背厶为公’解释公字，不合文字学的要求。”（《白鱼解字》）这样的观点，在解释《诗经·周南·芣苡》里的芣苡是薏苡时，涉及厶而及公，进而及瓮，继续将不少人所信奉的韩非之“自营为私，背厶为公”批评了一遍（《诗经点醒》，四川文艺出版社 2018 年版）。我不仅赞同流沙河对韩非的批评，更认同他对厶、师、私、芣（薏）苡之间侦探般的清晰考证，使得《芣苡》这首诗的诸种争讼几乎可以止息。而世人所看重的“金”之名，也同样来自敲击金本身发出的声音，“天然金捶成的薄金饼，敲之有声 jīnjīn。‘其名自呼’，就叫作金”（《白鱼解字》）。

上古的河专指黄河，江专指长江，为稍有旧学知识的人所知晓。但江河何以名此，估计不少人并不一定了解。“江，工（杠）声。河，可（柯）声。江河都是‘其名自呼’。长江冲击川峡，水声 gāng 然，所以名江。黄河跌落壶口，水声 kē 然，所以名河。”（《白鱼解字》）像水这种一般不是外物撞击它，而是它撞击外物，依其体量大小与地形之宽窄陡狭，从而形成不同的撞击声而名之。江河以此各得其名，却皆“其名自呼”，似乎声音与命名之间呈现的偶然性远多于必然性，学者章季涛对“河”字之释也是旁证。“《诗经·卫风·硕人》：‘河水洋洋，北流活活。’古人用‘活活’一词描摹黄河的水声，由此可以推想，黄河被叫作河，大概同它的‘活活’之声分不开。‘河’字以‘可’为声符，是因为‘可’‘活’读音相近，‘可’字可以拟其音。‘江’字的结构与‘河’相同。”（《怎样学习〈说文解字〉》，当代中国出版社2018年版）

火于祖先的重要性远大于今人，皆因今日取火易如反掌之故。如此重要之“火”是怎么得名的呢？沙河先生以回忆性质的小故事告知我们：“忆予弟妹众多，寒冬争着灶下烧火。木柴有局部饱含树脂者，烈火炙焚，喷火嚯嚯有声。慈母说这是‘火在啸’。今思之而憬悟。原来氧气助燃，发热发光，形成焰朵，原始人叫作huǒ，后代人写成火，火名也是《尔雅》说的‘其名自呼’。”（《白鱼解字》）儿时与家人在火塘向（烤）火，看到树脂助燃而喷火，嚯嚯有声这种情形，大人必定说“火在笑，客来到”。彼时以为“火在笑”，实为“火在啸”之误。

第三类与“其名自呼”有关的，便是以人类的惊呼声来命名的。乍听一个非常健壮的人突然离世，呜呼、哦嚯之类的词，便不由从先民口中出来。以惊呼声命名最为典型的就是“芋”这种植物，又号蹲鸱，先民见此种作物骇大，便“哟”一声，即以此为名（《白鱼解字》）。此种观点在《芋之所以名芋》一文里也有相当的发挥，并解“夥颐”为“嚄哟”（《书鱼知小》）。史学家顾颉刚说禹是一条虫，被民族主义者谩骂，不过这并非他的发明。“《说文解字》：‘禹，虫也。’文字书嘛，就字释字。若是史书，那就该释为‘古帝王名也’。”

(《白鱼解字》) 那么禹这名是怎么来的呢? “这位神虫躯体甚大，因为禹 yǔ声表示惊叹，相当于今之哟。先民见蜀地有植物块根大得骇人，惊叹一声哟，所以名叫芋，正如见有虫大得骇人，惊叹一声哟，所以名叫禹。从字形和语源可推知禹是神虫，躯体甚大。”(《白鱼解字》) 禹之得名充满神秘色彩，再加上他传说的事功，就使一个人被神化而成为偶像崇拜。神化人包括造字总归于仓颉，使得中国文化和历史的内核对人有极深的辖制而习焉不察，因此自然更难摆脱此种困扰。

三

在了解其名自呼与流沙河关于其名自呼的例证后，我们来看看其名自呼的拟音、构词、命名与汉字思维之间的关系。“流沙河认字”系列里有零散的关于造字方法的说明——关于此点会另文撰述——但并没有涉及其名自呼与汉字思维之间的关系，我只不过在他的例证及其他学者于此的言说上做些统合辨析的工作，以使我们对中国人的思维底色及内在根基有更多的认知，从而明白我们是如何思想，也如何因此受制的。

对其名自呼与思维之间的关系比较明确阐发出来的是学者华强。他在《远古中国人的思维特点之二：其鸣自叫》的文章里说：“人们按照鸟的叫声为鸟起了不同的名字，但是鸟叫声使处在思维低级阶段的远古人类认为名字在先，鸟叫在后。在远古人类的思维中，鸟（或其他动物）早已有了自己的名字，所以它不停地发出叫声是在叫自己的名字。因为它就是这个名字，为了告诉别人，所以它才这样叫。这是一种很直接、很幼稚的思维方式。”（《甲骨文比较研究》，三秦出版社 2011 年版）为何如此呢？因为上古先民将名字与事物本身当作是天然不可分割的组成部分，换言之，能指与所指之间的差别在很多时候无法分别，甚至因果倒置，或者犯了“在此之后，因此之故”的逻辑毛病，即鸡叫后往往会天亮，但它不是天亮的原因。

人类学家弗雷泽于此也有非常清晰的表达：“未开化的民族对于语言和事物不能明确区分，常以为名字和它们所代表的人或物之间不仅是人的思想概念上的联系，而且是实在的物质的联系，从而巫术容易通过名字，犹如通过头发、指甲及人身其他任何部分一样，来为害于人。事实上，原始人把自己的名字看作是自身极重要的部分，因而非常注意保护它。”（《金枝》，商务印书馆 2013 年版）法国人类学家列维－布留尔在《原始思维》里说这是互渗律。不特如此，还在此基础上，形成了对所命名的动物的依赖和崇拜，陆锡兴所著《汉字的隐秘世界：汉字民俗史》（上海辞书出版社 2003 年版）就是很好的佐证。要言之，客观地分析动物是次要的，命名立号并精通之，这才是对自然界乃至社会实现思维把控的方式，儒家为何要牢牢把控正名学说的话语权，其因在此（胡司德《古代中国的动物与灵异》，江苏人民出版社 2016 年版）。

说汉字是以象形为基础发展起来的形音义兼具的文字，这话我想应该会获得不少人的同意。象形是对事物形态、外在突出特征的一种图画式反映，有了象形符号，要过渡到完全固定的象形文字，应该是一个漫长的发展过程。但这样的符号如何得音，却是个争讼不休的问题。虽然主流观点认为，语言先于文字，声音是语言的物质外壳，且文字是语言的记录符号，但语言活动是从什么事物发展而来的呢？力主手势说的汤炳正在其所著《语言之起源》（增补本，下同）里有比较清晰的看法，而为是书作长达五十余页序的力之先生，更是不遗余力地彰显阐发汤先生的学说。汤先生明确地说："语言者，乃以喉舌声音表达事物与思想；而文字者，则以图画形象表达事物与思想。语言由声音达于耳；而文字则由形象以达于目。……远古先民，实依据客观现实以造字，并非'依声以造字'；亦即文字并非'在语言的基础上派生出来的'。"（《语言之起源》，三晋出版社 2015 年版）直言之，象形在前，而象声在后。

最典型的例子就是汤炳正通过考索名—冥、问—昏、音—暗的语源和音义关系后，得出一个支持其手势说的看法。"盖远古先民，于昼间皆以手势表事达意，逮日夕昏冥，视官失其功能，即不得不代以发诸口舌之语音，以乞灵于听觉；'冥不相见'而以口舌'自命''自名'，特昏夕之中表事达意之一端耳。若再进而就'名'字所代表之语音，以推其得义之由来，则更足以证明此说之不谬。"（《语言之起源》）这当然是从《说文解字》对"名"字的阐释而来："名，自命也。从口，从夕。夕者，冥也。冥不相见，故以口自名。"相当于说，在夜晚看不到人，手势无用，对方听到有响动，问："哪个？"你回答："是我——张三。"换言之，其鸣（名）自呼是因为其外在毛色、体形等特征不怎么突出，叫声却比较有区别，且声洪嗓亮，易于传播，因此通过其叫声来给动物命名。

但命名时对声音的理解，还有拟音的词汇，因为各种因素如方言的不同，其最终命名及音读多有不同。"古人寻求事物命名的原因，主要靠联想，意义上的联想和声音上的联想。这种联想当然离不开古人的生活环境，因此，对于古人这种推寻事物得名的做法，与其判断其对错，还不如多探讨其何以要如此做。联想是极其自由的，有时甚至是无理的。"（王宁等《〈说文解字〉与中国古代文化》，辽宁人民出版社 2000 年版）正如荀子所说："名无固宜，约之以命，约定俗成谓之宜，异于约则谓之不宜。"（《荀子·正名篇》）但是否所有名物，都能考索出其来源呢？刘歆《与扬雄书》认为名物皆有来源，"非徒无主而生是也"，但并非所有命名都可以找到来源，训诂学家把这种事物的命名情况叫作"绝缘无佐证"。

其名自呼对汉字的拟声、构词与命名的影响，总体来讲没有得到足够的重视，但事情总有例外。学者老湾说："将象形说和自呼说合并谈论，大致可以推导出这样的观点：表征万物的字形来源于万物在大自然中的留影和痕迹（象形），字音来源于它们的自呼；再按照指称论（意义即指称）的说法，其字义则是万物自己。万物自己表征自己、自己呼出自己，造字者（人）只是忠实的记录员而已。这样的一组形音义关系，构成了汉字'言说'世界的独特方法，也是华夏先民与世界相遇的独特方式，可简称之为'其名自呼'，伴随有'其形自画’和‘其义自显’的意思。”（《汉字有话说：说出中华文化原初样式》，东方出版社 2017 年版）由此我们不难看出汉字思维底色中一些至今仍被高看的原始思维，万物当然不能完全脱离人而自呼、其形自画、其义自显，人才是参与命名的主体。

汉字发展初期的“三自”——其名自呼、其形自画、其义自显，即一种变相的“天人合一”，自然有一定的道理，但到如今还对此没有清醒的认识，处于低级的自然认知与交感巫术中，这也使得汉字（语）在表达绝对真理、超验真理上明显乏力，因为汉字自身就成了一种崇拜对象。换言之，人崇拜自己创造的东西，这种“自我表扬”，实足以蔽天而不自知。香港学者关子尹在《六书学说的现象学诠释》里一反过去比较注重汉字部首，而相对忽略汉字部件的问题时说：“从认知的角度看，构成汉字的基本部件几乎都是以身体性、经验性和生活性为主的，若对这些部件做出定性分析，可分别出以下六个组别：人体及其部分、生理现象或肢体活动、自然现象、动物植物、生活文化、指事记号。”（台湾《汉学研究：汉字与思维专辑》，2015 年版）汉字文化构成的基本部件，其与“身体性、经验性和生活性”密切到一个不可分割的地步，对先民是一个不小的便利，对后世未必全是利好。

【附记】2019 年 10 月起笔，继于 11 月 2 日至 8 日写就，8 日改定于成都。时值流沙河先生八十八岁米寿生日前夕，谨以此文祈福他身、心、灵俱健。